शब्द और मनुष्य

शब्द और मनुष्य

परमानन्द श्रीवास्तव

वाणी प्रकाशन

वाणी प्रकाशन
4695, 21-ए, दरियागंज, नयी दिल्ली 110 002

शाखा
अशोक राजपथ, पटना 800 004

फ़ोनः +91 11 23273167 फ़ैक्सः +91 11 23275710

www.vaniprakashan.in
vaniprakashan@gmail.com

SHABDA AUR MANUSHYA
by Parmanand Shrivastav

ISBN : 978-93-5072-718-8
Criticism

प्रथम (वाणी) संस्करण 2014
मूल्य : ₹ 395

हर्ष प्रिंटर्स, दिल्ली-110 093 में मुद्रित

वाणी प्रकाशन का लोगो मक़बूल फ़िदा हुसेन की कूची से

साठ वर्ष पूरे होने पर
भाई नामवर सिंह को
सादर

भूमिका

'शब्द और मनुष्य' में समकालीन कविता और काव्यमूल्यों की पड़ताल के बहाने एक लम्बे काव्यात्मक संघर्ष को समझने और स्पष्ट करने की कोशिश की गयी है। इस संघर्ष की विशिष्टता यह है कि इसमें एक साथ कई पीढ़ियों के काव्यप्रयत्न अपना वांछित अर्थ और रूप प्राप्त करते हैं। समकालीन कविता के बीज-तत्त्वों को निराला में देखते हुए अथवा निराला को आधुनिक काव्य-विकास में पहला महत्त्वपूर्ण प्रस्थान मानते हुए यहाँ स्वीकार किया गया है कि उन्होंने कविता के यथार्थ को व्यापक जीवन समृद्धि के रूप में उपलब्ध किया। आज की कविता यदि समय की जटिलताओं के साक्षात् के प्रति सजग या प्रतिबद्ध है तो उसे अनुभव और रूप की विविधता में जीवनयथार्थ की अभिव्यक्ति की सम्भावनाएँ खोजनी होंगी। 'निजी' और 'सामाजिक' के बीच का द्वन्द्व समृद्ध विवेक, समझ और संवेदना का विस्तार और जीवनदृष्टि (व्यापक अर्थ में कहें, एक प्रकार की विश्वदृष्टि)—आज की कविता कहाँ तक इन्हें अपने अनुभव-लोक और रूपतन्त्र के भीतर साध पा रही है और कहाँ वह कुछ ख़ास अभिप्रायों, काव्यरूढ़ियों, रेटारिक-जैसी आलंकारिक युक्तियों में सिमटकर रह गयी है—यह देखने की कोशिश इस पुस्तक का ख़ास प्रयोजन है।

'नयी कविता का परिप्रेक्ष्य' (1968) और 'समकालीन कविता का व्याकरण' (1980) के बाद 1980-'87 के बीच के कुछ ऐसे निबन्ध 'शब्द और मनुष्य' में संकलित हैं जो समकालीन कविता का इतिहास बनानेवाले महत्त्वपूर्ण कवियों के यथासम्भव समग्र मूल्यांकन पर केन्द्रित हैं और जिनके मूल्यांकन के दायरे में समकालीन काव्यप्रतिमानों और मूल्यों पर पुनर्विचार भी प्रासंगिक हो उठता है। इन्हें एक सम्पूर्ण परिप्रेक्ष्य देने के लिए 'निराला और समकालीन कविता', 'समकालीन कविता और काव्यमूल्य'-जैसे निबन्ध अलग से लिखे गये हैं जो पूरी पुस्तक को एक प्रकार का अन्तर्गठन और तारतम्य देते हैं। 'अपनी केवल धार' शीर्षक निबन्ध या अध्याय अपने आप में पुस्तक का एक ज़रूरी हिस्सा है जिसमें धूमिल और धूमिल के बाद की कविता का विश्लेषण इस रूप में किया गया है कि महत्त्वपूर्ण अथवा विशिष्ट पहचानवाले कवियों की ख़ास उपलब्धियाँ और सीमाएँ भी स्पष्ट हो सकें। फिर भी 'शब्द और मनुष्य' में कोई अन्तिम आलोचनात्मक निर्णय देने का दम्भ नहीं है—उसकी गुंजाइश इसलिए भी नहीं है कि इस लम्बे काव्य-संघर्ष में लेखक का अपना संघर्ष भी शामिल है। अधिक-से-अधिक यहाँ उन ख़ास काव्यमूल्यों को रेखांकित करने और नाम देने की जरूरत महसूस की गयी है जो इधर के काव्यपरिदृश्य में रूप या आकार पा सके हैं।

यहाँ यह उल्लेख ज़रूरी है कि धूमिल और धूमिल के बाद के युवा कवियों की अपनी विशिष्ट भूमिका का सम्यक मूल्यांकन करने के उद्देश्य से 'समकालीन कविता का यथार्थ' नाम से एक अन्य पुस्तक भी 'शब्द और मनुष्य' के लगभग साथ-साथ लिखी गयी है जो हरियाणा साहित्य अकादमी से शीघ्र ही प्रकाशित होगी और जिसे पाठक 'शब्द और मनुष्य' के बहुत-कुछ सैद्धान्तिक निरूपण या विवेचन के विस्तार अथवा पूरक-प्रयत्न के रूप में देख सकेंगे। 'शब्द और मनुष्य' के पाठक अनुभव करेंगे कि यहाँ लेखक की दृष्टि में समकालीन कविता को अर्थ विशिष्ट बनानेवाला सर्वप्रमुख तत्त्व है जीवनराग, गहरे अर्थों में जीवनासक्ति या जीवनधर्मिता। आज जब समकालीन काव्यानुभव में राजनीति का दख़ल लगभग अनिवार्य हो उठा है, यह कहने की ज़रूरत बनी रहती है कि आज की कविता सरल अर्थ में राजनीतिक कविता नहीं, गहरे अर्थ में राजनीतिक कविता है जो अनुभव के समूचे मानवीय प्रसार में, सबसे अधिक इसी जीवनासक्ति से अनुप्राणित है।

—परमानन्द श्रीवास्तव

क्रम

निराला और समकालीन कविता

कविता के *आत्मसंघर्ष* और कविता में प्रत्यक्ष जटिल *सामाजिक संघर्ष* को समझने के लिए यदि हम विगत अर्द्धशती के हिन्दी-काव्य-परिदृश्य पर दृष्टि टिकाना चाहेंगे तो *निराला* का योगदान सबसे अधिक उत्तेजक, वैविध्ययुक्त और प्रखर जान पड़ेगा। निराला की मृत्यु 1961 में हुई और इसी वर्ष अगस्त-अक्तूबर के बीच लिखी उनकी अन्तिम कविता 'पत्रोत्कंठित जीवन का विष बुझा हुआ है' तक उनकी काव्यात्मक ऊर्जा या सर्जनात्मक विकलता स्थगित नहीं थी। समकालीन हिन्दी कविता को निराला से जोड़कर देखना शायद उन्हें कुछ-कुछ चौंकानेवाला उपक्रम जान पड़े जो छायावादोत्तर कविता के इतिहास को सीधे अज्ञेय और अज्ञेय-सम्पादित काव्य संकलन *तारसप्तक* (1943) से प्रवर्तित मानने के अभ्यस्त रहे हैं। समकालीन कविता को निराला से सम्बद्ध करके देखना उन्हें भी थोड़ा अटपटा लग सकता है जो मुक्तिबोध से ही समकालीन कविता की शुरुआत मानते रहे हैं। छायावादी रोमांटिक संस्कारों के विरुद्ध नयी कविता ने जो लम्बा संघर्ष किया, उसे भूलकर हम निराला को समकालीन कविता के सन्दर्भ में सबसे प्रेरक व्यक्तित्व के रूप में नहीं देखना चाहते हैं। *रोमांटिक* के विरुद्ध *आधुनिक बोध* के पक्ष में किये गये काव्य संघर्ष को याद करते हुए हमें एक बार ज़रूरी लगने लगा है कि निराला से समकालीन कविता के सम्बन्ध की छानबीन की जाय और भावबोध या संवेदना की समानता या भिन्नता की प्रकृति के विश्लेषण के बहाने समकालीन कविता के यथार्थ को ऐतिहासिक परिप्रेक्ष्य में स्पष्ट परिभाषित किया जाय। निश्चय ही *तारसप्तक* के प्रकाशन का ऐतिहासिक महत्त्व है और समकालीन कविता के इतिहास में उसे प्रस्थान माननेवालों का अपना तर्क हो सकता है। इसी प्रकार मुक्तिबोध और नागार्जुन समकालीन कविता के केन्द्रीय व्यक्तित्व माने जायँ, यह सर्वथा उचित, स्वाभाविक और तर्कसंगत है। निराला से समकालीन कविता के सम्बन्ध की नये सिरे से जाँच शायद इन स्वीकृतियों के सन्दर्भ में भी महत्त्वपूर्ण वैचारिक आधार बन सकती है। 'तारसप्तक' का पुनर्मूल्यांकन करते हुए *केदारनाथ सिंह* (आलोचना—जुलाई-सितम्बर, 67) ने स्वीकार किया है कि 'तारसप्तक'

की कम-से-कम दो प्रवृत्तियाँ (व्यंग्य विद्रूप की प्रवृत्ति, अनुभूतियों के स्थानीकरण की प्रवृत्ति / और सम्भवत: तीसरी—ख़ास क़िस्म की नवरोमांटिक प्रवृत्ति) ऐसी हैं जिनका सम्बन्ध सप्तक-पूर्व प्रवृत्तियों के साथ जोड़ा जा सकता है । ये दोनों (या तीनों) प्रवृत्तियाँ यदि उत्तेजनात्मक संगठन के साथ किसी पहले के कवि में मौजूद हैं, तो निराला में ही ।

कहने की ज़रूरत नहीं कि निराला ने कविता के यथार्थ को यथातथ्यता की सीमा से बाहर व्यापक जीवनसमृद्धि के रूप में उपलब्ध किया । *मलयज* ने आधुनिक सर्जनात्मकता के केन्द्र में जिस *गतिशील द्वन्द्वात्मकता* का उल्लेख किया है वह निराला के यथार्थबोध और उससे अनुप्राणित काव्यबोध की प्रेरक शक्ति है । परिवर्तन और विकास की नितान्त स्थूल समसामयिक अवधारणा के आधार पर ही निराला यथार्थ की ओर आकृष्ट न हुए, जैसा पन्त के साथ हुआ । पन्त को यथार्थ से विचलित होते भी देर न लगी । यथार्थ-विमुख होकर वे सीधे नव अध्यात्मवाद या रहस्यवाद की ओर मुड़ गये । निराला इसके विपरीत *रोमांटिक* और *यथार्थ, रोमांटिक* और *क्लासिक, क्लासिक* और *आधुनिक* का अधिक समृद्ध अन्तर्गठन प्रमाणित करने में सक्षम थे । निराला की काव्यसंवेदना अधिक विषम, तीखी और उद्वेगकारी है । समय की जटिलताओं का अहसास भी उनके यहाँ अधिक समृद्ध है । अपनी विचारधारा और प्रकृति के अनुसार कविता का ढंग बदलने में निरन्तर रुचि दिखाने के बावजूद पन्त जिस नयी पीढ़ी के लिए अप्रासंगिक बने रहे, उसने निराला से ही अपना सम्बन्ध जोड़ना चाहा । मुक्तिबोध ने निबन्ध चाहे पन्त पर लिखा हो, मुख्य चुनौती उन्हें चाहे प्रसाद की 'कामायनी' से ही मिली हो, कुछ उनमें ऐसा ज़रूर है कि परम्परा-निर्देश करनेवाले उन्हें निराला से ही सम्बद्ध करते हैं । मुक्तिबोध *प्रसाद* की परम्परा में रखे जायँ या *निराला* की परम्परा में या उनमें दोनों ही परम्पराएँ मानी जायँ, यह गम्भीर विवाद का विषय है । छायावादी दौर में ही छायावाद का अतिक्रमण करनेवाले निराला में कुछ ऐसे तत्त्व ज़रूर हैं कि समकालीन काव्य-परिदृश्य पर विचार करते हुए *निराला, नागार्जुन, मुक्तिबोध, त्रिलोचन, रघुवीर सहाय, केदारनाथ सिंह, धूमिल, कुमार विकल* और *अरुण कमल*-जैसे कवियों की एक लम्बी परम्परा ध्यान आकृष्ट करती है । यदि एक ओर गरिमामण्डित काल्पनिक अमूर्त क़िस्म की वैयक्तिकता अथवा आलंकारिक शिल्प में सीमित छायावाद को अस्वीकार करके ही समकालीन कविता के यथार्थ को समझा जा सकता है तो दूसरी ओर छायावाद और यथार्थवाद के द्वन्द्वात्मक सम्बन्ध की चेतना को आरम्भिक महत्त्वपूर्ण प्रस्थान मानकर समकालीन कविता की बुनियादी प्रकृति की पहचान की जा सकती है । इस दृष्टि से *तारसप्तक* से अधिक महत्त्वपूर्ण घटना है *रूपाभ* (1938) का प्रकाशन—जिसमें *निराला* की नयी कविताओं के साथ *शमशेर* और *केदारनाथ अग्रवाल* की कविताएँ भी प्रकाशित हुईं—और जिसने कविता के यथार्थ को एक प्रकार से अपने घोषणापत्र या प्रतिज्ञापत्र का मुख्य स्वर बनाया ।

निराला पहले महत्त्वपूर्ण आधुनिक कवि हैं, जिन्होंने कविता की मुक्ति को मनुष्य की मुक्ति का पर्याय माना । *मनुष्यों की मुक्ति की तरह कविता की भी मुक्ति होती है* । × × ×

"मुक्त काव्य कभी साहित्य के लिए अनर्थकारी नहीं होता, प्रत्युत उससे साहित्य में एक प्रकार की स्वाधीन चेतना फैलती है जो साहित्य के कल्याण की ही मूल होती है।" मुक्ति का यही वृहत्तर सन्दर्भ निराला के काव्य-संसार का विशिष्ट आकर्षण है। सभी जानते हैं कि छायावाद को पन्त ने चित्रभाषा का संस्कार दिया। इसी चित्रप्रियता को लोग छायावाद का सबकुछ समझने लगे। चित्रमयता आकर्षण की वस्तु हो सकती है पर उस पर अतिरिक्त बल देने से कविता की वह व्यापक मुक्ति बाधित हुई जो निराला का महत्त्वपूर्ण सरोकार थी। निराला जिस ज़मीन से काव्यमुक्ति की सम्भावना देखते हैं वहीं से अनुभव करते हैं–"धीरे-धीरे *चित्रप्रियता* छूटने लगती है। मन एक *प्रशस्त भूमि* में विहार करना चाहता है।" समकालीन कविता इसी प्रशस्त भूमि की ओर आगे उन्मुख हुई है, जब मायकोव्स्की कवियों को प्रिय हुए–"आज हमारे रंग की हुई कूँची सड़कें और कैनवस हुई पार्क गलियाँ चौराहे।" निराला ने अपनी काव्ययात्रा के पहले चरण से ही प्रमाणित किया कि इकहरी अनुभूति उनकी सीमा नहीं। आगे चलकर *ट्रैजिक* और *विनोदपूर्ण* के बीच जैसा सर्जनात्मक सम्बन्ध उन्होंने प्रमाणित किया, उसके लिए अपेक्षित काव्य-ऊर्जा उनमें पहले से ही मौजूद थी। कविता निराला के लिए *मैंने मैं शैली अपनायी* लिखने के बाद भी महज़ निजी अनुभूति नहीं है। यह और बात है कि उनकी महत्त्वपूर्ण प्रबन्धात्मक कविताएँ पाठक को आत्मीय या निजी लग सकती हैं। *राम की शक्तिपूजा*-जैसी आख्याननिर्भर कविता निराला के अपने संघर्ष का वैसा ही आभास कराती है जैसा *हिन्दी के सुमनों के प्रति पत्र* शीर्षक छोटी कविता।

ईर्ष्या कुछ नहीं मुझे, यद्यपि
मैं ही वसन्त का अग्रदूत
ब्राह्मण समाज में ज्यों अछूत
मैं रहा आज यदि पार्श्वच्छवि

यही स्वर निराला की 'सरोज स्मृति,' 'वनवेला' आदि तमाम लम्बी कविताओं में गूँजता है। यह कविता 1937 की है। यही समय है जब 'रूपाभ' का प्रकाशन शुरू होने जा रहा था। 'रूपाभ' के पहले अंक (जुलाई 1938) में पन्तजी की कविता 'रूप का मन' प्रकाशित हुई जिसमें रूप को *भाव* का मूल कहा गया था और रूप को *वस्तु* का ही पर्याय माना गया था। 'रूपाभ' के सम्पादकीय वक्तव्य में स्वीकार किया गया था कि कविता के *स्वप्नभवन* को छोड़कर *खुरदुरे पथ* पर उतर जाना ही समय की कठोर आवश्यकता है। "इस युग की कविता स्वप्नों में नहीं पल सकती। उसकी जड़ों को पोषण सामग्री ग्रहण करने के लिए कठोर धरती का आश्रय लेना पड़ रहा।" यहीं यह भी स्वीकार किया गया था कि युग की वास्तविकता ने चिर संचित सुखस्वप्नों को पहली बार ऐसी चुनौती दी है कि पुराने विश्वासों में प्रतिष्ठित भाव और कल्पना के मूल हिल गये हैं। 'रूपाभ' (अंक तीन) में ही निराला की कविता *सहज-सहज पग धर आओ उतर* प्रकाशित हुई। इसी अंक में *शमशेर* की कविताएँ प्रकाशित हुईं। 'रूपाभ' के ही सातवें अंक में *केदारनाथ अग्रवाल* की कविता

चन्द्रगहना से लौटती बेर प्रकाशित हुई। समकालीन कविता की संवेदना और रूप में घटित विकास को ठीक-ठीक पहचानने के लिए इतिहास की यह स्मृति ज़रूरी है। यह चौथे दशक का आरम्भिक दौर था। सातवें दशक के आरम्भ में जब *नामवर सिंह* (ज्ञानोदय / अक्तूबर, 63) ने नयी कविता में छन्द-मुक्ति की रूढ़ि के चलते उत्पन्न गतिरोध का उल्लेख करना चाहा तो उन्हें 'बेला' के ही इस गीत की याद आयी—

बाहर मैं कर दिया गया हूँ।
भीतर, पर, भर दिया गया हूँ।

ऊपर वह बर्फ़ गली है
नीचे यह नदी चली है
सख़्त तने के ऊपर नर्म कली है
इसी तरह हर दिया गया हूँ
बाहर मैं कर दिया गया हूँ।

इस टिप्पणी में ही नामवर सिंह ने एक और महत्त्वपूर्ण बात कही थी, जिस पर विचार करने की ज़रूरत है—"बाद के कवियों ने निराला से विद्रोह और मुक्त छन्द तो लिया किन्तु *छन्दोबद्ध रचना का काव्यपाक* ग्रहण नहीं किया।" इस कथन में सचाई हो सकती है पर त्रिलोचन-जैसे कवि महत्त्वपूर्ण अपवाद के रूप में तुरन्त ध्यान में आयेंगे। जहाँ तक इस दिशा में निराला से सीखने का सवाल है आगे के कुछ महत्त्वपूर्ण कवियों ने निराला को ही अपना आदर्श बनाया है। वे भले ही निराला की शैली का अनुसरण न कर रहे हों, काव्य-मुहावरा अपने ही समय का चुन रहे हों—निराला की स्मृति से, निराला के नये पाठ से उत्तेजना वे ज़रूर अनुभव करते हैं। मुक्तिबोध में सामाजिक यथार्थ की जटिल अनुभूति के साथ अकेलेपन की भयानकता की जो अनुभूति व्यक्त हुई है, वह निराला की काव्य-संवेदना में पहले से मौजूद है—

शिशिर की शर्वरी
हिंस्र पशुओं भरी

निराला की अनेक कविताएँ इस मान्यता को पुष्ट करती हैं कि निराला अपने समय से आगे की कविताएँ लिख रहे थे। *कविता के चालीस बरस* पर विचार करते हुए आज *कुँवर नारायण* को निराला के महत्त्वपूर्ण योगदान की स्मृति ज़रूरी लगने लगी है, तो इसे परम्पराप्रेम न मानकर समकालीन यथार्थ की द्वन्द्वात्मक गतिशीलता का दबाव ही मानना चाहिए। 'सामाजिक यथार्थ और कविता का आत्मसंघर्ष' (पूर्वग्रह, 63-64) शीर्षक निबन्ध में वे लिखते है—"निराला का निजी संसार उनकी कविता का उतना ही आवश्यक हिस्सा है जितना वह समाज जिसमें वे जी रहे हैं। ख़ास बात है निराला की समझ और संवेदना का विस्तार जो उनकी कविताओं की रीढ़ है और जो इस पर इतना नहीं निर्भर

करता कि कवि अपने चारों ओर की ज़िन्दगी का कितना सही-सही चित्रण करता है बल्कि इस पर कि वह अपने बाहर और भीतर के यथार्थ का कितना संश्लिष्ट रूप हमें दे पाता है और इसके दौरान जो जीवनदृष्टि हमें देता है वह कितनी मूल्यवान है।" *निजी* और *सामाजिक* के बीच का द्वन्द्व समृद्ध विवेक, समझ और संवेदना का विस्तार, जीवनदृष्टि की माँग—ये कुछ ऐसे मुद्दे हैं जिन पर विचार करके ही समकालीन कविता अपनी ही बनायी हुई रूढ़ियों से छुटकारा पा सकती है।

निराला की लम्बी प्रबन्धात्मक कविताएँ जहाँ ज्ञात कथात्मक ढाँचे में अप्रत्याशित *तनाव* का समावेश करती हैं वहाँ छोटी कविताएँ अपने *स्थापत्य* में पहली बार शान्त और धीमी लय-गति के बावजूद नये किस्म के संवेदनाघात का बोध कराती हैं। *वह तोड़ती पत्थर* कविता की व्याख्या वर्ग-चेतना तक काव्यार्थ को सीमित मानकर की जाती रही है। यह चेतना इस कविता में है भी—

> कोई न छायादार
> पेड़ वह जिसके तले बैठी हुई स्वीकार
> श्याम तन, भर बँधा यौवन,
> नत नयन, प्रिय कर्मरत मन
> गुरु हथौड़ा हाथ
> करती बार-बार प्रहार
> सामने तरुमालिका, अट्टालिका, प्राकार!

अट्टालिका पर चोट वर्ग विशेष पर चोट ज़रूर है पर कविता में यह चोट सघनता प्राप्त करती है आवृत्ति से—जिसकी व्याख्या स्वयं निराला को करनी पड़ी है। पहली चोट उस पत्थर पर—जो स्त्री के सामने हथौड़े के नीचे है। दूसरी चोट अट्टालिका के पत्थर पर—जो उच्चवर्गीय व्यवस्था का प्रतीक है। और तीसरी चोट स्वयं उस पत्थर तोड़नेवाली युवती के पत्थर-हृदय पर पड़ रही है जो पत्थर तोड़ते-तोड़ते स्वयं पत्थर हो गया है। इस अर्थ-संरचना के विश्लेषण से कविता के मर्म को समझा जा सकता है। कविता उतनी ही नहीं है जितनी शब्दों में है — वह शब्दों के बाहर भी गूँज पैदा करती है और एक पूरी व्यवस्था को चुनौती भी देती है। ठेठ कविता यथार्थ की स्वीकृति की ही कविता है। कविता के अन्त में वसन्त के आकर्षण-व्यापार के विरुद्ध वृद्ध विहग की उपस्थिति एक निर्मम यथार्थ की ओर संकेत है —

> अब यह वसन्त से होता नहीं अधीर
> पल्लवित, झुकता नहीं अब यह धनुष-सा
> कुसुम से काम के चलते नहीं हैं तीर
> छाँह में बैठते नहीं पथिक आह भर
> झरते नहीं यहाँ दो प्रणयियों के नयन-नीर

केवल वृद्ध विहग एक
बैठता क़ुछ कर याद

निराला किस तरह 'नहीं' की आवृत्ति से यथार्थ के निर्मम प्रभाव को गहरा कर जाते हैं और वृद्ध विहग (-एक) की अकेली उपस्थिति को उसके विरुद्ध रखकर किस नये सर्जनात्मक तनाव का अहसास कराते हैं, यह देखने की चीज है। वे ही किस तरह अलंकृति में कठोर यथार्थ को प्रत्यक्ष करते हैं, यह एक अलग प्रसंग है। अलंकृति से भी कठोर यथार्थ की दिशा में एक नयी खिड़की-सी खुल जाती है, यह निराला के यहाँ ही सम्भव हो सका है—

नहीं जानती सम्राज्ञी अपने को
नहीं कर सकी सत्य कभी सपने को
वे किसान की नयी बहू की आँखें
ज्यों हरीतिमा में बैठे दो विहग बन्द कर पाँखें

निराला की यथार्थवादी दृष्टि गीतों में भी निजता के उच्छल आवेग को नियन्त्रित करती है और आज के कठोर समय की संवेदना को नये तनाव के अहसास के साथ ग्राह्य बनाती है। इस नियन्त्रण से गीत का ही नहीं, काव्यात्मकता का नया विवेक सामने आता है। एक *धीमी शान्त लय में विकल तनाव* को प्रकट करनेवाला यह वह *नया स्वर* है जो आज के पाठक कभी *रघुवीर सहाय* में सुन सकते हैं कभी *मंगलेश डबराल, असद ज़ैदी, अरुण कमल* और *राजेश जोशी* में। कभी यह स्वर *त्रिलोचन* के संयत निरावेग वक्तव्य में निहित स्वर के आसपास है, कभी अधिक सजग विन्यास के बावजूद *केदारनाथ सिंह* के निकट। भारतीय अजनबीपन को समकालीन काव्यबोध में लक्ष्य करनेवाले पाठकों का ध्यान इस ख़ास स्वर की ओर जाना चाहिए था, जिसमें आवेग या तनाव और संयम का स्पर्श एक साथ मौजूद है—

गीत गाने दो मुझे तो
वेदना को रोकने को

भर गया है जहर से
संसार जैसे हार खाकर
देखते हैं लोग लोगों को
सही परिचय न पाकर

बुझ गयी है लौ पृथा की
जल उठी फिर सींचने को

'आह' को 'गान' बनाने की जगह यहाँ 'आह' के *नियन्त्रण* के लिए गीत की सार्थकता बतायी जा रही है। *नये पत्ते* की कविताओं में जो *विस्फोटक नयापन* है, जो अराजक

तनावयुक्त संगठन है उसे छोड़कर समकालीन कविता में निहित व्यंग्य बिडम्बना के राजनीतिक उपयोग की विशिष्टता को समझना कठिन है। जिस *कड़ी से कड़ी* चल रही *राजनीति* का निराला को 1942-43 में अहसास था, वह 1987 तक किस प्रकार कड़ी से कड़ी होती गयी है, यह देखने के लिए आज की कविताओं को एक व्यापक ऐतिहासिक परिप्रेक्ष्य में देखने की ज़रूरत है। कुमार विकल की राजनीतिक कविताओं की अर्थसंवेदना के प्रति उत्सुक पाठकों को भी राजनीतिक कविता की उस परम्परा पर ध्यान देना चाहिए जिसमें निराला आते हैं, नागार्जुन और मुक्तिबोध आते हैं। राजनीतिक वक्तव्य कहाँ राजनीतिक कविता बन पाता है, यह देखने के लिए भी इस काव्य-परम्परा का पुनरीक्षण करते रहना चाहिए।

एक सभा हुई
उसमें आन्दोलन के नेता बुलाये गये
पहले वे आ नहीं रहे थे
फिर आ गये क्योंकि मैं भी सभा के
पक्ष में था
सभा अन्त होने लगी तब बाजा बज उठा,
उसके बन्द होते ही मंच पर अँधेरा हुआ
और मंच पर बैठे लोगों के पीछे आकृतियाँ खड़ी हो गयीं
रोशनी पीछे थी आकृतियाँ काली थीं
उन्होंने नेताओं पर बन्दूकें तान दीं
नेता पीछे से घिर गये और आगे वे उठकर जाना चाहते थे
तो आगे जनता की भीड़ थी जिसके बारे में आयोजक मानते थे
कि वह नेताओं को घेरकर उनसे जवाब माँगेगी
और उन्हें भागने नहीं देगी
जैसे ही पिस्तौलें तनती हैं नेता असलियत समझ खड़े हो जाते हैं
जनता भी खड़ी हो जाती है मानो उन्हें भागने से रोकेगी
उसमें कई तरह के चेहरे हैं : मैं भी हूँ

यह अंश रघुवीर सहाय की कविता *विचित्र सभा* (लोग भूल गये हैं) का है जिसके साथ निराला की 'महँगू महँगा रहा,' 'झींगुर डटकर बोला' आदि 'नये पत्ते' की कविताएँ पढ़ी जायँ तो काव्य-विधान का (और किसी सीमा तक अन्तर्वस्तु का भी, इस भेद के साथ कि रघुवीर सहाय में यथार्थ की जटिलताओं का अहसास अधिक गहरा है) अचरज-भरा साम्य दिखायी देगा। यहाँ विन्यासगत ऊपरी समानता ही विचारणीय नहीं है—विचारणीय है वह *यथार्थ दृष्टि* जो निराला को उनके निकट समकालीनों से अलग करती है और परवर्ती कवियों को उनके निकट लाती है।

'रूपाभ' के सम्पादकीय वक्तव्य में जहाँ रूप को वस्तु का पर्याय कहा गया था वहाँ

'तारसप्तक' में *अज्ञेय* की धारणा थी–''*यथार्थदर्शन* केवल *कुण्ठा* उत्पन्न करता है।'' इस कथन को आधुनिक कविता के विकास में दुर्भाग्यपूर्ण बताते हुए *केदारनाथ सिंह* ने लिखा–''एक ऐसे समय में जबकि साहित्य को रोमांटिक भावुकता से छुटकारा दिलाने के लिए बिल्कुल दूसरे प्रकार के नारों की आवश्यकता थी, 'तारसप्तक' के कुछ वक्तव्यों और विशेषतः सम्पादक के वक्तव्य ने उन प्रश्नों को रेखांकित करने का प्रयास किया जो जाने-अनजाने रोमांटिक संशयों को ही प्रतिध्वनित करते थे।'' सचाई यह है कि प्रगतिशील यथार्थवादी काव्यधारा में *नागार्जुन, केदारनाथ अग्रवाल* और *त्रिलोचन* की कविताएँ *निराला* की यथार्थदृष्टि को आगे बढ़ाती हैं। यहाँ तक आधुनिक दृष्टि का अर्थ यथार्थदृष्टि का विरोध नहीं है। आगे चलकर प्रयोगवादी कविता के दौर में आधुनिकताबोध का वह रूप सामने आया जो सामाजिक यथार्थदर्शन के विरोध में ही विकसित था, जिसके पीछे शीतयुद्ध की विचारधारा काम कर रही थी और जिसकी बुनियादी प्रतिज्ञा थी–प्रगतिशीलता-विरोध। अज्ञेय यदि प्रगतिशील और पतनोन्मुख कवियों में भेद नहीं देख पाते तो इसके पीछे उसी विचारधारा और आभिजात्य रुचि की प्रेरणा है।

प्रगतिशील यथार्थवादी कविता के बारे में यह धारणा ग़लत है कि वह सर्वथा आकस्मिक या स्वतः स्फूर्त घटना है। इस काव्यप्रवृत्ति के पीछे विचारधारा ही नहीं, निश्चित परिस्थितिजन्य वास्तविकता भी है। '36 के आसपास कांग्रेस में वामपंथी गुट का उदय, मध्यवर्ग या निम्न मध्यवर्ग तक सीमित कांग्रेस में शहरी मज़दूर वर्ग की भूमिका, किसान संगठन का जन्म, औद्योगिक संस्कृति और समाजवादी विचारधारा के प्रति नेहरू का दृष्टिकोण–इन सबका प्रभाव प्रगतिवादी साहित्य पर है और कविता इन प्रभावों से अछूती नहीं रही है। यह धारणा भी ग़लत है कि प्रगतिशील यथार्थवादी कविता स्वच्छन्दतावाद या छायावाद के ही किन्हीं रूपों का स्वाभाविक विकास है। निराला से परवर्ती कविता का सम्बन्ध निर्धारित करते हुए इस पर अधिक बल देने की ज़रूरत है कि निराला स्वयं स्वच्छन्दतावाद या छायावाद के अपने संस्कारों से टकराकर तथा उनके द्वन्द्व में नया यथार्थबोध प्राप्त करते हैं। अज्ञेय प्रगतिशील यथार्थवादी कविता का ही विरोध नहीं करते, एक तरह की निराला की कविताओं का भी विरोध करते हैं। उन्हीं के शब्द हैं–''निराला ने छन्द के बन्ध तोड़े; निराला की विराट प्रतिभा की अवज्ञा किये बिना भी यह कहा जा सकता है कि कहीं-कहीं उनका विद्रोह छन्द तोड़कर ही रह गया और उसके बदले कोई दूसरा अनुशासन उन्हें प्राप्त नहीं हुआ।'' (कविदृष्टि, पृष्ठ 17) निराला ने अज्ञेय का वांछित काव्यनुशासन स्वीकार कर लिया होता तो वे सम्भवतः तमाम सम्भावनाओं के बावजूद अधिक-से-अधिक पन्त की कक्षा के कवि होते जो उन्हें अपनी विशिष्ट सर्जनात्मक प्रखरता और काव्यऊर्जा के कारण नहीं होना था।

प्रगतिशील यथार्थवादी धारा के कवियों में नागार्जुन प्रखर जीवनधर्मिता और अद्वितीय काव्यात्मक साहस के कवि हैं। प्रतिहिंसा को अपनी कविता का स्थायी भाव बताने के पीछे

नागार्जुन का सात्विक क्षोभ और विद्रोह है, जो उनका अकेले का अनुभव नहीं, समस्त शोषित-पीड़ित जनता का अनुभव है। पर नागार्जुन इसलिए महत्त्वपूर्ण नहीं हैं कि राजनीति में प्रतिपक्षी चेतना के लिए वे तुरन्त प्रासंगिक हो जाते हैं। सच तो यह है कि उनकी प्रतिपक्षी चेतना भी अधिक व्यापक है और उनका काव्यबोध भी अधिक समृद्ध है। वे प्रकृति या लोकजीवन के चित्रों में भी वह नया जीवन-विवेक भर पाते हैं जो गहरी राजनीतिक समझ या संवेदना का परिणाम होता है। *व्यंग्य* और *करुणा* का जो *साहचर्य-संगठन* उनके यहाँ दिखायी देता है वह निराला के काव्य-विवेक की याद दिलाता है। कहने की ज़रूरत नहीं कि नागार्जुन के व्यंग्य में *आत्मव्यंग्य* भी शामिल है, जिसके बल पर 'पछाड़ दिया है मेरे आस्तिक ने'-जैसी निश्छल, सच्ची और मर्मभेदी कविताएँ लिखी गयी हैं—

> सोते ही बिता देता हूँ शत-शत प्रभात
> छूट-सा गया है जनपदों का स्पर्श
> (हाय रे आंचलिक कथाकार!)
>
> देखना भई रत्नेश्वर, जल्दी न करना
> लौटेंगे इत्मीनान से
> पछाड़ दिया है आज मेरे आस्तिक ने मेरे नास्तिक को
> साक्षी रहा तुम्हारे-जैसा नौजवान 'पोस्ट-ग्रेजुएट'
> मेरे इस 'डेवियेशन' का!
> नहीं! मैं झूठ कहता हूँ!
> मुकर जाऊँ शायद कभी · · ·
>
> तो तुम रत्नेश्वर, मुस्करा-भर देना मेरी मिथ्या पर

साधारण-से-साधारण तथ्यों-प्रसंगों म काव्यसम्भावना प्रमाणित करने के पीछे एक सहज जीवन-विवेक है, जिसमें कविता भी जीवन का एक सहज तथ्य है, महिमामण्डित, विलक्षण, लोकोत्तर चमत्कार नहीं। निराला के यहाँ गर्वोक्ति का भी अपना प्रयोजन है—संघर्ष में भी उसे गौरवपूर्ण बनाने का प्रयोजन वहाँ छिपा रहता है। यहाँ वह सर्वथा निष्प्रयोजन है। 'कर दो वमन' और 'मन्त्र कविता'-जैसी कविताएँ व्यंग्य को जो तीखी आक्रामकता दे पाती हैं वह यथार्थवादी कविता के लिए भी एक नया अनुभव है।

डॉ. रामविलास शर्मा ने श्रम की ओर उन्मुख *केदारनाथ अग्रवाल* की कविता पर विचार करते हुए लिखा है—" 'वह तोड़ती पत्थर' की परम्परा केदार और नागार्जुन की कविताओं में विकसित हुई है।" 1935 में प्रकाशित कविता 'बैठा हूँ इस केन किनारे' को डॉ. शर्मा हिन्दी कविता में *नये यथार्थवाद* की शुरुआत मानते हैं। निराला की '35 में ही लिखी कविता 'दान' से वे केदार की कविता की तुलना भी करते हैं। निष्कर्ष यह है कि

निराला और केदार की यथार्थपरक भूमि एक ही है। डॉ. शर्मा के अनुसार, "मार्क्सवाद ने इस भावबोध को पुष्ट किया, केदार के साथ ऐसा ही हुआ और एक हद तक निराला के साथ भी।" (श्रम का सूरज / सं रामविलास शर्मा / पृ. 34) *केदारनाथ अग्रवाल* ने स्वयं प्रगतिशील कविता से 'नये पत्ते' का सम्बन्ध जोड़ते हुए लिखा है—"निराला के 'नये पत्ते' में आयी और व्यक्त हुई आम आदमी की मानसिकता सहज साधारण यथार्थ से बनी मानसिकता थी और सहज साधारण बोलचाल के तर्ज और तेवर में प्रकट हुई थी, इसीलिए 'नये पत्ते' की कविताओं का विशेष महत्त्व और योगदान रहा है और अब भी है।" (विचारबोध / पृ. 79-80) केदारनाथ अग्रवाल ने *लोकसंवेदना* की पूँजी के बल पर और सहज जीवनासक्ति के बल पर सर्वथा ताज़े बिम्ब दिये, जिनमें मानवीय आवेग की उपस्थिति भी लक्ष्य की जा सकती है, पर जहाँ तक उनकी श्रम-सम्बन्धी कविताओं का सवाल है जिन्हें डॉ. शर्मा सर्वाधिक महत्त्व देते हैं, वे अधिकतर संकल्प या दृढ़ विचार होकर रह जाती हैं, काव्यत्व की स्थिति तक नहीं पहुँचतीं। यहाँ हम कलावाद या रूपवाद के तकाज़े से विशेष काव्यत्व की माँग नहीं कर रहे हैं, उसी सहज काव्यत्व की माँग कर रहे हैं जो नागार्जुन का जाना-पहचाना गुण है।

मार हथौड़ा
कर कर चोट
दुनिया की जाती ताकत हो,
जल्दी छवि से नाता जोड़!

यह एक दृढ़ विचार हो सकता है, कविता नहीं। इसके विपरीत 'बैठा हूँ इस केन किनारे' कविता भी है और एक सहज जीवनधर्मी विचार भी।

त्रिलोचन की काव्यक्षमता के पीछे गहरी जीवनासक्ति है। आधुनिकता के समस्त काव्याडम्बर को छोड़कर *त्रिलोचन* ने ठेठ देसी जीवनबोध को काव्यात्मक संगठन देने की कोशिश की है। सानेटों, लम्बी कथात्मक कविताओं और गीतात्मक प्रयोगों में त्रिलोचन को एक-जैसी सफलता मिली है। सानेट-जैसे विजातीय काव्यरूप को हिन्दी की छन्द-प्रकृति या भाषायी बनावट के अनुसार नया संस्कार देते हुए त्रिलोचन ने कुछ ऐसा कर दिखाया है कि इस छन्द की विजातीयता उनके लिए या उनके पाठकों के लिए कोई समस्या नहीं रही। अब हमें यह छन्द कुछ तो निराला की परम्परा का विकास दिखायी देता है और सबसे अधिक त्रिलोचन की भावभंगिमा, अभिव्यक्ति, बातचीत के ढंग, काव्यसंस्कार और काव्यरुचि के निकट लगता है। त्रिलोचन जीवन और काव्य के प्रति समान दिलचस्पी दिखाते हैं। जहाँ भी उनके यहाँ काव्यगुण की ओर इशारा है कारणतत्व *जीवन* ही है—जीवन से गहरा लगाव, जन के साथ सहज तादात्म्य, संघर्ष में तपकर निखरते जीवन के प्रति निष्ठा। कविता इसी जीवन-प्रक्रिया में रूप ग्रहण करती है, उसके भीतर ही विकास करती है और वहीं स्वीकृति प्राप्त करती है—'कोई कह ले / कुछ, पर हृदय-हृदय में

स्पन्दित होनेवाला / काव्य अमर है, सुकवि बीजस्वर बोनेवाला ।' प्रेम मित्रता यहाँ जीवन के पर्याय हो जाते हैं । मानसिक स्थिति के इस चित्रण में जो *धीरज* या *सन्तुलन* है, जो *सघनता* या *एकाग्रता* है उसके लिए 'कलात्मकता' सीमित शब्द है–

> पत्र तुम्हारा पढ़ा, और नीरव ही देखा
> इधर-उधर, तुम अभी-अभी केवल कुछ पहले,
> आये थे, तब द्वार बन्द था, जीवन-रेखा
> मैं भी पथ पर खींच रहा था चित्र सुनहले
> जो मन में थे, उन्हें धरा पर खोज रहा था
> तुमको क्या मालूम, तुम्हारी तो अभिलाषा
> मन की मन में रही किसी ने नहीं कहा था
> कहाँ गया वह, तुम आये थे, जिसकी भाषा
> सुनने और समझने, अमिलनजन्य निराशा
> कितना मूक बना देती है, छिपा नहीं है मुझसे
> मुझे तुम्हारा हृदय निरन्तर बल देता है
> जगज्जलधि में जीवन की नौका खेता है

जब अज्ञेय-जैसे प्रयोगवाद के प्रवर्त्तक कवि अपने में ही अपनी सुरक्षा ढूँढ़ रहे थे, जाग्रत चेतन समाज को भीड़ समझ रहे थे, त्रिलोचन कह सकते थे कि इसी समाज में धँसकर जीना ही सार्थक जीना है–''*संकोचों से सागर तरना / शक्य नहीं है, अगर चाहते हो तुम जीना / धक्के मारो इसी भीड़ पर, इससे डरना / जीवन को विनष्ट करना है / × × उर्वर होता है जीवन भी आघातों से* / विकसित होता है, बढ़ता है उत्पातों से ।''

त्रिलोचन के गीतों को पढ़कर सहज ही *निराला* की याद आती है–'मैंने जो सोचा था / वह नहीं हुआ / सोचा था, सब मेरे हैं / वे सब क्यों मुझको / जैसे अहेर घेरे हैं; / आसमान से / बचने की माँगी दुआ ।' × × 'आओ इस आम के तले / यहाँ घास पर बैठें हम / जी चाही बात कुछ चले / कोई भी और कहीं से ।' लक्ष्य करने की चीज़ यह है कि सीधे-सादे ढंग से जीवन का सामना करती त्रिलोचन की कविताओं में जीवन की जटिलताओं का आभास भी है । त्रिलोचन जीवन को व्यापक प्रसार में देखते हैं । उनके लिए भावप्रसार आत्मप्रसार का पर्याय है । आधुनिकतावाद के उभारवाले दिनों में भी त्रिलोचन ने तथाकथित आधुनिक कलात्मक उपादानों को कोई तरजीह नहीं दी, जिसका परिणाम यह है कि आज तक उनका अपना काव्यमुहावरा विश्वसनीय, मौलिक और जीवन्त जान पड़ता है जबकि प्रयोगशील आधुनिकतावाद का काव्यतर्क थोडी-बहुत चमक दिखाकर निस्तेज या अर्थहीन हो चुका है ।

'अज्ञेय और नवरहस्यवाद' शीर्षक निबन्ध में डॉ. रामविलास शर्मा ने लिखा है–''छायावाद के औपचारिक रूप से दिवंगत होने के बाद जिस कवि ने *छायावादी भावधारा* को हिन्दी काव्यभूमि में सबसे अधिक प्रवाहित किया है, वह है *अज्ञेय*।'' डॉ.

शर्मा ने विजयदेव नारायण साही की सूझबूझ की प्रशंसा की है कि उन्होंने अज्ञेय को प्रसाद की परम्परा का कवि माना है। यहाँ फिर यह सवाल उठेगा—यदि अज्ञेय प्रसाद की परम्परा के कवि हैं और किसी विशेष अर्थ में मुक्तिबोध भी प्रसाद की ही परम्परा के कवि हैं तो उनमें काव्यसंवेदना और रूप, दोनों दृष्टियों से इतना स्पष्ट अन्तर क्यों है कि वे एक-दूसरे के विलोम जान पड़ें। अज्ञेय ने 'तारसप्तक' के कवि-वक्तव्य में दो महत्त्वपूर्ण बातें कही थीं—एक "नये कवि की सबसे महत्त्वपूर्ण समस्या साधारणीकरण और सम्प्रेषण की है, दूसरी, आधुनिक युग का साधारण व्यक्ति यौन वर्जनाओं का पुंज है। × × × आज के मानव का मन यौन परिकल्पनाओं से लदा हुआ है और वे कल्पनाएँ सब दमित और कुण्ठित हैं।" आगे के वर्षों में अज्ञेय उस *नये रहस्यवाद* की ओर उन्मुख हुए जो एक प्रकार की *नयी रूमानियत* के साथ समझौता करके चलता है। जिस जड़ीभूत सौन्दर्याभिरुचि का उल्लेख नयी कविता के सन्दर्भ में मुक्तिबोध अक्सर करते रहे हैं उसका ख़तरा अज्ञेय के यहाँ बराबर बना रहा है। परिवेश का यथार्थ क्रमशः अज्ञेय की दुनिया से गायब होता गया और अन्ततः अपनी परिष्कृत काव्यसंवेदना के अनुरूप वे विशुद्ध अवधारणात्मक कवि सिद्ध हुए। पहले की कविताओं में जो *ऐन्द्रिक विकलता* दिखायी देती थी, वह भी आगे के दुहराव में निरा काव्याभ्यास जान पड़ने लगी। मानवीय व्यक्तित्व की सर्जनात्मकता और अनुभव की अद्वितीयता—ये सभी अन्ततः उनके यहाँ अवधारणाएँ हैं जो *वैयक्तिक स्वाधीनता* का सुरक्षातर्क बनकर सामने आती रही हैं। निराला ने जहाँ भीतर और बाहर के यथार्थ को एक द्वन्द्वात्मक संगठन देने की कोशिश की, वहाँ अज्ञेय ने बाह्य तथ्य को अयथार्थ मानकर मनोजगत को ही यथार्थ माना। उनकी रुचि जिस तनाव में हुई, वह आभ्यन्तर और आभ्यन्तर के बीच का ही तनाव था। डॉ. रामविलास शर्मा इन सीमाओं में भी प्रकृति से अज्ञेय के रागात्मक सम्बन्ध को उनके काव्य की श्रेष्ठ उपलब्धि मानते हैं। उनकी दृष्टि में अज्ञेय की कविता महज़ जड़ाऊ नहीं टिकाऊ भी है—"सच्ची अनुभूति तलाशनेवाली नयी कविता से यह जड़ाऊ कविता ज़्यादा टिकाऊ है।" (नयी कविता और अस्तित्ववाद / द्. सं. / पृ. 87)

'कविता और समाज' विषय पर केन्द्रित एक बहस में नामवरसिंह ने उन कविताओं की ओर ध्यान आकृष्ट करने की कोशिश की, जो सीधे-सीधे सामाजिक न होकर अपनी वैयक्तिकता और आत्मपरकता के कारण लिरिक या प्रगीत काव्य की कोटि में आती हैं। इस प्रसंग में उन्हें शमशेर की 1941 की यह कविता याद आयी—

> लेकर सीधा नारा
> कौन पुकारा
> अन्तिम आशाओं की सन्ध्याओं से?
>
> मैं समाज तो नहीं; न मैं कुल
> जीवन; कण-समूह में हूँ मैं केवल
> एक कण।

—कौन सहारा !
मेरा कौन सहारा !

एक ओर नामवरसिंह शमशेर की आत्मपरक जान पड़नेवाली कविता में सामाजिक सच्चाई का आभास पाते हैं, दूसरी ओर अज्ञेय सब मिलाकर शमशेर को द्विभाजित चेतना का अतियथार्थवादी कवि ही मानते हैं। डॉ. रामविलास शर्मा के लिए शमशेर की कुल काव्यात्मक समस्या रीतिवाद से मुक्त न हो पाने की है। अपनी ओर से शमशेर का कहना है—"मेरी भावनाओं पर सबसे गहरा असर पड़ा है *परिमल* और *अनामिका* का।" शमशेर यह भी मानते हैं कि कला का संघर्ष सामाजिक संघर्ष से अलग कोई चीज़ नहीं। दिलचस्प यह कि कभी डॉ. रामविलास शर्मा ने मुक्तिबोध को छायावादी सिद्ध करने के लिए शमशेर को भिन्न संवेदना का अर्थात् अन्तर्मानसिक चित्रण में रुचि रखनेवाला यथार्थवादी कवि बताया था, आगे शमशेर ही उन्हें रीतिवाद के निकट जान पड़े। डॉ. शर्मा के कठोर निर्णयात्मक रुख़ के अनुसार अब *मुक्तिबोध अस्तित्ववादी* हैं तो *शमशेर रीतिवादी*। अर्थात् निराला की परम्परा को आगे ले जानेवाले कवि अकेले *केदारनाथ अग्रवाल* हैं या केदार और नागार्जुन।

यहाँ मुक्तिबोध के सम्बन्ध में कवि केदारनाथ अग्रवाल और आलोचक डॉ. शर्मा का दृष्टिकोण विचारणीय है। "निराला ने कविता को जहाँ तक पहुँचाया था, वहाँ से कविता को आगे बढ़ाने का काम मुक्तिबोध ने किया ज़रूर ··· पर निश्चय ही उनकी चेतना ने जनतान्त्रिक काव्यचेतना का पथ प्रशस्त नहीं किया।" (विचारबोध / पृ. 79-80) केदारनाथ अग्रवाल की इस टिप्पणी को आधार बनाकर डॉ. शर्मा लिखते हैं—"यदि मुक्तिबोध ने जनतान्त्रिक काव्यचेतना का पथ प्रशस्त नहीं किया तो वह हिन्दी कविता को भी निराला से आगे नहीं बढ़ा पाये।" जहाँ डॉ. शर्मा निराला की परम्परा का सीधा विकास केदारनाथ अग्रवाल में देखते हैं, वहीं यह भी अनुभव करते हैं कि कतिपय मार्क्सवादियों ने प्रगतिविरोधियों के साथ संयुक्त मोर्चा बनाकर केदारनाथ अग्रवाल और नागार्जुन को पीछे ठेलकर मुक्तिबोध को प्रतिष्ठित करना चाहा, जिससे हिन्दी कविता की यथार्थवादी धारा को भारी क्षति पहुँची। (नयी कविता और अस्तित्ववाद / दूसरे संस्करण की भूमिका) डॉ. शर्मा यह मानने से इन्कार करते हैं कि प्रगतिशील यथार्थवादी काव्यधारा के ही अन्तर्गत *दो परम्पराएँ* हो सकती हैं, अर्थात् केदार, नागार्जुन की लोकोन्मुख जनपक्षधर रागसमृद्ध या व्यंग्यप्रेरित कविताएँ यथार्थवादी कविता की एक परम्परा के अन्तर्गत आती हों और मुक्तिबोध की लम्बी, जटिल, बहुस्तरीय रचना-विधानवाली कविताएँ यथार्थवादी कविता की ही दूसरी परम्परा में स्वीकार की जायँ। प्रयोगवाद और नयी कविता में फ़र्क़ न करने के कारण, नयी कविता को परिमल ग्रुप इलाहाबाद की अकेली सृष्टि मानने के कारण, कविता से स्पष्ट दो-टूक सन्देश की माँग करने के कारण, काव्यसंवेदना के आन्तरिक नियमों के प्रति उदासीन या असंवेदनशील होने के कारण ही मुक्तिबोध के बारे में इस प्रकार के निर्णय दिये गये हैं। *जनतान्त्रिक काव्यचेतना* की माँग इतनी कठोर *तानाशाही रुचियों* पर

अवलम्बित हो, यह हिन्दी आलोचना का एक दुर्भाग्यपूर्ण नमूना है। वास्तविकता यह है कि प्रयोगवाद और नयी कविता के नपे-तुले दायरे से निकलने के लिए मुक्तिबोध भी चिन्तित जान पड़ते हैं। उन्हें एक प्रकार के *नवक्लासिकवाद* की ओर मुड़ने की ज़रूरत महसूस होती है जो *यथार्थ* के परस्पर *अन्तःसम्बन्धों* को गहराई से समझकर जीवन के वैविध्य को इस प्रकार रखने में सहायक हो कि कविता किन्हीं निष्कर्षों तक जा सके। 'निष्कर्षों' की माँग 'जीवन-दृष्टि' की माँग है और यह वांछित 'जीवन-दृष्टि' समाजवादी मूल्यों की पक्षधर ही हो सकती है, साम्राज्यवाद की पोषक नहीं। नयी कविता के आसपास लिपटे हुए बहुत-से साहित्य-सिद्धान्तों में शीतयुद्ध की विचारधारा की कितनी छाप है, यह मुक्तिबोध भी जानते थे। अन्तर्मुखी अनुभूति, वैयक्तिक स्वाधीनता, क्षण की स्वायत्तता, दुःखवाद पर अतिरिक्त बल एक निश्चित विचारधारा और जीवन-दृष्टि के विरोध में ही दिया जा रहा था। मुक्तिबोध प्रगतिशील जीवनमूल्यों के साथ थे, यद्यपि उन्हें प्रकट करने के लिए वे काव्यानुभव या काव्यरूप को सरलीकृत करने के पक्ष में नहीं थे। जिस *आधुनिक भावबोध* को वे नयी कविता की आत्मा समझते थे, वह *वैज्ञानिक प्रगतिशील दृष्टि* से वंचित न था। विज्ञान के युग में विकसित यथार्थोन्मुख तथा संवेदनशील दृष्टि ने ही आधुनिक भावबोध का निर्माण किया था। मुक्तिबोध की कविताएँ समकालीन कविता के इतिहास में केवल इसलिए महत्त्वपूर्ण नहीं हैं कि उनके भीतर मूल्यचेतना के लिए प्रदीर्घ संघर्ष की झलक मिलती है, वे इसलिए भी महत्त्वपूर्ण हैं कि कलात्मकता के प्रचलित नियमों का अतिक्रमण कर वे अपना कलात्मक संगठन प्रमाणित करती हैं। शमशेर ने यदि *मुक्तिबोध* के कवि-व्यक्तित्व को *वाल्ट ह्विटमैन* और *मायकॅवस्की* के शिल्प और शक्ति से टक्कर लेनेवाला व्यक्तित्व कहा है तो इसके पीछे मुक्तिबोध की कविताओं का स्थापत्य ही प्रमुख आधार है। इतिहास में गहरे धँसकर अनुभवों की कड़ी जमीन खोदनेवाला यह कवि-व्यक्तित्व बिम्ब प्रतीक मिथक फ़न्तासी ध्वनिसंकेत स्वयमालाप और नाटकीय संवाद को संश्लिष्ट प्रक्रिया में डालकर जो अनोखा अद्वितीय रूप आविष्कृत करता है, वह एक नयी काव्य-प्रणाली की सम्भावना को चरम परिणति तक ले जाता है। मुक्तिबोध की परम्परा प्रतिरोध की तीखी चेतना और काव्यदृष्टि के रूप में भले ही पहचानी जाय, शिल्प में उसका अनुकरण या विकास असम्भव ही है। मुक्तिबोध का शिल्प एक काव्यरूप की खोज और परिणति दोनों ही है।

मुक्तिबोध प्रसाद के समरसतावाले जीवनदर्शन के विरुद्ध हैं। इस तर्क से वे निराला की गतिशील द्वन्द्वात्मकता या द्वन्द्वात्मक गतिशीलता के अनुयायी हो सकते हैं। यहाँ फिर यह गुत्थी कुछ उलझती-सी ही जान पड़ती है कि *मुक्तिबोध प्रसाद* की परम्परा में माने जायँ या *निराला* की परम्परा में; या निराला में ही एक से अधिक परम्पराएँ मानी जायँ। इसी प्रकार समकालीन कविता में *शमशेर* की स्थिति विवादास्पद रही है। विचारों में मार्क्सवादी और शिल्प में रूपवादी-जैसे दो-टूक निर्णय शमशेर के काव्यलोक के समझने में सहायक न होंगे। शमशेर ने निराला की क्रान्तिकारी चेतना सीधे-सीधे न ग्रहण की हो, उसकी विरोधी या विपरीत दिशा में जाकर उन्होंने अपने काव्यविधान को संयोजित-

संगठित नहीं किया है। स्वच्छन्द अमूर्तन के साथ क्लासिकी ठोसपन के प्रति शमशेर में जो आकर्षण दिखायी देता है वह निराला की काव्यभूमि के बाहर की चीज़ नहीं है। शमशेर ही नहीं, निराला भी बहुत-से अबूझ शब्द, सन्दर्भ, बिम्ब कविता में छोड़ देते हैं। कविता में छूटी हुई जगहें क्या अर्थ रखती हैं, यह विवेक शमशेर में ही नहीं, निराला में भी है। 'वनवेला' कविता के सन्दर्भ और व्यंग्य के अनुसार हम द्वन्द्वपूर्ण वास्तविकता के सम्बन्ध में एक निश्चित आशय निकाल लें, कविता अपनी सम्पूर्णता में उससे अधिक व्यक्त करती है—

मैं रुका वहीं,
वह शिखा नवल

आलोक स्निग्ध भर दिखा गयी पथ जो उज्जवल।
मैंने स्तुति की—हे वन्य वह्नि की तन्वि नवल!
कविता में कहाँ खुले ऐसे दल दुग्ध धवल!

बोला मैं—यही सत्य, सुन्दर!
नाचतीं वृन्त पर तुम, ऊपर
होता जब उपल-प्रहार प्रखर!
अपनी कविता

तुम रहो एक मेरे उर में
अपनी छवि में शुचि संचरिता।

निराला शमशेर के आदर्श इसलिए भी हैं कि उनका शिल्प अधिक-से-अधिक गहरा होता जाता है। शमशेर की कविता का तत्काल प्रकट होनेवाले सामाजिक संघर्ष से रिश्ता बिठा पाना कठिन है पर शमशेर की *जीवनलालसा, सौन्दर्यमय आवेग, ऐन्द्रिक विकलता, अज्ञात के प्रति सहज पर्युत्सुकता*—इन सबके पीछे जो गहरा लगाव है वह आत्मकेन्द्रित व्यक्ति के बूते की चीज नहीं। शमशेर कविता के सौन्दर्य-संगठन के प्रति जो इतने एकाग्र दिखते हैं वह बहुरंगी वास्तविकता के अन्तर्जीवन से गहरे तादात्म्य के कारण ही सम्भव हुआ है। अवश्य ही इस तादात्म्य में तनाव का निषेध नहीं है। शमशेर के शिल्प की अपनी उलझनें हो सकती हैं पर यह शमशेर का ही शिल्प है जो एक बार 'नैसर्गिक' का दर्जा पा लेता है। प्रकृति में जीवत स्पन्दित परिवेश का इतना एकाग्र, मूर्त्त और प्रखर चित्रांकन शमशेर में ही है जो एक बार फिर निराला की याद दिला सकता है—

सूर्य मेरी अस्थियों के मौन में डूबा
गुट्ठल जड़ें
प्रस्तरों के सघन पंजर में
मुड़ गयीं

विगत सन्ध्या की
रह गयी है एक खिड़की खुली
झाँकता है विगत किसका भाव

निराला के गीतों में ऐसे भास्वर चित्र असंख्य हैं, जो ऐन्द्रिक मूर्त्तिमत्ता में तीखे और एकाग्र हैं।

नयी कविता को प्रयोगवाद का सीधा विकास मानना और उसे अन्तर्मुख अनुभूति की रुग्ण रूमानियत या कुण्ठा, ऊब, संत्रासजन्य निस्सहाय नकारात्मकता को सीमित करके देखना एक ऐसी भ्रान्ति है जिससे अब तक छुटकारा मिल जाना चाहिए था। ये सीमाएँ नयी कविता की एक ख़ास विचारशैली का अनुकरण करनेवाले कवियों की ही रही हैं, सभी नये कवियों की नहीं। नयी कविता के दौर में भी महत्त्वपूर्ण कवियों के रूप में मुक्तिबोध, शमशेर, रघुवीर सहाय, कुँवर नारायण, सर्वेश्वर, केदारनाथ सिंह और श्रीकान्त वर्मा का ही कृतित्व विचारणीय है, लक्ष्मीकान्त वर्मा और कैलाश वाजपेयी-जैसे कवियों का नहीं—जिन्हें आधार बनाकर डॉ. रामविलास शर्मा आज तक नयी कविता के विरुद्ध खड्गहस्त जान पड़ते हैं। प्रगीतात्मकता का नया उभार भी नयी कवितावाले दौर में केदारनाथ सिंह-जैसे कवियों के यहाँ देखा जा सकता है जो कृत्रिम, उबाऊ, अवधारणात्मक, दीक्षागम्य कविता का विकल्प है। नयी कविता को जिस दृष्टि से रोमांटिक नवोत्थान की संज्ञा दी जा रही थी उसे प्रगतिशील यथार्थवादी कविता-परम्परा से विच्छिन्न नहीं कहा जा सकता। यह बात भूलने की नहीं है कि नयी कविता के 50-60 के बीचवाले दौर में जब रघुवीर सहाय और केदारनाथ सिंह नयी कविताएँ लिख रहे थे, निराला के बिल्कुल नये ढंग के गीत, कुछ-कुछ अटपटे दिखनेवाले वाक्यविन्यास के भीतर नयी स्फूर्ति पैदा करते थे। शारीरिक रूप से अस्वस्थ और मानसिक रूप से अर्द्धविक्षिप्त निराला के भीतर रागसंवेदना का ऐसा अक्षय स्रोत जीवित था जो काव्यात्मक आश्चर्य पैदा करने के लिए पर्याप्त होता है। अर्चना (1950) आराधना (1953) गीतगुंज (1954) के गीतों से नयी काव्यात्मक स्फूर्ति पाने के लिए व्याख्याताओं या भाष्यकारों की ज़रूरत न थी। नयी कवितावाले दौर में यह नयी भाषा भी बन रही थी जिस पर आयातित कुण्ठा या सन्त्रास की छाया न थी और जिसमें निराला का स्पर्श था—

हाथ
जिसने द्वार खोला
क्षितिज खोले
दिशाएँ खोलीं
न जाने क्यों इस महकते
मूक, हल्दी रँगे, ताज़े
किरण-मुद्रित सँदेशे को
खोलने में काँपता है

यह सही है कि विकास उन्हीं नये कवियों का हुआ जिनके भावबोध की ज़मीन अपनी थी; जो अपने समय में हो रहे परिवर्तन को नयी उत्सुकता से देख रहे थे और जटिल होती जा रही वास्तविकता को समझने के लिए जिनकी संवेदनाएँ सजग थीं। भवानीप्रसाद मिश्र-जैसे कवि इन्हीं संस्कारों को लेकर भावबोध की एक ही सीमा में बँधे रहे—भावुकता की बड़ी पूँजी के बल पर जितना आत्मप्रसार कविता में सम्भव था वे कर सके, रघुवीर सहाय की तरह कठिन समय की चुनौती-भरी सच्चाई को प्रत्यक्ष करने में उन्हें सफलता नहीं मिली। कास्मिक चेतना और वैज्ञानिक दृष्टि का जादू भी इस दिशा में गिरिजाकुमार माथुर-जैसे कवियों की कोई सहायता नहीं कर सका। श्रीकान्त वर्मा ने प्रगतिशील यथार्थवादी कविता का सहज स्वाभाविक रास्ता न अपनाया हो, यह कहना कठिन होगा कि बीसवीं शती की मानवीय नियति को भयावह स्थितियों के बीच व्यक्त करने के लिए उन्होंने जो अपना काव्यमुहावरा विकसित किया वह यथार्थ विरोधी था। नामवरसिंह अधिक साहित्यिक ईमानदारी का परिचय देते हैं अगर उन्हें लगता है कि आधुनिकतावाद की निश्चित शब्दावली में कुँवरनारायण की व्याख्या उसी तरह नहीं हो सकती, जिस तरह मार्क्सवाद की सुनिश्चित शब्दावली में नागार्जुन की व्याख्या मुश्किल होगी। महत्त्वपूर्ण कविता हमेशा विचारधारा की अपनी सुनिश्चित शब्दावली से अधिक की माँग करती है। निराला स्वयं इसके लिए उदाहरण हैं कि उनका मूल्यांकन न किसी अकेली दार्शनिक चिन्ताधारा के आधार पर सम्भव है, न काव्य-प्रणाली के रूप में केवल छायावाद के मानदण्डों के आधार पर।

प्रयोगवाद में मुक्तिबोध यदि एक प्रकार का *बौद्धिक व्यक्तिवाद* देख रहे थे तो नयी कविता में *यथार्थबोध* को *संवेदनात्मक आकलन* या प्रतिक्रिया तक सीमित पा रहे थे। '50 के आसपास विकसित नयी कविता में जीवन के प्रति एक नयी उत्सुकता भी दिखायी देती है, जो स्वतन्त्रता-प्राप्ति के बाद के युवामन की कल्पनाशीलता, मोहक आकांक्षा के अनुरूप है। केदारनाथ सिंह की कविता 'अपनी छोटी बच्ची के लिए एक नाम' इस मनःस्थिति को सार्थक अभिव्यक्ति देती है। मानवीय यथार्थ के नये रूपों के प्रति निरन्तर उत्सुक इस नयी भाषा का आकर्षण तब तक बना रहा जब तक '60 के बाद के ऐतिहासिक मोहभंग के फलस्वरूप कविकर्म के समक्ष बिल्कुल नयी चुनौती नहीं आयी। वह आगे की घटना है। यहाँ यह स्वीकार करना चाहिए कि नयी कविता यद्यपि रोमांटिक नवोत्थान की बिम्बधर्मी कविता के रूप में महत्त्वपूर्ण समझी गयी पर साथ ही उसमें विकास करनेवाले कवि वे हुए जो सूक्ष्म काल्पनिक अमूर्त सौन्दर्यबिम्बों से सन्तुष्ट न होकर आधुनिक जीवन के विलक्षण द्वन्द्व या तनाव को बड़े काव्यफलक पर अभिव्यक्त करने के आकांक्षी थे। मुक्तिबोध की महत्त्वपूर्ण कविताएँ भी उसी दौर में सामने आयीं जिसे 'नयी कविता' के उत्कर्ष का दौर कहा जा सकता है। कहा जा सकता है कि जिस प्रकार *निराला* ने *छायावाद* में रहकर *छायावाद का अतिक्रमण* किया, मुक्तिबोध ने *नयी कविता* में रहकर *नयी कविता का अतिक्रमण* किया और क्लासिकी भावबोध को काव्याभिव्यक्ति देने की कोशिश की। जिस अर्थ में छायावाद एक नहीं, अनेक है उसी प्रकार बक़ौल मुक्तिबोध नयी कविता में

एक नहीं, कई भावधाराएँ हैं।

'नयी कविता' के इतिहास में एक ऐसा समय भी आया जब शमशेर को 'नयी कविता के प्रथम नागरिक' की संज्ञा दी गयी। शमशेर की रागसंवेदनात्मक पूर्णता ही इस संज्ञा के लिए प्रेरक तत्त्व थी। फिर भी यह सच है कि शमशेर को समकालीन कविता के इतिहास में वह केन्द्रीयता नहीं मिली जो नयी कविता के बादवाले दौर में मुक्तिबोध को मिली। मुक्तिबोध विरोध और अस्वीकार दोनों दृष्टियों से साठोत्तरी कविता के दौर में प्रतिपक्षी चेतना के प्रतीक हो गये। प्रतिबद्ध कविता का काव्यशास्त्र बनानेवालों के लिए ये पंक्तियाँ सटीक अर्थमय और अनिवार्य हो उठीं–

अब अभिव्यक्ति के सारे ख़तरे
उठाने ही होंगे
तोड़ने होंगे ही मठ और गढ़ सब
पहुँचना होगा दुर्गम पहाड़ों के उस पार
तब कहीं देखने मिलेंगी हमको
नीली झील की लहरीली थाहें
जिसमें कि प्रतिपल काँपता रहता
अरुणकमल एक
धँसना ही होगा
झील के हिम-शीत सुनील जल में

नयी कविता के बाद कविता में विद्रोह और अस्वीकार को नयी भाषा देनेवाले कवियों में *रघुवीर सहाय* अग्रणी हैं। 'आत्महत्या के विरुद्ध' उनकी कविताओं का ऐसा संग्रह है जिसने प्रतिपक्षधर्मी समकालीन कविता को *राजनीतिक अर्थमयता* और *मानवीय तात्कालिकता* प्रदान की। अगर ये कविताएँ पाठकों की ज़बान पर चढ़ गयीं तो इसके पीछे देशकाल के बदले हुए माहौल का भी दबाव है और क्रीड़ा-कौतुक प्रधान शिल्प का भी, जो काव्यात्मक सृजनशीलता के साथ सम्प्रेषण में सहायक चतुर चुस्त सूक्तिप्रियता का भी सहारा लेता है। यह क्रीड़ाभाव रोमांटिक भावुकता को छिन्न-भिन्न करके जिस नये अर्थसंगठन को जन्म देता है वह बहुत कुछ वही तत्व है जिसे *विरुद्धों का सामंजस्य* कहा गया है। निराला ने 'सरोज-स्मृति' में *करुणा* और *हास्य* का जो तात्पर्यसमृद्ध *द्वन्द्वमय सन्तुलन* प्रमाणित किया है, रघुवीर सहाय का *क्रीड़ाभाव* उसी अर्थ में आधुनिक जीवन की *विडम्बनापूर्ण त्रासदी* को प्रत्यक्ष करता है। रघुवीर सहाय की सूक्तिप्रियता के पीछे भी गहरी संवेदना है, केवल चतुर कथन का प्रलोभन नहीं–

एक मेरी मुश्किल है जनता
जिससे मुझे नफ़रत है सच्ची और निस्संग
जिस पर कि मेरा क्रोध बार-बार न्योछावर होता है
(स्वाधीन व्यक्ति)

न सही यह कविता
यह मेरे हाथ की छटपटाहट सही
यह कि मैं घोर उजाले में खोजता हूँ
आग
जबकि हर अभिव्यक्ति
व्यक्ति नहीं
अभिव्यक्ति
जली हुई लकड़ी है न कोयला न राख
(फ़िल्म के बाद चीख़)

कविता में नये यथार्थ को प्रकट करने के लिए जिस तनावगुण का सहारा लिया वह केवल काव्यात्मक हिकमत नहीं, आज के भयावह अमानवीकरण के विरुद्ध एक प्रकार का हस्तक्षेप है। इसी अर्थ में *कुँवरनारायण* के लिए "कविता एक तरह से उस *भाषा का भण्डाफोड़* है जिसके पीछे केवल व्यावसायिक राजनीति या अन्य किसी प्रकार के स्वार्थों की मक्कारी और चालाकी हो।" सर्वेश्वर ने प्रयोगवाद के आत्मपीड़ा-दर्शन से यात्रा शुरू की थी पर धीरे-धीरे अपने समय के सामाजिक संघर्ष से जुड़कर उन्होंने निराला के दिखाये रास्ते पर चलकर यथार्थवादी कविता लिखने की कोशिश की। कुँवरनारायण पहले से ही छन्दोबद्ध कविता लिखते आ रहे थे। इधर उन्होंने रूप की विविधता प्रदर्शित करने की दिशा में भी महत्त्वपूर्ण प्रयोग किये। *सर्वेश्वर* के लिए संघर्ष की रूपरेखा सर्वथा ज्ञात जान पड़ती है। *कुँवरनारायण* संघर्ष के जटिलतम रूपों तक जाते हैं और आदमी की नियति की गहरी विडम्बना को अगम्भीर ढंग से प्रत्यक्ष करने का भी साहस दिखाते हैं।

केदारनाथ सिंह की दृष्टि में कविता नैतिक दबाव की उपज है, इसलिए शुद्ध कविता की बात बेमानी है। *'दुनिया को बदलना* दुनिया को सुन्दर बनाने का ही दूसरा नाम है। कविता इसी गहरे अर्थ में दुनिया को बदलती है' (पूर्वग्रह : 73/74)। केदार की कविताएँ सच्चे अर्थों में *जीवनधर्मी* कविताएँ हैं। वे हर पल कुछ नया घटित होने के इन्तज़ार में हैं। काल्पनिक आशावाद नहीं, गहरी जीवन-आस्था इस 'इन्तज़ार' की पहचान है। जड़ता, अनास्था और हताशा के विरुद्ध इस '*इंतज़ार*' के अपने गूढ़ार्थ हैं, जो सीधी-सादी जान पड़नेवाली कविता को अर्थसघन बनाते हैं। *विचारधारा* किस तरह एक *अबोध वक्रता* से गुज़रकर कविता बन जाती है, केदारनाथ सिंह के यहाँ देखने की चीज़ है–

मुझे आदमी का सड़क पार करना
हमेशा अच्छा लगता है
क्योंकि इस तरह
एक उम्मीद-सी होती है
कि दुनिया जो इस तरफ है
शायद उससे कुछ बेहतर हो

सड़क के उस तरफ
(उस आदमी को देखो)

आज के यथार्थ के जटिलतर अहसास के भीतर भी *कुँवरनारायण* इसी गहरी *जीवन-आस्था* को अक्षुण्ण रखना चाहते हैं। कविता को अक्सर विचार में बदलते हुए वे विचार की काव्योपयोगिता सिद्ध करना चाहते हैं। इस कोशिश में एक सहज अन्तर्विरोध है। काव्यत्व के लिए आलंकारिक युक्तियों का आश्रय छोड़कर कुँवरनारायण एक नैतिक आकांक्षा या विचार को कविता का समकक्ष सिद्ध करने के लिए जो ख़तरा उठाते हैं वही अब उनकी स्वाभाविक पहचान है। "जितना बचा हूँ / उससे भी बचाये रख सकता हूँ यह अभिमान / कि अगर नाक हूँ / तो वहाँ तक हूँ जहाँ तक हवा / मिट्टी की महक को / हलकोरकर बाँधती / फूलों की सूक्तियों में / और फिर खोल देती / सुगन्धि के न जाने कितने अर्थों को / हज़ारों मुक्तियों में।" (गले तक धरती में गड़े हुए भी) नयी कविता-धारा के सम्बन्ध में डॉ. रामविलास शर्मा लिखते हैं: "नयी कविता की धारा स्वाधीनता आन्दोलन की विरासत को, और छायावाद के साथ प्रगतिशील कविता की उपलब्धियों को नकारते हुए आगे बढ़ी।" (नयी कविता और अस्तित्ववाद / दूसरे संस्करण की भूमिका) जिस नयी कविता-धारा को मुख्य धारा मानकर हम यहाँ विचार कर रहे हैं उसके बारे में निर्विवाद रूप से कहा जा सकता है कि वह *स्वाधीनता संघर्ष* की विरासत को तथा छायावाद में निहित *प्रगतिशील यथार्थवादी तत्वों* को स्वीकार कर आगे बढ़नेवाली कविता है। नयी कविता ने सामाजिक चेतना और आत्मीय अनुभव के बीच जो काव्यात्मक सन्तुलन बनाया उसकी छाप उसकी अन्तर्वस्तु और अभिव्यक्ति दोनों पर है। वहाँ आत्मीय अनुभव में भी कभी-कभी एक सामाजिक विकलता की झलक मिलती है, हालाँकि कवि भवानीप्रसाद मिश्र-जैसे हों तो स्वच्छन्दतावाद का रंग कुछ अधिक ही गहरा दिखायी देगा—

समझ में नहीं आता
कभी भीतर उठता है
कभी उठने लगता है
पाँवों के पास
कभी सिरे पर दुनिया के
कभी ओत-प्रोत करते दुनिया-भर को
और फिर भी बार-बार लगता है
हो न हो
यह मेरी रगों में दौड़ता हुआ मेरा खून ही है
(रक्तकमल / भवानीप्रसाद मिश्र)

यह सच है कि *नयी कविता* बहुत दिनों तक एक नये प्रकार के *काव्यात्मक सौन्दर्यवाद* के रूप में ही जानी गयी जिसमें अनागत के प्रति जिज्ञासा या उत्सुकता का भाव मुख्यतः

रागात्मक संवेदना के धरातल पर ही व्यक्त हो सकता था। सन् *साठ के बाद* ऐतिहासिक *मोहभंग* के फलस्वरूप कविता की भूमिका में स्पष्ट अन्तर आया जिसकी दो भिन्न परस्परविरोधी प्रवृत्तियों या दिशाओं की ओर ध्यान जाना स्वाभाविक था। एक, *शुद्ध कविता* से *प्रतिबद्ध कविता* की ओर, दूसरी, *कविता* से *अकविता* की ओर। 'धर्मयुग' (4 जुलाई, 1965) में प्रकाशित निबन्ध में केदारनाथ सिंह ने स्वीकार किया कि 'आँगन के पार द्वार' (अज्ञेय) के साहित्य अकादमी द्वारा पुरस्कृत होने के साथ नयी कविता का एक दौर पूरा हो जाता है। कहना ज़रूरी नहीं कि 'आँगन के पार द्वार' तक आते-आते अज्ञेय *अनुभववादी दर्शन* अथवा नये क़िस्म के *रहस्यवाद* में सिमट आये थे। केदारनाथ सिंह के अनुसार, "सम्भवत: नवलेखन के क्षेत्र में सौन्दर्य का यह रुझान कुछ दिनों तक और चलता रहता यदि अकस्मात सन 1962 मे *राष्ट्रीय संकट* ने साहित्य तथा राजनीति में एक साथ बहुत-से मोहक आदर्शों और खोखले काव्यात्मक शब्दों के प्रति हमारे मन में *विराट शंका* न भर दी होती।" प्रतिबद्ध कविता और अकविता के संघर्ष का एक संक्षिप्त इतिहास है जिसे तत्कालीन पत्र-पत्रिकाओं के माध्यम से जाना जा सकता है। शीतयुद्ध की विचारधारा के प्रभाव में आधुनिकतावाद की जो रूढ़ियाँ बनीं उनमें एक वह *नकारवाद* या निहिलिज़्म की रूढ़ि थी जिसने अतर्क्य अराजकता को ही विद्रोह का पर्याय मान लिया। प्रगतिशील यथार्थवादी धारा के ही नये विकास के अन्तर्गत जो प्रतिबद्ध कवि अब सामने आये उन्हें सीधे इस छद्म काव्यान्दोलन से, जो आन्दोलन से अधिक एक हादसा या दुर्घटना थी, संघर्ष करना पड़ा। विडम्बना यह कि कभी-कभी प्रतिबद्ध कवि भी इस *छद्म विद्रोहवाद* के मुहावरे के असर में आ गये। एक ओर प्रतिबद्ध कवि जटिल अमानवीकृत व्यवस्था अथवा तन्त्र के विरुद्ध संघर्ष कर रहे थे और अपने आक्रोश या विद्रोह के ऐतिहासिक वस्तुगत कारणों के प्रति उदासीन नहीं थे, दूसरी ओर अकवितावाद के तथाकथित नाराज़ कवि भद्र आभिजात्य संस्कृति तथा उपभोक्ता समाज की धज्जियाँ उड़ाने का अहंकार लेकर अक्सर स्त्री को एक उपभोग्य वस्तु में घटाकर देखने की हिंस्र रुझान के शिकार थे। इस छद्म विद्रोही मुद्रा में जोखिम का कहीं नाम न था, प्रदर्शन ही प्रदर्शन था, जिसके लिए पूँजीवादी संस्थानों की पत्रिकाएँ थीं, संचार के दूसरे माध्यम थे और आधुनिकतावाद की स्वीकृति भी थी। इस छद्मविद्रोही काव्यप्रवृत्ति की याद अब बहुत कुछ एक बीते हुए हादसे की याद है। धूमिल का कविता-संग्रह 'संसद से सड़क तक' उस दौर की प्रतिबद्ध युवा कविता की महत्त्वपूर्ण उपलब्धि है। समकालीन कविता के महत्त्वपूर्ण प्रस्थानों का उल्लेख जब भी किया जायेगा, धूमिल के योगदान का मूल्यांकन ज़रूरी समझा जायेगा। धूमिल और धूमिल के बाद की कविता का विस्तृत विश्लेषण हम एक स्वतन्त्र अध्याय के अन्तर्गत करेंगे। इसलिए यहाँ इतना ही कहना आवश्यक है कि धूमिल के बाद आयी हुई युवतर कवि-पीढ़ी ने *छद्म क्रान्तिकारिता* और *निषेधवाद* का रास्ता छोड़कर मामूली ज़िन्दगी और मानवीय रिश्तों के अत्यन्त परिचित तथ्यों में कविता को एक बार पुन: सम्भव किया। *माँ, बच्चा, पेड़, चिड़िया, फूल, पत्तों* में नया रूप और आकार पानेवाली कविता को वर्ष 1980 में 'कविता की वापसी'-जैसी संज्ञा दी गयी। उत्साह ऐसा था, जैसे आलोचना यदि

ठीक इसी समय इस कविता का मुकम्मल काव्यशास्त्र नहीं बना लेती तो यह एक बड़ी ऐतिहासिक चूक हो जायेगी। विश्लेषण की मुद्रा यह अपनायी गयी कि ठीक पहले के, अर्थात् धूमिल के काव्यसमय से इस अगले चरण की युवा कविता को कुछ लेना-देना नहीं है, वह शमशेर और त्रिलोचन-जैसे प्रौढ़ अग्रज कवियों की परम्परा से नया संवाद स्थापित करने में जरूरी सक्षम है। इस विश्लेषण के पीछे एक चालाक तर्क यह छिपा हुआ था कि अब कविता विद्रोही चेतना और क्रान्तिकारी तेवर से ऊब चुकी है और उसे इस असलियत का पता है कि कविता अन्ततः मूल *मानवीय रागात्मकता* में ही जीवित है। दूसरी ओर कविता की वापसी के प्रवक्ताओं को यह भी छिपाना था कि आधुनिकतावाद ने प्रगतिशील यथार्थवादी काव्यधारा को क्षति पहुँचाने के लिए जिस *नकारात्मक अति-आधुनिक व्यक्तिकेन्द्री कलावाद* को प्रोत्साहन दिया था उसके विरुद्ध पहला महत्त्वपूर्ण संघर्ष साठोत्तरी *प्रतिबद्ध कविता* ने ही किया। नागार्जुन त्रिलोचन को पुनः प्रतिष्ठा आधुनिकतावाद के भ्रमों में उन्मूलन के बाद ही सम्भव हुई और इसमें पहले के प्रतिबद्ध कवियों की भूमिका नगण्य नहीं है। मानवीय रागात्मकता की चिन्ता नागार्जुन, केदारनाथ अग्रवाल-जैसे कवियों की भी है, पर कविता की वापसी का नारा देनेवाले उत्साहप्रेरित विचारकों की परिणति यह है कि वे मानवीय रागात्मकता के पुनरुद्भव की सम्भावना पिछले *पतनोन्मुख आधुनिकतावाद* और *नये अबोध कलावाद* के सन्तुलन में ही देख पा रहे हैं। अब उम्मीद केवल प्रगतिशील यथार्थवादी धारा से जुड़े *कुमार विकल, मंगलेश डबराल, अरुणकमल* और *राजेश जोशी* -जैसे कवियों से है कि उनका काव्यविवेक युवा समकालीन कविता का निराला, नागार्जुन, शमशेर, त्रिलोचन-जैसे कवियों के साथ सम्बन्ध समझने योग्य विचारधारात्मक तथा काव्यात्मक आधार प्रस्तुत करेगा। अरुण कमल-जैसे कवियों का परम्परा-प्रेम छद्म विनय नहीं, प्रगतिशील यथार्थवादी काव्यपरम्परा की सच्ची संवेदनात्मक समझ का परिणाम है—

अपना क्या है इस जीवन में
सब कुछ लिया उधार
सारा लोहा उन लोगों का
अपनी केवल धार

इन पंक्तियों में निराला-जैसे अग्रज कवि से प्रेरणा ग्रहण करने की संवेदनशीलता भी है और अपने समय की चुनौतियों के भीतर विकसित नयी काव्य-क्षमता का अहसास भी। निराला, नागार्जुन, मुक्तिबोध, रघुवीर सहाय, धूमिल की परम्परा का निश्चय ही अपना विशेष अर्थ है और आज के युवाकवि उसके प्रति उदासीन नहीं हैं।

समकालीन काव्य-परिदृश्य की एक महत्त्वपूर्ण विशिष्टता तो यह है ही कि नागार्जुन, त्रिलोचन, अरुणकमल, राजेश जोशी एक साथ रचनारत हैं और उनमें एक दूसरे के प्रति संवेदनात्मक लगाव भी दिखायी देता है। 'ऐसा कोई घर आपने देखा है 'शीर्षक अपने अन्तिम संग्रह में अज्ञेय आज की युवा कविता का मुहावरा अपनाने के लिए उत्सक दिखायी

देते हैं, जबकि महत्त्वपूर्ण युवा कवि निराला और नागार्जुन की काव्यसंवेदना से उत्तेजना और स्फूर्ति ग्रहण कर रहे हैं। आधुनिकतावाद का जादू टूट न चुका होता तो यह दृश्य अकल्पनीय था। आशा है इन नयी परिस्थितियों में समकालीन कविता के अधिक विविध और समृद्ध परिवेश से प्रेरणा लेकर समकालीन काव्यमूल्यों का निर्धारण अधिक प्रामाणिक और तर्कसंगत जान पड़ेगा।

अन्त में, निराला को समकालीन कविता-परिदृश्य के सन्दर्भ में याद करने का एक पहलू और भी है। यदि इधर की कविता में कुछ गतिरोध जैसी स्थिति है, निराला इस दिशा में क्या हमारी कोई मदद कर सकते हैं। रघुवीर सहाय, केदारनाथ सिंह, कुँवरनारायण की कवि-पीढ़ी में रचनात्मक ठहराव की समस्याएँ दूसरी हैं—बहुत कुछ उनका सम्बन्ध उनके अपने रचनात्मक मानस, *व्यक्तिगत* काव्यात्मक पूर्वग्रह या समकालीन यथार्थ के कठिनतर रूपों के प्रति आन्तरिक द्वन्द्व से है और वे अपनी कविता की अन्तर्वस्तु और बनावट में ज़रूरी उलटफेर करते भी रहे हैं। उनके बाद की कविता की समस्याएँ कुछ सामान्य काव्यात्मक अवधारणाओं में निहित हैं जिनका सामना *सामूहिक* रूप में भी अनिवार्य जान पड़ता है। यहाँ दो-तीन कठिन समस्याओं की ओर ध्यान जा सकता है। एक तो हमारे बहुत-से युवा कवियों ने यथार्थ के उस बयान को कविता का प्रायः सर्वस्व मान लिया है जो *तात्कालिक प्रतिक्रियामूलक* होता है। इस विडम्बनापूर्ण वास्तविकता को हमें स्वीकार कर लेना चाहिए कि आज कविता में *यथार्थ* का बहुत-सा चित्रण उसी शैली में है जो *अनुभववाद* की सीमा बनाती है। दूसरे, दो-एक अपवादों को छोड़कर, प्रायः सबने अभिव्यक्ति के प्राप्त साँचे को पर्याप्त मान लिया है जो ऐसी ही प्रतिक्रियाओं या तात्कालिक संवेदनाओं के लिए स्वतः स्फूर्त जान पड़ता है। तीसरे, प्रायः सभी छन्दमुक्ति की आसान पद्धति के अभ्यस्त हो चले हैं और छन्द की ओर पुनः जाकर या छन्द की सीमा में छन्द के अतिक्रमण के नये रूपों की खोज कविकर्म के वृहत्तर उपयोग की सम्भावनाएँ देख पाने में अपने को असमर्थ पाते हैं। आज की कविता की वस्तु और बनावट में जहाँ कुछ उत्तेजक या नया दिखायी देता है वहाँ भी शिल्प या विन्यास को चुनौती देती वह *जीवनदृष्टि* कम ही दिखायी देती है जिसके अभाव में कविता या साहित्य की महानता की कल्पना नहीं की जाती। काव्यप्रयत्न के पीछे जो संघर्ष-क्रम पहले निराला में और फिर मुक्तिबोध में दिखायी देता है, उसकी मूल्यवत्ता पर विचार करके ही हम शायद इन समस्याओं का हल खोज पायेंगे *जीवनदृष्टि, विचारधारा, काव्यात्मक परिप्रेक्ष्य या विश्वदृष्टि* का कविता से क्या सम्बन्ध है, इसे ठीक-ठीक समझने के लिए *निराला* आज भी महत्त्वपूर्ण कसौटी अथवा आधार सिद्ध होंगे।

कविता के विगत चार या पाँच दशकों का इतिहास उदाहरण है कि इस बीच के विभिन्न महत्त्वपूर्ण दौर कवि के *आत्मसंघर्ष* और सामाजिक यथार्थ अथवा सामाजिक संघर्ष के बीच सक्रिय *तनाव* के साक्षी रहे हैं। इस लम्बे काव्य-समय में महत्त्वपूर्ण कविता ने बहुत-से अवधारणात्मक सैद्धान्तिक चौखटों को, स्थिर आग्रहों या पूर्वानुमानों को विचलित किया है। *रोमान* और *यथार्थ*, *दुरूहता* और *सहजता*, *बौद्धिकता* और *भावुकता*

निजी और *सार्वभौम* अब कविता की मूल्यवत्ता के निर्धारण में इतने दो-टूक निर्णायक विभाजन बहुत अर्थ नहीं रखते। वस्तु और रूप के बारे में बिम्ब-प्रतिबिम्बात्मक जैसी स्थिति अब मान्य नहीं रही। समकालीन कविता यदि इन रूढ़ियों से मुक्त हो पायी है तो निराला का योगदान आधुनिक कवियों में किसी से भी अधिक है। युवाकवि *अरुणकमल* आज यदि यह स्पष्ट समझ रखते हैं कि *बाह्य* के साथ *संघर्ष* से ही *आत्मसंघर्ष* शुरू होता है तो इसके पीछे भी निराला की ही प्रेरणा है। आज यदि राजनीतिक यथार्थ की कविता लिखने के लिए राजनीतिक विषय का चुनाव अनिवार्य तथा एकमात्र विकल्प नहीं माना जाता, यदि व्यवहार में भी दिखायी देता है कि प्रतिभावान कवि प्रेम और प्रकृति-विषयक कविताओं को भी गहरे अर्थों में राजनीतिक कविता का रूप दे सके हैं, तो इस स्थिति को सम्भव बनाने में *निराला* की भूमिका अत्यन्त महत्त्वपूर्ण रही है।

समय के अन्तर्विरोध और विरोध की कविता

नागार्जुन कविता की सम्भावनाओं का विस्तार करनेवाले उन थोड़े-से कवियों में हैं जिनके पास *राजनीतिक विचारधारा* की अपनी विशेषताओं और अन्तर्विरोधों के साथ अपने मय को पहचानने में सक्षम प्रखर *आलोचनात्मक विवेक* भी है और जो इन गुणों के आधार पर अपनी कविता की एक स्वायत्ता पहचान भी बना सके हैं। सच यह है कि एक *प्रतिबद्ध कवि* को भी अपनी एक निजी स्वतन्त्र या *स्वायत्त पहचान* बनानी पड़ती है। इसी पहचान के बल पर वह एक विस्तृत और विविध काव्यपरिदृश्य में देर तक टिका रह पाता है और प्रचलित मानदण्डों में हेरफेर करने के लिए ज़रूरी दबाव भी डालता रहता है। जो राजनीतिक यथार्थ या सामाजिक वास्तविकता सबका जाना हुआ अनुभव है, सबका ज्ञात और प्रत्यक्ष है, वह कैसे अलग काव्योपयोगिता या सार्थकता प्राप्त कर लेता है, यह विचारणीय है।

समकालीन हिन्दी काव्य-परिदृश्य में नागार्जुन की केन्द्रीयता असन्दिग्ध है, इसलिए ज़रूरी है कि नागार्जुन की कविता पर विचार करते हुए हम कुछ बुनियादी और सम-सामायिक काव्यचिन्ताओं को एक साथ जाँचने-परखने की कोशिश करें जिनकी रोशनी में नागार्जुन की कविता की सार्थकता और शक्ति भी प्रकट होती हो और उसकी सीमाएँ भी समझ में आती हों। नागार्जुन की काव्य-ऊर्जा ने हमारा ध्यान इस हद तक आकृष्ट किया है कि हम बहुत कुछ यह मानने लगे हैं कि किसी भी विषय को छूकर नागार्जुन उसकी काव्यात्मक सार्थकता हमारे लिए आस्वाद्य बना सकते हैं। इसलिए उनकी ऐसी राजनीतिक कविताओं को भी जो तात्कालिक प्रतिक्रिया या सपाट लक्ष्यात्मकता लिये होती हैं, हम उत्सुकता से देखना चाहते हैं—इस उम्मीद के साथ, कि शायद एकदम अकल्पनीय रूप से साधारण जगहों में भी कविता हो सकती है।

यहाँ '*राजनीतिक कविता*' के प्रतिमानों के बारे में विचार करते हुए नागार्जुन की काव्य-क्षमता या विशिष्टता का मूल्यांकन किया जाय, तो सबसे पहले यह प्रश्न पूछना ज़रूरी है कि 'राजनीतिक कविता' की क्या कोई एक विशेष अवधारणा हमारे मन में है।

'राष्ट्रीय कविता', 'सांस्कृतिक कविता' या 'दार्शनिक कविता' की स्वतन्त्र कोटियाँ क्या इस रूप में बनायी जा सकती हैं कि उनसे विशिष्ट काव्यात्मकता का बोध भी होता हो। यदि नहीं, तो क्या 'राजनीतिक कविता' को हम इस रूप में परिभाषित कर पायेंगे कि उससे एक विशेष प्रकार के काव्यचरित्र या काव्यमूल्य का भी आभास मिल सके। क्या हमारे समय और काव्य-समय में ऐसी कोई अनिवार्यता पैदा हुई है कि हम *राजनीतिक कविता* की स्वतन्त्र पहचान रूप-प्रकार, अन्तर्वस्तु और गुणात्मक लक्षणों के आधार पर सुनिश्चित कर सकें। सचाई यह है कि जब भी हमारे यहाँ 'राष्ट्रीय कविता' या 'सांस्कृतिक कविता'-जैसे अर्थपद प्रचलन में आये हैं, यही विचार होता रहा है कि राष्ट्रीयता का आदर्श क्या है या कविता में प्रकट सांस्कृतिक मूल्य कौन-से हैं। ऐसी कविता कविता के रूप में महत्त्वपूर्ण है या नहीं—यह प्रश्न उठाने की ज़रूरत कम ही समझी गयी है। कई बार राजनीतिक आशय की कविताओं की चर्चा करते हुए भी राजनीतिक विचारों की प्रासंगिता ही समीक्ष्य वस्तु मान ली गयी है। राजनीतिक कविता के लिए राजनीतिक विचार बहुत महत्त्वपूर्ण हैं पर उसका अपना *काव्य-विधान* या *संगठन* भी, जो उसे सम्प्रेष्य या विश्वनीय बना सके, उतना ही महत्त्वपूर्ण है। साहित्य के लिए *साहित्य से निर्वासन* ज़रूरी माननेवाले कवि गजानन *मुक्तिबोध* ने *स्पष्ट दृष्टि, स्पष्ट लक्ष्य, स्पष्ट विचारधारा* की बात की है, पर साथ ही, स्वयं अपनी कविता के बारे में स्वीकार किया है कि उनके यहाँ राजनीतिक स्वर एक महत्त्वपूर्ण किन्तु गोपन विशेषता है जो उनके काव्य को रूप और अर्थ देती रही है। इस दृष्टि से यह सवाल भी कम महत्त्वपूर्ण नहीं कि राजनीतिक कविता में राजनीतिक विचार कितने प्रकट हों और कितने प्रच्छन्न। यहाँ एंगेल्स का स्मरण उपयोगी होगा जिन्होंने एक पत्र में लिखा है—"लेखक के विचार जितने छुपे रहें, कलाकृति उतनी ही अच्छी होती है।" फिर भी *प्रकट* और *प्रच्छन्न* के अनुपात के बारे में राजनीतिक कविता को लेकर कोई सामान्य काव्य-नियम नहीं बनाया जा सकता। एक दिलचस्प तथ्य यह भी है कि जो नागार्जुन की राजनीतिक विचारधारा से असहमत होते हैं, वे भी राजनीतिक कविता-सरीखी उनकी कविता के प्रति आशान्वित रहते हैं।

कविकर्म के महत्त्व को जाँचने के लिए *आचार्य रामचन्द्र शुक्ल* ने अनेक कसौटियाँ बतायी हैं। उनकी एक अवधारणा *पूर्ण कवि* को लेकर है। पूर्ण कवि शुक्लजी की दृष्टि में वे हैं जो जीवन की अनेक परिस्थितियों के भीतर सौन्दर्य का साक्षात्कार कर पाते हैं। नागार्जुन कुछ चुने हुए राजनीतिक विषयों पर कविताएँ लिखकर ही सन्तुष्ट हो गये होते, तो वे उतने महत्त्वपूर्ण कवि न होते, जितने महत्त्वपूर्ण वे राजनीतिक कविताओं के साथ *भिन्न प्रकार के जीवनानुभवों* के काव्यात्मक प्रत्यक्षीकरण के लिए माने जाते हैं। प्रकृति और जीवन के गहरे लगाव उनकी काव्य संवेदना में निरन्तर ऐसा कुछ जोड़ते रहे हैं जिसके स्पर्श के बिना राजनीतिक आशय की कविताएँ भी सीमित प्रभाव उत्पन्न कर पातीं। इस दृष्टि से नागार्जुन पूर्ण कवि हैं। उनकी राजनीतिक कविता की अर्थव्याप्ति उन्हें महत्त्वपूर्ण बनाती है। प्रलय की पूरी पदावली के साथ ही राजनीतिक कविता महत्त्वपूर्ण नहीं बनती, कभी दुख या पीड़ा के साधारण शान्त प्रतीत होनेवाले आकलन में भी राजनीतिक आशय

अधिक उभरकर सामने आते हैं, जिनका काव्यात्मक प्रभाव गहरा और स्थायी होता है।

बर्तोल्त ब्रेख़्त पर कविता लिखते हुए *नागार्जुन* ने जिन गुणों को लक्ष्य किया है वे नागार्जुन के अपने कवि-मानस में भी ख़ास जगह बनाकर बैठे हैं–

क्या नहीं है,
इन घुच्ची आँखों में!
इन शातिर निगाहों में

नफ़रत की धधकती भट्ठियाँ
प्यार का अनूठा रसायन
अपूर्व विक्षोभ
जिज्ञासा की बाल-सुलभ ताज़गी
ठगे जाने की प्रायोगिक सिधाई
प्रवंचितों के प्रति अथाह ममता

नफ़रत, प्यार, विक्षोभ, जिज्ञासा, ममत्व के संघटन से नागार्जुन का जो अपना काव्य-विवेक बनता है, वह *जीवनपूर्णता* की माँग के बग़ैर असम्भव है। नागार्जुन की राजनीतिक कविताओं की सार्थकता की पहचान के लिए भी जीवनपूर्णता की इस संवेदना को रेखांकित करना ज़रूरी है। यहाँ हम नागार्जुन के संग्रहों से चुनकर कुछ कविताएँ अलग कर सकते हैं, जिनके आधार पर राजनीतिक कविता के अपने प्रतिमानों पर विचार करना भी सम्भव हो और नागार्जुन की काव्य-ऊर्जा को भी स्पष्ट पहचाना जा सके। 'वह कौन था', 'शासन की बन्दूक', 'शाल वनों के निविड़ टापू में', 'खिचड़ी विप्लव देखा हमने', 'चन्दू मैंने सपना देखा', 'हरिजन गाथा', 'भोजपुर', 'सत्य', 'मन्त्र कविता', 'मैंने देखा'–इस अर्थ में कुछ विचारणीय कविताएँ हैं। इन पर विचार करते हुए हम देख सकते हैं कि इनके लिए 'राजनीतिक कविता'-जैसी स्वतन्त्र संज्ञा कहाँ तक उचित है।

'वह कौन था' कविता इस प्रकार आरम्भ होती है–

कोर्ट की दीवार पर
चुपचाप जो पोस्टर अभी चिपका गया
वह कौन था?
जो चाय की दूकान के उस वरण्डे पर
फेंककर नोटिस अभी गायब हुआ
वह कौन था?
जो प्लेटफार्म पर जमा इन यात्रियों की भीड़ में
यह लीफलेट गिरा गया है
अभी चलती ट्रेन से
वह कौन था?

सुप्त सुन्दर सड़क के अतिरुचिर उर पर
शिशिर की नीरव निशा में
चाक से जो स्पष्ट अक्षर लिख गया
वह कौन था ?

संकेत से ही कविता को आशय-समृद्ध करना प्रयोजनीय हो तो यह अंश अपने आप में पूरा है पर नागार्जुन के लिए पूरा राजनीतिक सन्दर्भ, भूमिगत संघर्ष का पूरा ब्यौरा महत्त्वपूर्ण है, अत: यहाँ से तो कविता मूल समस्या पर आती है—'राह चलते लोग रुक-रुक पास आते हैं / बाँचते हैं / × × × × क्या लिखा है / परस्पर तसदीक करके इशारों से बात सारी / राह चलते लोग गुपचुप राह पकड़े जा रहे हैं ··· / क्या लिखा है / क्षीण अनशन क्लिष्ट आहत ··· / राजनैतिक बन्दियों का वध हुआ है ··· ।' इसके बाद संघर्ष तेज़ होने की सूचना है—सूचना से अधिक संकल्प-कथन ! सर्वहारा के प्रयत्न से निकले मुक्ति मार्ग की पहचान का सन्दर्भ है । फिर आज़ाद छापामार दल की गतिविधि और पुलिस में फैले आतंक का वर्णन है । अन्त में नागार्जुन की पक्षधरता की स्पष्ट स्वीकृति भी—'हे अपरिचित भूमिगत अज्ञातवासी / × × × × निष्कंटक करो इस कंटकावृत्त भूमि को ।' तथ्यमय *इतिवृत्त* और *आवेगमय आवाहन* के साथ वक्तव्य की समाप्ति—यहाँ कविता कहाँ है । सशस्त्र क्रान्तिकारी आन्दोलन के प्रति नागार्जुन का उत्साह इतना प्रबल है कि वे तीव्रतर होते संघर्ष का एक-एक ब्यौरा सुलभ कराते चलते हैं—"··· लो उठ गये हैं / (दण्डपाणि त्रिशूलधारी चक्रधर हलधर गदाधर) / छीन लाये हैं पुलिस से दुनाली बन्दूक / ··· !" संघर्ष की इस क्रमिक उत्तेजना में काव्यसंयम नागार्जुन के लिए असम्भव हो जाता है । कविता की अन्तर्वस्तु में यह जो चेतना निहित है कि हमारा संघर्ष अकेले का संघर्ष नहीं रह गया है, वह दूसरों के व्यापकतर संघर्ष से जुड़कर ही अर्थवान बनता है, यही *वर्णन* को *विचार* और *विचार* को *क्रिया* में बदलनेवाली कला की मुख्य प्रेरणा या जीवनीशक्ति है । पर इसके लिए भाषा या अभिव्यक्ति पर नियन्त्रण और *परिस्थिति की जटिलता* या *विडम्बना* की पूरी पहचान भी ज़रूरी है । कविता और राजनीति के बीच घटित तीव्र अन्तर्क्रिया को ऐतिहासिक समय के मूल ताप या प्रभाव से अलग नहीं किया जा सकता । इतिहास के एक महत्त्वपूर्ण बिन्दु पर ही सृजनात्मक कला में सम्भव होनेवाली प्रखरता या जीवन समृद्धि को अर्थ और काव्यात्मक परिप्रेक्ष्य या साहित्यिक मूल्यवत्ता प्राप्त होती है, इसमें सन्देह नहीं । यह अबोध जिज्ञासा फिर कोई अर्थ नहीं रखती कि संघर्ष या क्रान्ति के फलीभूत हो जाने पर ऐसी राजनीतिक कविता का क्या होगा । पर 'वह कौन था'-जैसी इकहरी कविताओं को यह जिज्ञासा प्रश्नांकित ज़रूर करती है । यहाँ कविता न बन पाने का कारण विचारधारा की चूक है या कविता की—कहना कठिन है ।

शासन की बन्दूक नागार्जुन की उन कविताओं में है जिन्हें उनकी काव्यक्षमता और विचारधारा का प्रतिनिधि उदाहरण माना जाता है । इसके समग्र संगठन पर ध्यान देने की ज़रूरत है । 'दोहे'-जैसे छन्द में कवि का भाषा पर असाधारण नियन्त्रण देखने की चीज़ है ।

सीधी आक्रमक भाषा भी बिम्बविधान का रास्ता अपनाती है पर *बिम्ब* यहाँ कोई *अलंकरण नहीं,* एक दहशतभरा दृश्यांकन है और व्यवस्था के निष्करुण दमन के विरुद्ध कवि का आवेश या विक्षोभ प्रतिरोध या साहस पूरे दृश्य पर छा जाता है—

खड़ी हो गयी चाँपकर कंकालों की हूक,
नभ में विपुल विराट-सी शासन की बन्दूक।
उस हिटलरी गुमान पर सभी रहे हैं थूक,
जिसमें कानी हो गयी शासन की बन्दूक।
बढ़ी बधिरता दसगुनी, बने विनोबा मूक,
धन्य धन्य वह धन्य वह, शासन की बन्दूक।
सत्य स्वयं घायल हुआ, गयी अहिंसा चूक,
जहाँ-तहाँ दगने लगी शासन की बन्दूक।
जली ठूँठ पर बैठकर गयी कोकिला कूक,
बाल न बाँका कर सकी शासन की बन्दूक।

'शासन की बन्दूक' पद की आवृत्ति के साथ जो अर्थ की भंगिमाएँ बदलती जाती हैं, उन पर ध्यान देने की ज़रूरत है। कहीं क्रूरता और दमन का भयावह बिम्ब उभरता है, कहीं क्रूर व्यवस्था उभरते हुए जन-प्रतिरोध के आगे निस्तेज हो उठती है। अहिंसक नीतियाँ बेअसर हुई जाती हैं, दमनचक्र तेज़ होता जाता है, फिर अचानक कोई ऐसी घटना दृश्य पर अंकित हो उठती है जो जनशक्ति के प्रबल प्रतिरोध के लिए मानो निमन्त्रण है, सन्देश है—

जली ठूँठ पर बैठकर गयी कोकिला कूक,
बाल न बाँका कर सकी शासन की बन्दूक।

शासन की बन्दूक वही है जिसके लिए *नभ में विपुल विराट-सी* —कहा गया है। कोकिला जो अचानक कूक उठती है उसके सन्दर्भ में पूर्व-पद महत्त्वपूर्ण है—*जली ठूँठ पर बैठकर।* कविता के इतिहास में कोकिला की मधुर कूक का ख़ासा रोमाण्टिक इस्तेमाल होता आया है—यहाँ *जली ठूँठ* पर बैठकर कोकिला का कूकना कुछ और अर्थ रखता है। यह संकेत विक्षुब्ध जनमानस को जैसे अभूतपूर्व भावोत्तेजन दे जाता है। सीधी उक्ति में निहित काव्यक्षमता की पहचान के लिए यह देखना ज़रूरी हो जाता है कि उक्ति की गूँज कहाँ तक जाती है। कबीर-जैसे क्रान्तिकारी सन्तों की बेधक उक्तियों की तरह ये पंक्तियाँ भी ज़बान पर चढ़ जानेवाली और स्मृति में स्थायित्व पा लेनेवाली हैं।

शालवनों के निविड़ टापू में कविता के *इतिवृत्तात्मक ढाँचे* में अचानक जैसे *नाटकीय विडम्बना* का एक क्षण घटित होता है जब दस-पन्द्रह वर्ष में दिल्ली में आदिवासी लोक नृत्य में हिस्सा लेनेवाले माड़िया से एक सीधा सवाल किया जाता है—"पूछो उन दिनों कौन था दिल्ली का राजा।" वह चुप रहता है फिर सभी इतिहास-प्रसिद्ध नामों की याद दिलायी जाती है। वह दिमाग़ पर ज़ोर भी देता है। पर अन्ततः "मालूम नहीं अपने को··· अपन को

नई मालूम…" कहता हुआ शालवनों के निविड़ टापू में खो जाता है। आगे वह सब भी कहा गया है, जो शायद अनावश्यक है कि हम कुछ अधिक नज़दीक जा पाते तो शायद खुलकर बातें होतीं। इतिवृत्त के प्रवाह में इस 'अनावश्यक' की काट-छाँट नागार्जुन अक्सर नहीं करते। कविता वहीं समाप्त हो जाती है जहाँ माड़िया दिमाग़ पर ज़ोर डालता हुआ कहता है—'मालूम नहीं अपने को…।' स्वाधीन भारत के जिस लोकतन्त्र का हम दम भरते हैं उसे एक सीधा-सादा उत्तर प्रश्नांकित कर जाता है। सहज कलात्मकता या कलात्मक सहजता नागार्जुन की ख़ास हिकमत है। पर उसका रूप या प्रकार सब समय एक जैसा नहीं होता। यह विशेषता अपने *माध्यम* की सच्ची समझ से भी आती है और *जीवन* की संच्ची समझ से भी।

सहज विन्यास और आक्रामक व्यंग्य के बावजूद *खिचड़ी विप्लव देखा हमने* एक सामान्य प्रभावहीन कविता है। पूर्ण क्रान्ति को पूर्ण भ्रान्ति कहकर अपना विरोध तो कवि ने व्यक्त कर दिया है, पर कविता के रूप में इस अनुभव को उल्लेख्य बनानेवाली कोई विशेषता यहाँ मौजूद नहीं है। राजनीतिक सन्दर्भ होने-भर से राजनीतिक कविता सम्भव नहीं हो पाती। *शासन की बन्दूक* कविता से इस कविता की तुलना की जाय तो यह बात अधिक स्पष्ट हो सकेगी। यदि *प्रचारात्मक सन्देश* ही कविता की ज़रूरत हो, तो भी 'शासन की बन्दूक' अधिक वज़नदार कविता जान पड़ेगी। राजनीतिक प्रतिक्रिया मात्र से राजनीतिक कविता का प्रभावी होना कठिन है। *खिचड़ी विंप्लव देखा हमने* कविता में अगर कोई 'व्यंग्य' कविता के काम का है तो कविता के शीर्षक का 'खिचड़ी विप्लव'—यह संयुक्त पद ही। व्यंग्य अपने आपमें काव्यात्मकता का आधार नहीं बनता इसीलिए *व्यंग्य* के साहचर्य में *विडम्बना* का उपयोग कविता के लिए अधिक कारगर सिद्ध होता है। इस काव्यात्मक विडम्बना की प्रकृति में अज्ञात और अनिश्चित का ज्ञात और निश्चित के साथ दिलचस्प सम्बन्ध होता है।

चन्दू मैंने सपना देखा कविता के ढाँचे में *व्यंग्य विडम्बना* के *संश्लिष्ट विवेक* का आभास मिलेगा। यहाँ हर बार 'चन्दू मैंने सपना देखा' इस वाक्य या वाक्य-खण्ड की आवृत्ति के साथ कुछ ऐसा घटित हो जाता है जो क्रमशः अन्तर्गठन प्राप्त करने की प्रक्रिया में काव्यार्थ को रोचक समृद्धि देने में सक्षम है। *सम्बद्ध* और *असम्बद्ध, संगत* और *असंगत, प्रत्याशित* और *अप्रत्याशित* के तनाव में कविता का राजनीतिक आशय अर्थवान बनता है जो काव्यधर्मी अथवा काव्योपयोगी भी है। यहाँ साधारण विन्यास में जो असामान्य विदग्धता छिपी है, पहचानने की चीज़ है। एक प्रकार का अटपटापन कैसे काव्यात्मक प्रभाव-में वृद्धि कर जाता है—इसकी हेतुपरक व्याख्या हमेशा सिद्धान्तशास्त्री या सौन्दर्यशास्त्री न कर पायेंगे। अचूक सहज ज्ञान में ही कभी-कभी काव्यात्मक सघनता का कारण तर्क मौजूद होता है। इस कविता के गठन में *पूर्वपद* की एकरस आवृत्ति और *उत्तरपद* की आकस्मिकता या अटपटापन का सम्बन्ध या संयोग विचारणीय है। कुछ पंक्तियाँ देखें—

चन्दू मैंने सपना देखा, उछल रहे तुम ज्यों हिरनौटा
चन्दू मैंने सपना देखा, भभुआ से हूँ पटना लौटा
चन्दू मैंने सपना देखा, तुम्हें खोजते बद्री बाबू
चन्दू मैंने सपना देखा, खेल-कूद में हो बेकाबू
चन्दू मैंने सपना देखा, कल परसों ही छूट रहे हो
चन्दू मैंने सपना देखा, खूब पतंगें लूट रहे हो
चन्दू मैंने सपना देखा, लाये हो तुम नया कलैण्डर
चन्दू मैंने सपना देखा, तुम हो बाहर मैं मैं हूँ बाहर
चन्दू मैंने सपना देखा, इम्तिहान में बैठे हो तुम
चन्दू मैंने सपना देखा, पुलिस भान में बैठे हो तुम

सधे हुए तुकों के इस्तेमाल में ही कविता नहीं है, हालाँकि तुकों के ख़ास तरह के संयोजन में कविता के लिए सम्भावना निरन्तर मौजूद है। राजनीतिक कविता के रूप में इस कविता का मर्म या सन्देश या अभिप्रेत क्या है! स्थितियों के अन्तर्विरोध (इम्तिहान में / पुलिस-भान में) से वह कहाँ तक व्यंजित हो पाता है। इस कविता की संरचना या बनावट में क्या विशिष्टता है जिसे काव्यमूल्य की संज्ञा दी जा सके। ये प्रश्न यहाँ उठेंगे। *नामवरसिंह* ने नागार्जुन के व्यंग्य की विदग्धता पर विचार करते हुए लिखा है—"व्यंग्य की इस *विदग्धता* ने ही नागार्जुन की अनेक तात्कालिक कविताओं को कालजयी बना दिया है, जिसके कारण वे कभी बासी नहीं हुईं और अब भी तात्कालिक बनी हुई हैं।" काव्य-गुण की प्रकृति का यह अन्तर्विरोध सहजता की कला का सौन्दर्य समझने में बहुत दूर तक सहायक हो सकता है। *साधारण अनुभव* से चलकर *असाधारण काव्य-मर्म* तक की सम्भावना इस कविता को महत्त्वपूर्ण राजनीतिक कविता के रूप में उल्लेखयोग्य बनाती है। काव्यार्थ की गति या दिशा के अनुसार बिखरे हुए जीवन-तथ्यों के बीच जो सम्बन्ध-संयोजन बनता है, कई बार वही काव्यात्मकता का प्रमुख आधार होता है।

हरिजन गाथा कविता की चर्चा राजनीतिक सन्दर्भ के कारण ही होती आयी है अन्यथा प्रचलित अर्थ में काव्यात्मक सम्भावना यहाँ क्षीण ही है। उच्चवर्गियों द्वारा निम्नवर्ग के दमन की कठोरता कविता के घटनाचक्र में प्रकट है। कविता घटना के विकास-क्रम के अनुसार तीन खण्डों में विभाजित है। पहले खण्ड में यह भयानक यथार्थ उभरकर आता है कि देखते-देखते उच्च जाति वर्ग के सौ-सौ मनु पुत्रों द्वारा तेरह अभागे अकिंचन मनु पुत्र विराट् चिताकुण्ड में झोंक दिये गये हैं। दूसरे खण्ड में 'नवजातक' को लेकर सम्भावनाएँ उभरती हैं। एक ओर 'न तो देखा था, न सुना ही था आज तक'—ऐसा है नवजातक का रूप, आकार-प्रकार! दूसरी ओर उसे लेकर यह स्थूल चिन्ता पैदा होती है—'कौन सी माटी गोड़ेगा? / कौन-सा ढेला फोड़ेगा?' *अपूर्व* और *नगण्य साधारण* का संयोग कविता में ध्यान आकृष्ट करता है। फिर नवजातक के ग्रह-नक्षत्र देखे जाते हैं। चिन्ता की जाती है कि वह क्या करेगा जबकि वह चेष्टाओं से अलग-अलग संकेत फेंकने लगा है। तय किया जाता

है कि वह एक दिन गुरु महाराज के आगे ले जाया जायेगा जो उसका भाग्य विचारेंगे। अधेड़ सन्त गरीबदास आते हैं जो बालक को देख उद्विग्न हो उठते हैं तथा बालक का भविष्य-लेख पढ़ना चाहते हैं—

अरे भगाओ इस बालक को
होगा यह भारी उत्पाती
जुलुम मिटायेंगे धरती से
इसके साथी और संघाती

नवजातक के बारे में जितनी ही यह कल्पना उभरती है कि वह नायक होगा निम्न वर्ग का—उतना ही उसके प्रति विश्वास सुदृढ़ होता जा रहा है। तीसरे खण्ड में वे उसे अलग ठिकाने पर पहुँचाना चाहते हैं। उसके सम्बन्ध में तरह-तरह की कल्पनाएँ करते हैं, तभी हथियारों के नाम, रूप, प्रकार भी सामने आ जाते हैं। तीन खण्डों की इस कविता में काव्यत्व के लिए अलग से जगह नहीं है। पूरी कविता इतिवृत्त के ढाँचे में आगे बढ़ती है पर इतिवृत्त-सीमित होकर ही समाप्त हो जाती है। हथियारों के नाम या रूप-प्रकार सशस्त्र क्रान्ति का पूर्वाभास करा पाते हों, पर इनका 'स्वशब्दवाच्यत्व' कविता में किसी भी *काव्यात्मक* या *नाटकीय सम्भावना* को समाप्त कर देता है। नागार्जुन का कौशल यह है कि वे बहुत भागती हुई गति से पूरे घटनाचक्र का अंकन करते हैं पर *भावचक्र* में कविता को जीवित करने के लिए या स्थायित्व देने के लिए कुछ और हिकमत ज़रूरी है जिसे 'यथार्थ से दूरी' या 'तटस्थता'-जैसा नाम देने में कठिनाई होगी। उपर्युक्त 'भागती हुई गति' की प्रभाव-तीव्रता में छन्द परिवर्तन की भूमिका भी है। 'नवजातक' के दृश्य पर होने से जो चिन्ता या असुविधा होने लगती है या जो नयी आशा जगने लगती है उसे नागार्जुन ही इतने अनायास और प्रभावी ढंग से कह सकते हैं। इसके बावजूद परिस्थिति के गहरे लगाव और वर्णन की पूरी सम्पृक्ति में भी 'हरिजन गाथा' तात्पर्य सीमित राजनीतिक कविता हो गयी है। तात्पर्य-सीमा और अर्थ समृद्धि के इस भेद को कविता की अन्तर्वस्तु में भी देखना होगा और कविता के संगठन या स्थापत्य में भी। वास्तविकता यह है कि सचेत काव्यानुशासन नागार्जुन की सीमा नहीं है, इसलिए कविता में ताकत पैदा करने के लिए वे महज भावात्मक प्रतिक्रिया या *भावोत्तेजन* से भी काम लेते हैं। कविता का किसी बड़े प्रयोजन के लिए इस्तेमाल करते हुए रूप गठन की वे हमेशा चिन्ता नहीं करते बल्कि अक्सर उसके प्रति बेपरवाह दिखते हैं। इसके बाद भी काव्य-सम्भावना उनके यहाँ बनी रहती है। वह 'हरिजन गाथा' में भी बनी हुई है। 'भोजपुर' कविता को 'हरिजन गाथा' के साथ जोड़कर देखना चाहिए। भोजपुर की जनक्रान्ति से अपने को सम्पृक्त करते हुए प्रतिज्ञा की-सी शब्दावली में कविता आरम्भ होती है—

यही धुआँ मैं ढूँढ रहा था
यही आग मैं खोज रहा था

यही गन्ध थी मुझे चाहिए
बारुदी छर्रे की खुशबू !···

महामुक्ति की अग्नि-गन्ध
ठहरो-ठहरो इन नथनों में इसको भर लूँ
अपना जनम सकारथ कर लूँ ।

क्रान्ति के लिए गहरी विकलता में ही 'काव्यजीवित' की पहचान निहित है—धुआँ, आग और गन्ध की ख़ास खोज में यह विकलता विशिष्ट अर्थध्वनि पैदा करती है । यहाँ 'नवजातक' का-सा चमत्कार या कुतूहल नहीं है पर सीधे उद्बोधन में भी काव्यात्मक प्रभाव कहीं अधिक है । इसी अर्थ में कहा जा सकता है कि कविता में काव्यात्मकता के ज्ञात परिचित नियमों या सिद्धान्तों को नागार्जुन चुनौती देनेवाला कवि है । सामान्य कथन में भी वे काव्यसम्भावना देख सकते हैं ।

एक पूरे ऐतिहासिक समय की स्तब्धता या जड़ता को प्रकट करने के लिए जब नागार्जुन 'सत्य'-जैसी कविता लिखते हैं तो पहला ही वाक्य कविता के बीज अभिप्राय को तीखी व्यंजकता दे जाता है, जिसके ब्यौरों में जाना भी कविता को अर्थसमृद्ध करता है । '*सत्य को लकवा मार गया है* / वह लम्बे काठ की तरह / पड़ा रहता है सारा दिन, सारी रात / वह फटी-फटी आँखों से / टुकुर-टुकुर ताकता रहता है सारा दिन, सारी रात । कोई भी सामने से आगे जाये / सत्य की सूनी निगाहों में ज़रा भी फर्क नहीं पड़ता / पथराई नज़रों से यह यों ही देखता रहेगा / सारा दिन सारी रात ।' मानवीकरण जैसी आलंकारिक रूढ़ि को लगभग व्यर्थ बनाती हुई इस अर्थ-व्यंजना को कविता के ढाँचे से क्रमशः तीव्रता या प्रभावक्षमता प्राप्त हुई है । 'सोचना बन्द / समझना बन्द / याद करना बन्द / याद रखना बन्द । × × × वह लम्बे काठ की तरह पड़ा रहता है / सारा-सारा दिन सारी-सारी रात / वह आपका हाथ थामे रहेगा देर तक / वह आपकी ओर देखता रहेगा देर तक / वह आपकी बातें सुनता रहेगा देर तक / लेकिन लगेगा नहीं कि उसने आपको पहचान लिया है ।' कविता एक पूरे समय की अवरुद्ध मानवीय स्थिति पर टिप्पणी-सरीखी है जिसमें वक्तव्य की-सी स्पष्टता और कविता-जैसी गहरी अर्थमयता या व्यंजकता मौजूद है । यही वह कविता है जिसके लिए *नामवरसिंह* कहते हैं—"*भाव स्थिर होने और सुर सध जाने पर ऐसी ढली-ढलाई कविता निकली है कि बड़े-से-बड़े कवि को भी ईर्ष्या हो ।*" विक्षुब्धता-जैसी स्थिति को भी कविता बनाने के लिए इसी *भाव-स्थिरता* की अपेक्षा होती है । कभी-कभी '*तटस्थता*' कहकर हम इसी *भाव-स्थिरता* या *अभिव्यक्ति-संयम* का पक्ष लेना चाहते हैं ।

'मन्त्र कविता' कविता से अधिक विस्फोटक काव्यात्मक प्रतिक्रिया है । मन्त्र-शैली में कवि का आक्रोश, विक्षोभ, क्रोध, प्रतिहिंसा, व्यंग्य जैसे एक साथ कविता के ढाँचे में फट पड़ने को आतुर है । असीमित विक्षोभ प्रकट करनेवाली इस कविता में जैसे एक पूरे दौर की मूल्यहीनता पर निरन्तर आक्रमण है ।

आक्रामक प्रतिक्रिया का यह उत्तेजक नैरन्तर्य काव्यात्मकता की मूल अवधारणा या बुनियाद पर ही चोट करनेवाला है। वस्तु सन्दर्भ ही ऐसा है कि इस काव्यतन्त्र के किसी विकल्प की कल्पना भी नहीं की जा सकती। औसत काव्यतन्त्र को विचलित करने के लिए बड़ा *साहस* चाहिए और उसी के अनुरूप विकसित *काव्यविवेक*। बेपरवाह होते हुए भी नागार्जुन इस काव्यविवेक का जब-तब अनोखा प्रमाण देते हैं। आज जब अधिकतर कविताएँ एक ही खास रंग में लिखी जा रही हों, इस *साहस* और विवेक को रेखांकित करने की ज़रूरत है। 'मन्त्र कविता' की बनावट पर ध्यान दें–

ओ मार मार मार मार मार मार मार
ओं अपोजिशन के मुण्ड बनें तेरे गले का हार

ओं छूः छूः फूः फूः फट फिट फुट
ओं शत्रुओं के छाती पर लोहा कुट

ओं महामहिम महामहो, उल्लू के पट्ठे
ओं दुर्गा दुर्गा दुर्गा तारा तारा तारा
ओं इसी पेट के अन्दर समा जाये सर्वहारा

ऐसी विस्फोटक अराजक शब्दावली में काव्य-सम्भावना *कबीर* और *भारतेन्दु*-जैसे जनकवि ही देख सकते हैं। 'नीलदेवी' में भारतेन्दु अभिव्यक्ति का जो अनोखा ढंग अपनाते हैं नागार्जुन की 'मन्त्र कविता' कुछ-कुछ उसी ढंग का प्रयोग है। 'मार मार मार-काट काट काट-ले ले ले-ईबी-सीबी–× × मार मार मार। हाँ ही हूँ फट चट पट-जवन पट-पट-छटपट–× नाशय नाशय ··· फाँसय फाँसय त्रासय त्रासय ··· स्वाहा फूः ··· / × × मार कार मार / तलवार तलवार / टूट गयी टूटी / टूटी से मार / ढेले से मार / × × मार मार/*होहे के नाती की दुम से मार/पहाड़ की स्त्री के दिये से मार* ··· / × × *मार मार मार!*' 'नीलदेवी' में पागल के कथन की यह *अराजक विस्फोटक* भाषा 'मन्त्र कविता' के अराजक विन्यास के ढंग की ही चीज़ है। यह एक दुस्साहसिक प्रयोग है पर विकल्परहित। नागार्जुन ऐसे प्रयोगों में अद्वितीय हैं। उनकी ऐसी बीहड़ प्रयोगशीलता का अनुकरण असम्भव है। अकारण नहीं, *मन्त्र कविता* की तुलना निराला की प्रसिद्ध काव्यकृति 'कुकुरमुत्ता' से की गयी है, जिसे काव्य-आभिजात्य पर सचेत आक्रमण माना जाता है।

'मैंने देखा' कविता में किसी प्रकट राजनीतिक स्थिति का उल्लेख नहीं है पर कुछ संकेत ऐसे हैं जिनके ज़रिये मनुष्य की नियति की पहचान की जा सकती है जिसके प्रच्छन्न या गोपन ही सही, राजनीतिक आशय हैं। अपेक्षित पहाड़ी अंचल के लोगों की पीड़ा, सहनशीलता, धैर्य, कष्ट तो प्रकट है ही, पृष्ठभूमि में "दो शिखरों के अन्तरालवाले जंगल में आग लगी है" का अपना अर्थ नयी विकलता पैदा करता है। कविता की अन्तिम पंक्तियाँ सीधे-सादे बयान में भी विशेष अर्थमय लगती हैं–

इनके मालिक वे किसान हैं
जिनके लड़के मैदानों में
युग की डाँट-डपट सहते हैं
दफ्तर में भी चुप रहते हैं

यह जो चुप-चुप सहते आये हैं, उन्हीं की जड़ें *दो शिखरों के अन्तरालवाले जंगल* में हैं जहाँ *आग लगी है।* अब नागार्जुन के वस्तुवर्णन की विशिष्टता सामने आती है जब वे शिखरों का वर्णन इस ढंग से करते हैं—

मैंने देखा :
शिखरों पर
दस दस त्रिकूट हैं
यहाँ वहाँ पर चित्र-कूट हैं
बायें-दायें तलहटियों तक
फैले इनके जट जूटा हैं
सूखे झरनों के निशान हैं
तीन पथों में बहनेवाली
गंगा के महिमा बखान हैं
दस झोंपड़ियाँ दो मकान हैं
इनकी आभा दमक रही है
इनका चूना चमक रहा है

परिवेश के इस वस्तु-चित्रण से राग और संघर्ष की मिली-जुली चेतना व्यक्त होती है। राजनीतिक दृष्टि से जीवन को जो केवल संघर्षमय दिखाना चाहते हैं उससे भिन्न नागार्जुन को उस *रागात्मक* लगाव की चिन्ता भी है जिसने इस तथाकथित पिछड़े पर्वतांचल को गहरी *जिजीविषा* अथवा *जीवनीशक्ति* दी है। 'जिनके लड़के मैदानों में / युग की डाँट-डपट सहते हैं / दफ्तर में भी चुप रहते हैं—' उनकी चुप्पी भी अर्थविहीन नहीं है। वह जंगल की आग से अछूती या अनजान नहीं है। नागार्जुन का यह *जीवनविवेक,* उनकी *जीवनासक्ति, जीवनधर्मिता* राजनीतिक कविता को बहुअर्थमय समृद्धि देती है। जहाँ ऐसा सम्भव हुआ है, नागार्जुन एक बड़े कवि के रूप में अपनी काव्य-ऊर्जा का प्रमाण देते हैं। जहाँ इकहरी अर्थसीमित तात्कालिक प्रतिक्रिया ही काव्य का सर्वस्व है, नागार्जुन अधिक से अधिक मौजूदा संघर्ष में अपना पक्ष, अपनी प्रतिबद्धता स्पष्ट कर पाते हैं। इस दूसरे रूप में भी वे एक जुझारू जीवन के जनकवि के रूप में सामने आते हैं पर उनकी राजनीतिक कविता जिन कारणों से महान कविता बनती है, उनकी पहचान के लिए *जीवनपूर्णता, शिल्पपूर्णता* और *बहुअर्थमय समृद्धि* की दृष्टि से कुछ ख़ास कविताओं को अलग करने की ज़रूरत पड़ती है। ऐसी कविताएँ भी नागार्जुन के यहाँ कम नहीं हैं। 'पछाड़ दिया है मेरे आस्तिक ने',

'नेवला', 'लालू साहू' जैसी कविताएँ समकालीन भारतीय कविता के इतिहास में अलग से रेखांकित करने योग्य हैं जो आधुनिकता की बनी-बनायी अवधारणा को विचलित करके कविता की एक सर्वथा नयी देसी पहचान बनाती हैं—जिसमें मानव-स्वभाव की *द्वन्द्व-समृद्ध जटिलता* का निषेध नहीं है। कविता की प्रकृति और संगठन में जैसे यह *खोयी हुई मनुष्यता* और खोयी हुई काव्यात्मकता की *पुनः प्राप्ति* है। इस दृष्टि से नागार्जुन की *प्रकृति* या *प्रेम* विषयक कविताएँ पढ़ी जायेंगी तो वे भी गहरे *राजनीतिक आशय* से सम्पन्न जान पड़ेंगी। राजनीतिक अनुभव को शेष जीवनानुभवों से विच्छिन्न करके देखना राजनीति को भी अधूरा देखना है और जीवन को भी। यह समझ ही नागार्जुन को राजनीतिक कविता में महान कविता की सम्भावना देखने और विकसित करने की दृष्टि देती है। 'फसल' को काव्य-विषय बनाते हुए यदि नागार्जुन 'एक के नहीं / दो के नहीं / ढेर सारी नदियों के पानी' के जादू पर बल देते हैं, 'एक के नहीं / दो के नहीं / लाख-लाख कोटि-कोटि हाथों के स्पर्श की गरिमा' को महत्त्वपूर्ण मानते हैं, 'एक के नहीं / दो के नहीं / — हजार-हजार खेतों की मिट्टी' के गुणधर्म को प्रतिष्ठा या मान देते हैं तो उनकी प्रकृति संवेदना और जीवन-संवेदना में छिपे गहरे राजनीतिक आशय को समझने में कठिनाई नहीं होनी चाहिए। भाव-बिम्ब या रागबिम्ब यहाँ भी *विशेष* का ही है, सामान्य का नहीं—पर 'विशेष' का अर्थ यहाँ एक समग्र *जीवन-प्रवाह* है जिससे सम्पृक्ति को सहज संस्कार बनाने के लिए व्यापक सहृदयता के साथ मनुष्य के संघर्ष की वृहत्तर संवेदना भी अपेक्षित है। शोषण-विरोधी कविताएँ हिन्दी में कम नहीं लिखी गयी हैं पर *मन करता है* जैसी कविताएँ विरल हैं। ऐसी कविता लिखने के लिए विराट ऊर्जा और साहस के साथ यह सच्चा विक्षोभ भी ज़रूरी है, जो खरी सच्ची नैतिकता का समकक्ष होता है—

मन करता है :
मैं नंगा होकर चिल्लाऊँ
मैं जोर जोर से चिल्लाऊँ
यदि मरा न होगा सुन लेगा भगवान विष्णु सागरशायी
मन करता है :
मैं उस अगस्त्य-सा पी डालूँ सारे समुद्र को अंजलि से
उस अतल वितल में तब मुझको
मुर्दा भगवान दिखाई दे
उस महामृतक को ले आऊँ फिर इस तट पर
अंत्येष्टि करूँ, लकड़ी तो बेहद महँगी है
इस बालू में दफना दूँ
नंगा करके
निर्लज्ज देवता-गण, ले लेना तुम उसका वह भी पीताम्बर
अनमोल रेशमी पीताम्बर !

यही वे स्थल हैं जहाँ मायकोव्स्की-जैसे कवि से नागार्जुन की तुलना का औचित्य सिद्ध होता है जिसमें विराट ऊर्जा और साहस के साथ नैतिक विवेक-सम्पन्न गहरा सिनिसिज़्म भी लक्ष्य किया गया है। महज़ काव्य-कौतुक के लिए या बौद्धिक या काव्यात्मक अमूर्तन के कलात्मक प्रलोभन में सिनिकल दिखने की कोशिश एक चीज़ है, सिनिसिज़्म को विद्रोह चेतना का लगभग पर्याय बना सकने के लिए गहरा नैतिक विवेक या नैतिक विक्षोभ भी चाहिए, जो नागार्जुन की कविता का ख़ास चरित्र है। जीवनासक्ति के अर्थ और अभिप्राय भी कवियों के लिए अलग-अलग हो सकते हैं। एक प्रकार की जीवनासक्ति का रूप वह है जो 'अकाल और उसके बाद' कविता में व्यक्त है—'दाने आये घर के अन्दर कई दिनों के बाद / धुआँ उठा आँगन से ऊपर कई दिनों के बाद / चमक उठीं घर-भर की आँखें कई दिनों के बाद / कौए ने खुजलायीं पाँखें कई दिनों के बाद'—यहाँ वंचितों के साथ पूर्ण तादात्म्य नागार्जुन की ख़ास पहचान है। जीवन के प्रति रागसमृद्ध उत्सुकता भी इसी तादात्म्य का परिणाम है। भाववादियों से अलग शुक्लजी 'भाव' का अभिप्राय *तात्पर्यबोध* मात्र से अलग *वेगयुक्त जटिल अवस्था विशेष* मानते हैं, जिसमें शरीर बृत्ति और मनोवृत्ती दोनों का योग होता है। नागार्जुन की कविता से गुज़रते हुए पाठक को इस संयोग का निरन्तर आभास मिलता है।

अन्त में हम फिर इस प्रश्न की ओर लौट सकते हैं—क्या हम नागार्जुन की कविताओं के आधार पर 'राजनीतिक कविता' की एक अधिक स्पष्ट पहचान बना सकते हैं जिसके अनुसार 'राजनीतिक कविता' का अर्थ राजनीतिक वस्तु या सन्दर्भवाली कविता ही न हो, बल्कि वह गहरे अर्थ में *जीवनधर्मी* कविता का साक्ष्य बन सके। जीवनपूर्णता, शिल्पपूर्णता, बहुअर्थमयता, स्पष्टता या सपाट कथन में भी नाटकीय विडम्बना का बल, व्यंग्य-विदग्धता, सहजता, प्रखरता, उग्रता, साहस, नैतिक संवेदना, ईमानदारी और जीवन्त विकलता—की ओर संकेत यद्यपि हम उपर्युक्त विश्लेषण में कर आये हैं पर इन्हें सीधे-सीधे 'राजनीतिक कविता' के प्रतिमान कहना और इसी विशेष अर्थ में सीमित करना शायद बहुत उचित नहीं होगा। इन गुणों या लक्षणों के बल पर सम्भव है, हम महत्त्वपूर्ण 'राजनीतिक कविता' की एक सुनिश्चित पहचान बना सकें पर रचना के अपने नियमों की समझ को महत्त्व देते हुए ही हम किन्हीं काव्यगुणों या काव्यमूल्यों पर भरोसा कर सकते हैं। सच तो यह है कि जिन कविताओं का विश्लेषण हमने यहाँ करने की कोशिश की है उन सबकी अन्तर्वस्तु या संगठन की अपनी समस्याएँ हो सकती हैं, अपने नियम हो सकते हैं, काव्यात्मकता का अपना स्वतन्त्र तर्क हो सकता है। राजनीतिक कविता की महत्त्वपूर्ण कविता के रूप में पहचान की कसौटी इतनी मुक्त रखनी होगी कि कविता के अपने वैशिष्ट्य, उसके अपने अन्तर्निहित नियम अथवा स्वतन्त्र काव्यात्मक तर्क की उपेक्षा न हो। राजनीतिक सन्दर्भ या वस्तु को आधार बनाकर लिखी गयी सभी कविताएँ महत्त्वपूर्ण 'राजनीतिक कविता' के लक्ष्य तक नहीं पहुँच पातीं, जिसे सम्भव बनानेवाले गुणों या प्रतिमानों की चर्चा यहाँ की गयी है। राजनीतिक वस्तु-भिन्न कविताओं के बारे में भी यही सच है। काव्यगत महत्ता या सामान्यता के बीच यह भेद स्वयं कवियों के लिए कुछ

अनजाना नहीं होता। अन्तर्विरोध, अनगढ़पन, विषयरूपता-जैसी स्थितियाँ बड़े कवियों के यहाँ प्राय: देखी जाती हैं। जहाँ परिष्कार ही परिष्कार है, काव्यजगत् प्राय: अधिक सीमित होता है—उसी अनुपात में काव्य-ऊर्जा भी। अब से लगभग चार दशक पहले डॉ.रामविलास शर्मा ने प्रेमचन्द के बारे में लिखा था—"उनकी आशा उथली नहीं है। उसके नीचे *परिस्थिति की भयंकरता का पूरा ज्ञान* है। उन्होंने यथार्थ की निष्ठुरता को तिल-भर भी घटाकर चित्रित नहीं किया। बीसवीं शताब्दी की *अमानुषिकता* की कठोर कहानी उन्होंने पूरी-पूरी कह दी है।" आज नागार्जुन के बारे में यही बातें अक्षरश: कही जा सकती हैं। उनके क्रान्तिकारी आशावाद के पीछे भी परिस्थिति की गम्भीरता का पूरा ज्ञान है। कविता में अपने समय की कठोर कहानी कहनेवाले अपने ढंग के वे अकेले कवि हैं।

इतिहास से विच्छिन्नता की काव्यात्मक फलश्रुति

अज्ञेय की कविता का इतिहास पिछले पचास वर्षों के काव्येतिहास का महत्त्वपूर्ण हिस्सा है। या तो उनके नेतृत्व में उनके प्रभाव की छाया लेकर कोई विशिष्ट काव्य-प्रवृत्ति इस अवधि में विकसित हुई या सीधे उनके द्वन्द्व में ही किसी कविताधारा की अपनी पहचान बनी। अज्ञेय को छोड़कर पिछले पचास वर्षों की कविता पर बहस प्रायः असम्भव है। अज्ञेय के सर्वथा निकट के समकालीन कवियों में *नागार्जुन, शमशेर, केदारनाथ अग्रवाल-जैसे बड़े कवि रहे हैं पर उनमें किसी का भी अपनी स्वतन्त्र स्थिति और महत्त्व के बावजूद,* युगव्यापी प्रभाव इतना स्पष्ट नहीं है जितना अज्ञेय का। अज्ञेय से वैचारिक असहमति रखनेवाले तथा उनके अपने कवि-व्यक्तित्व और काव्य-फल के अन्तर्विरोधों के प्रति सजग पाठक भी इस सचाई को सहज रूप से स्वीकार करेंगे। अर्से बाद आधुनिक कविता के इतिहास में अज्ञेय ही एक ऐसे कवि के रूप में मान्य हुए जिन्हें युगनिर्माता-जैसी संज्ञा दी जा सकती है। अज्ञेय की इस केन्द्रीयता ने कविता के सम्बन्ध में ऐसे अनेक *पूर्वग्रह* और *प्रश्न* भी खड़े किये, जिनसे टकराये बग़ैर उनकी और उनके समय की कविता का मूल्यांकन अधूरा माना जायेगा।

अज्ञेय ने एक विशेष अर्थ में *स्वाधीन बौद्धिकता* की पहचान के भीतर ही अपनी कविता के मूल्य प्राप्त किये। *अद्वितीयता, प्रेम के प्रति विशेष दृष्टिकोण, आत्मदान* और *करुणा, भीतर-बाहर के द्वन्द्व में भीतर की ओर आत्यन्तिक झुकाव, विराट के प्रति समर्पण के साथ ही नयी जिज्ञासा, स्वायत्त अकेलेपन* में *जीवन-पूर्णता* का बोध अज्ञेय की कविता के ये कुछ विशेष अभिप्राय हैं, जिन्हें कविताओं के रूप में व्यक्त करते हुए अज्ञेय ने अपने जीवन-दर्शन के बारे में भी स्पष्ट संकेत दिये हैं। इस लम्बे दौर में अज्ञेय ने कविताएँ ही नहीं लिखीं, अपनी ख़ास रुचि और विचार-धारा के अनुरूप विधिवत एक *नया काव्यशास्त्र* विकसित करने की कोशिश की। सप्तकों के सम्पादन की उनकी योजना में एक स्वतन्त्र काव्य-आन्दोलन के प्रवर्त्तन का उत्साह और कौशल भी निहित रहा है, इस तथ्य को नज़रअन्दाज़ नहीं किया जा सकता। छायावाद से अज्ञेय का सम्बन्ध यहाँ अवश्य ही

विचारणीय है। उन्होंने छायावादी संस्कारों से ही मूलतः कवि-दृष्टि प्राप्त की। उनकी आरम्भिक कविताएँ इसके लिए प्रमाण हैं। यह भी सही है कि छायावाद के जिन कवियों की संवेदना से वे अधिक निकटता अनुभव करते हैं वे *प्रसाद* और *महादेवी* हैं। इसके बाद *पन्त* के काव्यविकास की दिशा कुछ वैसी ही है जैसी *अज्ञेय* की। दोनों *अनुभूति* से *विचार* की ओर, *ऐन्द्रिक विकलता* से *सपाट काव्याभास* की ओर मुड़नेवाले कवि हैं। आधुनिक दृष्टि के लिए एक प्रकार के विद्रोह का जो विशेष आग्रह अज्ञेय के यहाँ है, वह भी निराला की विद्रोह-चेतना से मेल नहीं खाता। अज्ञेय को इसके लिए श्रेय दिया जायेगा कि उन्होंने छायावादी संस्कारों से आरम्भ करके हिन्दी की नयी या आधुनिक कविता को विकास के चरम बिन्दु तक पहुँचा दिया। उनकी देन में ऐसा बहुत कुछ है जिससे वे कवि भी प्रभावित हुए जिन्होंने आगे अज्ञेय से हटकर नया काव्यमार्ग खोजने की कोशिश की और जिन्होंने अज्ञेय के रचनात्मक अन्तर्विरोधों तथा अवरोधों के प्रति स्पष्ट आलोचनात्मक रुख़ अपनाया।

कहना कठिन है कि अज्ञेय का सुनियोजित काव्यशास्त्र दृश्य पर न होता तो छायावाद के बाद की हिन्दी कविता की विकास-दिशा क्या होती! अनुमान किया जा सकता है कि तब शायद उसका विकास अधिक स्वाभाविक गति से, ठेंठ देसी आधुनिकता के आदर्श के अनुरूप होता, उसमें *प्रगतिशीलता* और *आधुनिकता* के बीच के द्वन्द्व का आभास देनेवाली *फाँक* न होती और उसे पश्चिम के अनूदित काव्य-मुहावरे से मुक्त होने के लिए उतना लम्बा संघर्ष न करना पड़ता जो पिछले तीन दशकों की कविता के लिए अनिवार्य हो उठा। *आत्म-सत्य* के अन्वेषण में अज्ञेय ने अभिव्यक्ति को माध्यम-भर नहीं, सार्थक *सम्प्रेषण* माना—यद्यपि इस सम्प्रेषण में *ऐन्द्रिक विकलता* और *उत्तेजक मानवीय उपस्थिति* क्रमशः क्षीण होती गयी और स्थिर अवधारणात्मकता कविता का स्वभाव बनती गयी। कविता की प्रकृति के अनुसार, शुक्लजी से शब्द लेकर कहा जाय, तो अज्ञेय आनन्द की सिद्धावस्था के ही कवि कहे जायेंगे, साधनावस्था के नहीं। मनोरंजन मात्र न सही, कविता के कलात्मक परिष्कार और सौन्दर्य-संगठन की चिन्ता अज्ञेय की चिन्ताओं में प्रमुख रही है और अद्वितीयता-सम्बन्धी उनकी धारणा भी आत्मा की सुरक्षा और रूप की परिष्कार-जन्य विशिष्टता की स्वीकृति से सम्बद्ध रही है। अज्ञेय ने *अद्वितीयता* को अपने कविकर्म की बुनियादी प्रतिज्ञा माना और उसे ही, *आत्मदान*-जैसे अनुभव के साथ या दूसरों के प्रति दिये जाने के अनुभव के तनाव में रखकर अपनी कविता का स्वरूप निर्धारित किया। 'यह दीप अकेला' कविता में अद्वितीयता की चिन्ता है, समर्पण के लिए व्यग्रता है, आत्मरक्षा के लिए गहरी आत्मसजगता है पर अभी यह सारा प्रसंग काव्यात्मक उत्सुकता के लिए खुला है, द्वन्द्वहीन समाधान में सिमट नहीं पाया है। यहाँ सर्जनात्मक विकलता भी है, ऐन्द्रिकता भी और काव्यात्मक सार्थकता भी।

यह मधु है : स्वयं काल की मौना का युग संचय,
यह गोरस : जीवन कामधेनु का अमृत-पूत पय,

यह अंकुर : फोड़ धरा को रवि को तकता निर्भय,
यह प्रकृत, स्वयम्भू, ब्रह्म, अयुत : इसको भी शक्ति को दे दो।

पर शिल्प-दक्षता वही है जो *अनुभव* को *वैचारिक परिणति* तक ले जाने में सहायक होती है। कहना न होगा कि परिष्कार के साथ ही थोड़ा अनगढ़पन भी बड़ी कविता के लिए ज़रूरी और उपयोगी होता है। *सागर, मछली, दीप, इन्द्रधनु, नदी, धारा, सेतु*-जैसे प्रतीकों के आरम्भिक उपयोग में जो सर्जनात्मक विकलता या स्फूर्ति बनी रही है, वह प्रतीकों के निरन्तर दुहराये जाने से अनुभव-चित्रण की ख़ास व्यवस्था या परिपाटी का हिस्सा होकर रह गयी है। अज्ञेय की शिल्प-दक्षता का असाधारण महत्त्व रहा है। वह बाद की कविताओं में अवधारणाओं को यदि कविता नहीं बनने देती तो उसके पीछे कविता के साथ जीवन-सम्बन्धी विचारों का दबाव भी है। विडम्बना है कि जिन्होंने कुछ वर्षों पूर्व अज्ञेय के काव्य-मुहावरे की उत्सवप्रियता के लिए खिन्नता प्रकट की थी, काव्य-रुचि से अधिक जीवन-बोध के विशेष आग्रह के कारण ही अज्ञेय उन्हें अन्तिम समय में सबसे अधिक स्वीकार्य हुए। अज्ञेय की *जीवनदृष्टि* और *कलादृष्टि* में आभिजात्य रुचि का जो आत्यन्तिक दख़ल रहा है और उसी के कारण एक विशेष जीवन-दृष्टि, विचारधारा और राजनीति के प्रति द्वन्द्व-निषेध या इनकार का भाव रहा है, वह भी कहीं-न-कहीं अज्ञेय की इधर की स्वीकृति में विशेष सहायक हुआ। दूसरी ओर पिछले अनेक वर्षों से अज्ञेय कविता की *मुख्य धारा* से किस हद तक *अलग-थलग* पड़ गये थे, उसका उदाहरण सप्तकों की परम्परा में 'चौथा सप्तक'-जैसा अप्रासंगिक आयोजन है, जिसकी समकालीन कविता के इतिहास में कोई नोटिस नहीं ली गयी। 'चौथा सप्तक' की भूमिका में अज्ञेय ने एक तो कविता में राजनीति के अवांछित प्रवेश पर आपत्ति की है, दूसरी ओर उसकी वक्तव्यप्रियता के प्रति खिन्नता प्रकट की है। उन्हें इसकी भी चिन्ता है कि आज की कविता पर *एक दावे करनेवाला 'मैं' बुरी तरह छा गया है*। आश्चर्य नहीं कि अज्ञेय ने गहरे अर्थ में राजनीतिक कविता की उस काव्यात्मक सार्थकता पर ध्यान नहीं दिया जिसे समकालीन कविता की एक प्रमुख घटना के रूप में देखा जा सकता है। पर आश्चर्य है कि वे 'पर्सोना' या 'मास्क' पर बल देते हुए भी आज की कविता के 'मैं' की पहचान न कर सके। उन्हें यह सामान्यीकरण करने में हिचक नहीं हुई कि "आज की कविता का बहुत बड़ा और शायद सबसे बड़ा दोष यह है कि उस पर एक 'मैं' छा गया है, वह भी अपरीक्षित और अविसर्जित 'मैं'। आज की कविता *बहुत बोलती* है, जबकि कविता का काम *बोलना है ही नहीं*।"

अज्ञेय के काव्य-दर्शन और जीवन-दर्शन से घोर असहमति रखनेवाले भी स्वीकार करेंगे कि उनके साहित्यिक योगदान का फलक बहुत व्यापक है। अज्ञेय ने अनेक विधाओं में महत्त्वपूर्ण कृतियाँ लिखी हैं और मुहावरे के रूप में ही नहीं वास्तविक अर्थ में, नयी ज़मीन तोड़ने, नये साहित्यिक रूप और *शैलियाँ* विकसित करने के लिए लम्बा संघर्ष किया है। लेकिन यह एक सच्चाई है कि कविता, जो उनके लिए अभिव्यक्ति का प्रमुख माध्यम या व्यापक अर्थ में सम्प्रेषण बनी, के विकास-क्रम में अज्ञेय शान्त, स्थिर, सम (अर्थात् एक

निश्चित ढर्रे पर ही) विकास का प्रमाण दे सके। महान कवियों का विकास अक्सर विषम और जटिल होता है जैसा निराला का है। बहुत कुछ सुमित्रानन्दन पन्त की तरह अज्ञेय का आरम्भिक काव्य अधिक स्फूर्त, उत्तेजक और ऐन्द्रिक विकलता से सम्पन्न है जबकि उत्तर काव्य स्थिर अवधारणाओं, वक्तव्यों में सीमित जान पड़ता है। कवि के काव्य-जीवन में विकास और अवरोध के भेद का क्रम इतना स्पष्ट है कि उससे कवि के भावयन्त्र की सीमा तथा काव्यगत परिष्कारजन्य पूर्वग्रह का भी आभास मिलता है। मुक्तिबोध ने *सुमित्रानन्दन पन्त* के सम्बन्ध में जो टिप्पणी की है वह *पूर्व अज्ञेय* और *उत्तर अज्ञेय* के भेद पर अविकल रूप से लागू होती है : "जहाँ-जहाँ उनकी सहानुभूति उन्हें ले गयी, उनकी गद्यात्मकता चमक उठी, छन्द नाचने लगे, भाव गूँज उठे और विचार जगमगाने लगे। उनमें नयी ताज़गी आ गयी। जहाँ उन्होंने पुरानी गूँजें दुहराना शुरू किया, वहाँ अंगार बुझने लगे, शिल्प में झोल पड़ गया, भाषा सुन्दर और जालीदार तो हुई किन्तु बासी भी हो गयी। उपमाएँ, रूपक और प्रतीक-विधान, चमकीले मणियों-जैसे होकर रह गये। काव्य की घड़ी टल गयी। मुहूर्त निकल गया, किन्तु काव्य चलता रहा, यूँ ही यूँ ही।" (मुक्तिबोध रचनावली-पाँच / पृ. 455) अज्ञेय के नव-रहस्यवाद से असहमति जताते हुए भी *डॉ. रामविलास शर्मा* यह तो स्वीकार करते हैं कि "*अज्ञेय की कविता जड़ाऊ है, टिकाऊ भी।*" उनकी टिप्पणी है—"चाहे प्रकृति-प्रेम हो चाहे, नव-रहस्यवाद—उसकी सीमित सार्थकता है जड़ाऊ कविता के रूप में। अज्ञेय परिश्रमी कवि हैं, कुशल शिल्पकार हैं। जगदीश गुप्त को छोड़कर जिन कवियों ने अज्ञेय का अनुसरण किया है वे न परिश्रमी हैं न कुशल। उन्होंने अज्ञेय से सीखा नहीं है, सिर्फ़ नकल की है।" इस टिप्पणी पर कोई और टिप्पणी व्यर्थ होगी।

अज्ञेय की आरम्भिक कविताओं में जो ऐन्द्रिक विकलता है वह बहुत कुछ भीतर-बाहर के द्वन्द्व से अनुप्राणित है, चाहे यह द्वन्द्व-चेतना मूल रूप में एक रोमांटिक प्रतिक्रिया ही क्यों न हो। आगे जिस अनुपात में बाहर की दुनिया गौण या अवास्तविक होती गयी है और द्वन्द्व अनुभूति का हिस्सा न होकर वैचारिक समाधान में स्थिर होता गया है, कविता उसी अनुपात में *अवधारणात्मक* अर्थात् सपाट काव्याभास होती गयी है। यह सच है कि प्रेम-संवेदना अज्ञेय की कविता के लगभग केन्द्र में रही है, पर आरम्भिक प्रेम-कविताएँ जहाँ प्रेम के अनुभव को दान और समर्पण के मुहावरे के बावजूद एक रोमांटिक तनाव के रूप में प्रत्यक्ष करती हैं, परवर्ती कविताएँ प्रेम को भी एक शान्त निरुद्विग्न ठण्डे शब्दाचार में बदल देती हैं। जिसे अज्ञेय का 'आध्यात्मिक अकेलापन' कहा गया है वह भी पहले की कविताओं में एक सघन संश्लिष्ट अनुभव है, जबकि आगे एक शाब्दिक, अभिधेयात्मक रूढ़ि। एक नया सम्यक काव्यशास्त्र विकसित करनेवाले कवि में अपनी ही रचनात्मकता के अन्तर्विरोधों या अवरोधों की जाँच-परख का विवेक क्यों नहीं पैदा हुआ, यह जान पाना कठिन है। यही कहा जा सकता है कि कविता का शास्त्र बनानेवाले कवियों के भी अपने कठिन पूर्वग्रह होते हैं और उनसे छुटकारा अनेक दबावों के बावजूद कठिन होता है।

अज्ञेय ने स्वीकार किया है कि उन्होंने छायावाद से अब तक अनेक प्रभावों के बीच

रहकर विकास किया है। प्रभाव और सर्जना में वे कोई आत्यन्तिक विरोध नहीं देखते। उनके यहाँ प्रसाद और महादेवी की अनुगूँजें स्पष्ट सुनायी देती हैं पर उन्होंने ही छायावादी प्रभावों के बावजूद उस गाँठ को तीखी संवेदना से पहचाना जो 'मैं' और शेष समाज के बीच की साझी होती है। अज्ञेय की लम्बी काव्य-यात्रा का स्मरण करते समय *मैथिलीशरण गुप्त* और *हरिऔध* तक के प्रभावों की अनदेखी करना कठिन है। अज्ञेय की इस स्वीकृति का भी अपना महत्त्व है कि पुस्तकों का समाज ही प्रायः उनका समाज रहा। ज़िन्दगी के सीधे सम्पर्क में स्वायत्त किया गया यथार्थ अनुभव को जैसा व्यापक परिप्रेक्ष्य देता है वैसा सीधा सम्पर्क उनके लिए सम्भव हुआ ही नहीं। उन्होंने चेतना के स्तर पर ही जीवन की बहुरूपात्मक सच्चाई को जितना ग्रहण किया, उसी पूँजी के बल पर उनके काव्य-विकास का ढाँचा खड़ा है। प्रेम, प्रकृति, सामाजिक अनुभव, सांस्कृतिक संकट सभी विषयों को जानने-समझने की उनकी जो आन्तरिक कसौटी रही है, अज्ञेय ने उसी को महत्त्वपूर्ण और अपनी काव्य-प्रक्रिया का नियामक माना। इसीलिए बार-बार वे *अवधारणाएँ* ध्यान में आती हैं जो उनके काव्य-व्यवहार या काव्य-जीवन को अनुशासित करती रही हैं।

दुख सबको माँजता है
और
चाहे स्वयं सबको मुक्ति देना वह न जाने, किन्तु
जिनको माँजता है
उन्हें यह सीख देता है कि सबको मुक्त रखें।

× × ×

खोज में जब निकल ही आया
सत्य तो बहुत मिले।

× × ×

शब्द, यह सही है, सब व्यर्थ हैं
पर इसीलिए कि शब्दातीत कुछ अर्थ हैं।

× × ×

एक मृषा जिसमें सब डूबे हुए हैं—
क्योंकि एक सत्य जिससे सब ऊबे हुए हैं
मैंने देखा
एक बूँद सहसा
उछली सागर के झाग से :

रंग गयी क्षण-भर
ढलते सूरज की आग से।

× × ×

ज़िन्दगी करती रही
नीरव इशारे
हम पकड़ते रहे रूपाकार को
किन्तु रूपाकार
चोला है
किसी संकेत शब्दातीत का।

× × ×

अर्थ हमारा
जितना है, सागर में नहीं
हमारी मछली में है
सभी दिशा में सागर जिसको घेर रहा है।

आत्मदान और आत्मान्वेषण उनके यहाँ प्रायः अवधारणाएँ हैं, विचार हैं जो उक्ति को अर्थगर्भ तो बनाते हैं, विस्फोटक प्रस्थान या नयेपन से विमुख या उदासीन भी करते हैं। अज्ञेय के यहाँ आकस्मिक कुछ भी नहीं। सबकुछ प्रायः शान्त थिर, व्यवस्थाबद्ध है—यहाँ तक कि रागात्मक अनुभवों की भी अपनी पद्धति या परिपाटी है जिसके अनुसार वे रूप या आकार ग्रहण करते हैं। गद्य भाषा की समझ कविता की भाषा की समझ बढ़ाती है और उसके विकास में सहायक होती है—यह बात भी उन्होंने अवधारणा या सिद्धान्त के रूप में ही ग्रहण की है, काव्य-व्यवहार इसका प्रमाण कभी-कभार ही दे पाता है।

अज्ञेय की आरम्भिक कविताओं में जो सर्जनात्मक विकलता थी उस पर उत्तरोत्तर इसी अवधारणात्मकता का दबाव बढ़ता गया है, मतवाद के विरोध में एक प्रकार के गूढ़ मतवाद के पोषण की प्रेरणा से भी ऐसा हुआ है। आरम्भिक कविताओं में जहाँ बहुत *सादगी* है वहाँ भी एक *भीतरी विकलता* जीवित है। अज्ञेय जहाँ 1937 में 'रहस्यवाद'-जैसी स्थूल अवधारणात्मक कविता लिख रहे थे, वे प्रेम-कविताएँ भी लिख पा रहे थे जिनमें प्रेम का सम्बन्ध सख्य-जैसी नयी संज्ञा पा लेता है, जहाँ मर्म और पीड़ा के फ़र्क़ का विवेक होता है जहाँ मौन ही निवेदन होता है और जहाँ स्वस्ति ही प्रेम का कुल अभिप्राय होती है। 'प्यार के प्रिय भार से' आँखें सजल हैं, पर जेल में होने से, या भीतर-बाहर के द्वन्द्व की चेतना से जो विशेष अर्थ-सन्दर्भ पैदा होता है वह सामान्य व्यथा को विशेष प्रकार की बेचैनी या तड़प में बदलनेवाला है। कवि अपने बाहर की प्रकृति के लिए उद्दाम आवेग अनुभव करता है। '*आज मैं पहचानता हूँ* राशियाँ नक्षत्र / ग्रहों की गति / कुग्रहों के कुछ उपद्रव भी / मेखला आकाश की।' इस आलंकारिक रूढ़ि में भी ख़ास तरह की नवीनता लक्ष्य की जा सकती है—

यह चटक, *तारों सजा फूहड़ निलज आकाश*
अर्थ कितना उभर आता था अचानक
अल्पतम भी तारिका की चमक को जब
देखते ही मैं तुरत निःशब्द तुलना में तुम्हारे
कुछ उनींदे लोचनों की युगल जोड़ी कर लिया करता कभी था याद

अज्ञेय की *प्रेम-कविताओं* में *प्रकृति* की जीवित उपस्थिति ख़ास अभिप्राय बनती है। प्रकृति यहाँ बहाना या ओट नहीं है न पुराने ढंग का उद्दीपन है। वह प्रेम में साहचर्य के प्रगाढ़ होते जाने का सजीव साक्ष्य है। '*फूल काँचनार के / प्रतीक मेरे प्यार के / प्रार्थना-सी अर्धस्फुट काँपती रहे कली / पत्तियों का सम्पुट / निवेदिता ज्यों अंजली / आये फिर दिन मनुहार के दुलार के* ।'(आशा), '*बालुका में अँकी-सी रहस्यमयी वीर-बहू / पूछती है रवहीन मखमली स्वर से / याद है क्या ओट में बुरुँस की प्रथम बार / धन मेरे मैंने जब ओठ तेरा चूमा था* (वीर-बहू), '*पूर्णिमा की चाँदनी सोने नहीं देती / प्यार में अभिमान की पर कसक ही रोने नहीं देती*' (जागर), 'भाले की अनी-सी बनी बगुलों की डार / फुटकियाँ छिटफुट गोल बाँध डोलतीं / सिहरन उठती है एक देह में / कोई तो पधारा नहीं, मेरे सूने गेह में / *तुम फिर आ गये क्वार*' / (तुम फिर आ गये···)—जो दर्द आगे चलकर एक ख़ास तरह की कविता की रूढ़ि बन गया वह यहाँ ज़्यादा सच्चा और प्रखर है : वह निषेध में कहीं अधिक प्रकट है—

भोर बेला नदी तट की घण्टियों का नाद
चोट खाकर जग उठा सोया हुआ अवसाद
नहीं मुझको नहीं अपने दर्द का अभिमान
मानता हूँ मैं पराजय—है तुम्हारी याद

× × ×

क्या ज़रूरी है दिखाना तुम्हें
वह जो दर्द
मेरे पास है

प्रकृति की संवेदना आलंकारिक प्रतीत होनेवाले बिम्बों में ढलकर भी कितनी अचूक और तीखी है, इसका एक ही उदाहरण 'दूर्वाचल' काफी है—जिसमें मानवीय अनुभव और प्रकृति के अनुभव की समानान्तरता अन्तःएकाग्रता या सटीकपन प्राप्त करती है। अनुभूति की सघनता के साथ मितकथन का अपना प्रभाव भी स्पष्ट है। यहाँ एक भी शब्द फ़ालतू या अतिरिक्त नहीं, एक भी बलाघात अस्पष्ट अनिश्चित नहीं। शिल्पदक्षता से अधिक शिल्पपूर्णता का उदाहरण है यह—गति का उतार-चढ़ाव अनुभूति-तर्क के अधीन है—

पार्श्वगिरि का नम्र, चीड़ों में
डगर चढ़ती उमंगों-सी
बिछी पैरों में नदी ज्यों दर्द की रेखा
विहग शिशु मौन नीड़ों में
मैंने आँख-भर देखा
दिया मन को दिलासा—पुनः आऊँगा
(भले ही बरस दिन—अनगिन युगों के बाद!)
क्षितिज ने पलक-सी खोली
तमककर दामिनी बोली—
अरे यायावर! रहेगा याद!

शब्दों की अर्थध्वनी के प्रति रचनात्मक सजगता यहाँ देखने की चीज़ है।

यहाँ यह उल्लेखनीय है कि 1947 में जब अज्ञेय 'कतकी पूनो'-जैसी चित्रधर्मी और गहरे अर्थ में रागसंवेदन-प्रधान कविताएँ लिख रहे थे तो '*शरणार्थी*' सीरज की वे कविताएँ भी लिख रहे थे जिन पर समय की कठोर त्रासदी की छाया थी। 'हरी घास पर क्षण-भर' (1949) कविता अज्ञेय के आरम्भिक काव्य-जीवन की उपलब्धि कही जा सकती है, जिसमें प्रेम की संवेदना के समानान्तर सभ्यता-समीक्षा या सांस्कृतिक संकट से मुठभेड़ अर्थपूर्ण है। यह प्रेम की एक नयी पहचान है, जिसमें लगाव और दूरी का विलक्षण अनुपात ख़ास अर्थ पैदा करता है। उस दौर में लिखी ऐसी बहुत कविताएँ हिन्दी में नहीं मिलेंगी जो व्यक्तिगत अनुभव के भीतर से मानवीय सांस्कृतिक-सामाजिक संकट को इतनी तीव्रता से व्यक्त कर सकें।

आओ बैठो : क्षण-भर तुम्हें निहारूँ।
अपनी जानी एक-एक रेखा पहचानूँ
चेहरे की, आँखों की अन्तर्मन की
और हमारी साझे की अनगिन स्मृतियों की :
तुम्हें निहारूँ,
झिझक न हो कि निरखना दबी वासना की विकृति है!

. . .

और रहे बैठे तो लोग कहेंगे
धुँधले में दुबके प्रेमी बैठे हैं।
—वह हम हों भी तो यह हरी घास ही जाने।

1951 में लिखी कविता 'वह नाम' प्रेम की अनुभवपूर्णता में एक प्रकार की जीवनपूर्णता का आभास कराती है, जबकि उसी के आसपास लिखी कविता 'नखशिख' जड़ाऊ कविता का

ही आदर्श कही जा सकती है। 'वह नाम' में प्रगीत का-सा संगठन और कसाव भी है जबकि 'नखशिख' में परिष्कार भी युक्तिपरक है। 'यही तो गा रहे हैं पेड़ / यही सरिता की रहन में काँपता है / ··· पास आओ / जागरित दो मानसों से स्फुरण में / नाम वह संगीत बनकर मुखर होता है / कहाँ हैं दोनों तुम्हारे हाथ / सम्पुटित करके मुझे दो / कोकनद का कोष वह गुंजरित होगा नाम से / उस नाम से।' इस *लयात्मक संगठन* के पीछे जो *ऐन्द्रिक विकलता* काम कर रही है वह सामान्यीकृत कथनों के बाहर की चीज़ है। 'वह नाम' की तुलना में 'नखशिख' का सामान्यीकरण सर्वथा स्पष्ट है : '*तुम्हारे होंठ/पर उस दहकते दाड़िम-पुहुप को / भूक तकता रह सकूँ मैं / सह सकूँ मैं / ताप ऊष्मा का मुझे जो लील लेती है।*' अज्ञेय के यहाँ अनुभूति-समृद्ध चित्रशिल्प के उदाहरण कम नहीं हैं। उनके निरीक्षण में प्रकृति-जीवन कई बार नयी ऊष्मा, नया ताप, नयी उत्तेजना देनेवाला है। जिस ऐन्द्रिक विकलता पर अज्ञेय के आरम्भिक कृतित्व के सन्दर्भ में बहुत बल दिया जा रहा है वह 'असाध्य वीणा' (1961) जैसी लम्बी प्रबन्धात्मक कविता के उल्लेख्य होने का एक प्रमुख कारण है। कहा जा सकता है कि यह स्थिति भी इस कविता की *अन्तर्निहित प्रगीतात्मकता* के कारण सम्भव हुई। प्रबन्ध में प्रगीतात्मकता के समावेश की ओर ध्यान देना इसलिए भी ज़रूरी है कि अज्ञेय के ही यहाँ प्रगीत के अनुशासन का प्रमाण देनेवाले कई उदाहरणों में वह ऐन्द्रिक विकलता निर्बाध नहीं रह गयी है जो 'असाध्य वीणा' का ख़ास गुण है। छोटी कविताओं में प्रगीत-संगठन का प्रमाण अज्ञेय आगे भी देते हैं पर वहाँ उन्हीं के शब्दों में कहा जाय, अपनी वह उत्कट पहचान नहीं मिलती जो 'असाध्य वीणा' में या पहले की कई महत्त्वपूर्ण कविताओं में है। शब्द अज्ञेय के ही हैं, '*मैं जो मानता हूँ कि अपने को खूब जानता हूँ / पाता हूँ अपनी ही पहचान कभी-कभी*'। (ऐसा कोई घर आपने देखा है / पृ. 15)। 'असाध्य वीणा' की पंक्तियाँ हैं—

> मुझे स्मरण है :
> हरी तलहटी में, छोटे पेड़ों की ओट ताल पर
> बँधे समय वन पशुओं की नानाविध आतुर तृप्त पुकारें/
> गर्जन, घुर्घुर, चीख, मूँक, हुक्का, चिचियाहट।
> कमल कुमुद पत्रों पर चोर-पैर द्रुत धावित
> जल-पंछी की चाप।
> थाप दादुर की चकित छलाँगों की।
> पन्थी के घोड़े की टाप अधीर।
> अचंचल धीर थाप भैंसों के भारी खुर की।'

रहस्यवाद या *नव रहस्यवाद* भी अज्ञेय के यहाँ मूलतः *अवधारणात्मक* है। रहस्यवाद से भी बड़ी कविता पैदा हो सकती है और रहस्यवाद की विशेष स्थितियों में एक क्रान्तिकारी भूमिका भी हो सकती है, पर अज्ञेय का रहस्यवाद कविता को प्रायः सपाट बनाता है जो कुछ ख़ास अवधारणाओं और अवधारणासूचक प्रतीकों में निबद्ध है। विराट के प्रति उत्सुकता

भी जहाँ स्वशब्दवाच्यत्व में सीमित हो जाय वहाँ कवि और कविता की सीमाओं का अनुमान किया जा सकता है। 'चुपचाप चुपचाप / हम पुलकित विराट में डूबें / पर विराट हममें मिल जाय।' स्थिर अवधारणात्मकता घुलने-मिलने, एकतान होने के इस अनुभव में खटकती रहती है। अज्ञेय के अन्तिम संग्रह 'ऐसा कोई घर आपने देखा है' में इसके चिन्त्य उदाहरण मौजूद हैं। अज्ञेय की बहुत सारी अनुभव-रूढ़ियों के देखकर उन्हीं के शब्द एक बार फिर याद आते हैं–'*प्रवासी लौटते तो हैं / पर उनकी घर-वापसी नहीं होती / जहाँ वापसी होती है वहाँ उनके घर नहीं होते।*' 'वे तो फिर आयेंगे', 'जड़ें', 'रक्तबीज,' 'देवासुर' कविताओं में यदि पहले के भीतर-बाहर के बीच के द्वन्द्व का आभास मिलता है तो समाधानप्रियता आड़े आती है।

अज्ञेय ने *राजनीतिक-सामाजिक यथार्थ* से बिल्कुल कट अपनी कविताओं का आरम्भिक संसार संयोजित नहीं किया था। वहाँ सहानुभूति कितनी सहज, कितनी बैद्धिक है, काव्यत्व कितना है या नहीं है–इन सवालों को छोड़ दें तो अज्ञेय के काव्य-संसार में इन सन्दर्भों का हस्तक्षेप ही आज याद करने योग्य जान पड़ता है। '50-55 के बीच अज्ञेय ने 'हवाएँ चैत की', 'शोषक भैया'-जैसी कविताएँ लिखीं। 'बह चुकीं बहकी हवाएँ चैत की / कट गयीं पूलें हमारे खेत की / कोठरी में लौ बढ़ाकर दीप की / गिन रहा होगा महाजन सेंत की।' × × × × 'मेरा रक्त ताज़ा है मीठा है हृदय है / पी लो शोषक भैया डरो मत / ताज़ा जैसे यहीं से ढलते गले इस्पात की धार / शक्तिशाली जैसे तिसूल : और पानीदार /' इन कविताओं के साथ ही यहाँ मुख्यतः सभ्यता-समीक्षा, यन्त्र-संस्कृति या शहरी संस्कृति के संकट की समीक्षा के अभिप्रायवाली कविताओं (हवाई यात्रा, हिरोशिमा, महानगर : रात) का स्मरण स्वाभाविक है जिनमें अज्ञेय बाहर के यथार्थ से, चेतना के स्तर पर ही सही, टकराते हैं।

1954 की ही कविता है : 'मैं कहाँ हूँ'–

> वह जो *मिट्टी गोड़ता है कोदई खाता है और गेहूँ खिलाता है*
> *उसकी मैं साधना हूँ*
>
> यह जो रद्दी बटोरता है
> यह जो पापड़ बेलता है, बीड़ी लपेटता है, वर्क़ कूटता है
> धौंकनी फूँकता है कलई गलाता है रेढ़ी ढेलता है
>
> . . .
>
> उसकी मैं कथा हूँ

कठिनाई यह है कि बैद्धिक सहानुभूति संघर्ष-साक्षात के ऐसे अनुभवों को भी अवधारणाओं की ओर ठेलती है–'जो मानव को एक करता है / समूह का अनुभव जिसके मेहराबें

हैं/और जन-जीवन की अजस्र प्रवाहमयी नदी जिसके नीचे से बहती है :/मैं वहाँ हूँ।' कविता में किस चीज़ की कमी है जो उसे शपथपत्र-जैसी पहचान देती है, कविता के रूप में महत्त्वपूर्ण नहीं बनाती। भीतर की अनुभव-प्रतिक्रिया का बाहर के दबाव से प्रतिकृत होना जितना ज़रूरी है बाहर के यथार्थ का भीतर से गहरे अर्थ में जुड़ा होना, प्रतिसंवेदित होना उतना ही महत्त्वपूर्ण है। आखिर क्या कारण है कि मृत्यु के निकट निराला ने जो प्रार्थना-परक कविताएँ लिखीं उनमें आज भी उत्तेजना या नवीनता दिखायी देती है। *मृत्यु* का बोध *निराला* के यहाँ भी है, *अज्ञेय* के यहाँ भी। निराला के यहाँ मृत्यु का बोध भी *जीवन-संघर्ष* के बोध से विलग नहीं है, जबकि अज्ञेय के यहाँ *मृत्यु* का बोध *मूल रागात्मकता के चुक जाने, थिर हो जाने,* निष्प्रभ होते जाने की सूचना है। निराला की कविता—'पत्रोत्कण्ठित जीवन का विष बुझा हुआ है'—को सामने रखें और अज्ञेय की 'ओ साइयाँ'-जैसी कविता पर ध्यानं दें तो यह अन्तर स्पष्ट जान पड़ेगा कि कहाँ मृत्यु भी जीवनमय है, कहाँ जीवन भी स्थगित ठहरा हुआ है। अज्ञेय के यहाँ जीवनबोध की स्वीकृति भी अभ्यस्त कथन मात्र है—'आये तो तुम / थोड़ा बरस तो गये / ··· परस तो गये।' अज्ञेय के उत्तर काव्य में सुख भी दुहराव है और दुख भी प्रायः विवशतापूर्ण कथन की परिचित भंगिमा या अभ्यास।

आत्मरक्षा का अर्थ भी अज्ञेय के लिए बदलता गया है। पहले आत्मरक्षा का तर्क जिस *अद्वितीयता* का अहसास कराता था, उसके साथ आत्मदान की विकलता भी बनी रहती थी—उसी को आत्मविस्तार कहा जा सकता था। परवर्ती कविताओं में आत्मसुरक्षा अपनी काव्यत्वचा को समस्त बाह्य उत्तेजनाओं से बचाने की सीमित कोशिश है। *कीर, हारिल, पिड़कुलिया* और *सीधे 'चिड़ियाँ' नाम* से कविताएँ अज्ञेय ने पहले भी लिखी हैं। इधर के संग्रह में 'चिड़िया' शीर्षक कविता की ओर इसलिए भी ध्यान जायेगा कि फूल, पत्ती, पेड़, चिड़िया नया अर्थ लेकर और नयी रूढ़ि बनकर भी कविता में आते रहे हैं। 'स्वयं जब बोली चिड़िया' पहले की कविताओं की तुलना में अधिक सपाट, इकहरी, अवधारणात्मक कविता है। यहाँ भी कवि चिड़िया का प्रतीकार्थ निश्चित कर देने के लिए सचेष्ट है, जिसके चलते वह पहले-जैसी मुक्ति का आभास नहीं देती—

> केवल
> बोली
> रही
> अप्रतिम
> गुणातीत
> आप्लवनकारी

अनुभूति को विचार में, अवधारणा में सीमित करने या बदलने की स्थिति जिस द्वन्द्वहीनता में घटित हुई है वही उदाहरण है कि परवर्ती कविताओं में अज्ञेय का नियन्त्रण अपने सर्जनात्मक कवि-व्यक्तित्व या कवि-मानस की बुनियादी एकाग्रता पर ही ढीला हो चला

था। यदि प्रेम की बाद की कविताएँ महज औपचारिक जान पड़ती हैं तो गाहेबगाहे लिखी व्यंग्य-कविताएँ आत्मक्रुद्ध व्यक्ति की खीज से अधिक अर्थ नहीं देतीं। परिष्कार और पच्चीकारी पर बल देते-देते अज्ञेय ने अपनी कविता का संसार बहुत सीमित कर लिया। इसके बाद यही सम्भावना शेष थी कि कवि अपने काव्य-मूल्य और जीवन-मूल्य की एकाग्रता को कविता का मुख्य लक्ष्य मानकर एक प्रकार की आत्मतुष्टि का अनुभव करे। यह आत्मतुष्टि का अनुभव वक्तव्य के रूप में भी अज्ञेय की अनेक परवता कविताओं में दर्ज है।

अज्ञेय अपनी काव्य-यात्रा के अन्तिम चरण में जहाँ पहुँचे थे, वहाँ—उन्हीं के शब्दों में कहा जाय—'आगे कोई द्वार नहीं खुलते।' इसके बाद भी उनके काव्य-संघर्ष का ऐतिहासिक ही नहीं, स्थायी महत्त्व है। अज्ञेय की कविताओं का इतिहास एक लम्बे समय की कविता की उपलब्धियों और सीमाओं का इतिहास है। अज्ञेय अपनी कविता के अन्तर्विरोधों और अवरोधों के बावजूद युगनिर्माता कवि माने जायेंगे। वे *कवियों के कवि* हैं। उनके बग़ैर आधुनिक हिन्दी कविता का इतिहास अकल्पनीय है।

तात्कालिक यथार्थ का रचनात्मक दस्तावेज़

प्रसिद्ध प्रगतिशील आलोचक *डॉ. रामविलास शर्मा* को इसके लिए श्रेय दिया जायेगा कि उन्होंने हिन्दी की *प्रगतिशील यथार्थवादी काव्यधारा* के नये मूल्यांकन के लिए कुछ नयी, विवादास्पद (यद्यपि एक हद तक दुर्भाग्यपूर्ण) स्थापनाएँ की हैं। अपनी पुस्तक 'नयी कविता और अस्तित्ववाद' के दूसरे संस्करण में उन्होंने लिखा है—'नयी कविता का आन्दोलन प्रगतिशील साहित्य के विरोध में चलाया गया था, इसमें सन्देह की गुंजाइश नहीं है। व्यक्तिमूल्य का नारा लगाकर इसने जनवादी आन्दोलनों का विरोध किया, पर दस साल से भी कम समय में नयी कविता की धारा मूल्यहीनता के रेगिस्तान में खो गयी। इस समय मुक्तिबोध की बीमारी और मृत्यु से नयी कविता में नयी जान डालने के लिए उसके सूत्रधारों को नया हीरो-कवि मिल गया। इसी समय कम्युनिस्ट पार्टी विघटित हुई, इससे कुछ मार्क्सवादियों के लिए प्रगतिविरोधियों के साथ संयुक्त मोर्चा बनाने का काम आसान हो गया। केदारनाथ अग्रवाल और नागार्जुन को पीछे ठेलकर उनकी जगह मुक्तिबोध को प्रतिष्ठित करने का जो संगठित प्रयास सन् 64 से आरम्भ हुआ, उससे हिन्दी-कविता की यथार्थवादी धारा को भारी क्षति पहुँची।' *केदारनाथ अग्रवाल* और *हिन्दी की यथार्थवादी कविता* के सम्यक्-सार्थक मूल्यांकन के लिए नयी कविता की एक ख़ास, अपनी प्रगतिशील धारा का अवमूल्यन करना आवश्यक न था। डॉ. शर्मा इस वास्तविकता को नजरअन्दाज़ करना चाहते हैं कि *नयी कविता* की *दो प्रवृत्तियाँ थीं*—एक में प्रगतिशील चेतना को ही नये अर्थ में विकसित करने की कोशिश थी, जबकि दूसरी प्रवृत्ति व्यक्तिकेन्द्री प्रयोगशीलता की ही पहले से चली आ रही प्रवृत्ति का विकास थी। दिलचस्प यह है कि इसी पुस्तक के पहले संस्करण में डॉ. शर्मा इस वास्तविकता को लगभग स्वीकार कर चुके थे। अब डॉ. शर्मा का आलोचनात्मक तर्कशास्त्र यह समझने से भी इनकार करता है कि हिन्दी कविता में *यथार्थवाद* की *दो परम्पराएँ* विकसित हुईं। नागार्जुन, केदारनाथ अग्रवाल यथार्थवाद की एक परम्परा के कवि हैं, जबकि यथार्थवाद की ही दूसरी परम्परा के कवि हैं मुक्तिबोध। मुक्तिबोध की प्रतिष्ठा के लिए नागार्जुन और केदारनाथ अग्रवाल को पीछे

ठेलना आवश्यक नहीं है, न केदारनाथ अग्रवाल और नागार्जुन की प्रतिष्ठा के लिए मुक्तिबोध को पीछे ठेलना जरूरी है। अब तक हिन्दी काव्य-समीक्षा में इतनी समझदारी शायद विकसित हो चुकी है।

यथार्थवादी धारा अब भी सूख नहीं गयी है। आज के प्रगतिशील यथार्थवादी कवि अपना सम्बन्ध *नागार्जुन, केदार* और *मुक्तिबोध* से एक साथ जोड़ना चाहते हैं। वे मुक्तिबोध में काव्यप्रकृति के बुनियादी भेद के बावजूद निराला की परम्परा भी देखते हैं। मुक्तिबोध के काव्यरूप की परम्परा का सीधा विकास न दिखायी दे रहा हो तो भी यह पहचानने में कठिनाई नहीं होनी चाहिए कि आज की प्रगतिशील यथार्थवादी काव्यदृष्टि में मुक्तिबोध की दृष्टि का विकास है। कविता यदि यथार्थ की बहुस्तरीय जटिलताओं का सामना करना चाहती है तो उसे नागार्जुन, केदारनाथ अग्रवाल के साथ मुक्तिबोध निस्सन्देह ज़रूरी जान पड़ेंगे। *शमशेर* के *सौन्दर्यबोध* में *रीतिवाद* की छाया देखना उतना ही ग़लत है जितना *मुक्तिबोध* की जीवनदृष्टि और रचनादृष्टि में अस्तित्ववाद की छाया देखना। कविता में यथार्थवाद की परम्पराएँ, सामाजिक यथार्थदृष्टि के उपयोग के विभिन्न प्रकार, यथार्थचित्रण के रूप-प्रकार की भिन्नताएँ—यह अब एक स्वतन्त्र लम्बी बहस का विषय है। प्रगतिशील यथार्थवादी कविता का विकास एक ही सुनिश्चित दिशा में हो, यह अपेक्षा करना ख़तरनाक सरलीकरण को बढ़ावा देनेवाला है।

केदारनाथ अग्रवाल निर्विवाद रूप से हिन्दी की प्रगतिशील काव्यधारा के एक प्रतिनिधि तथा महत्त्वपूर्ण कवि हैं। *रूमानी आदर्शवाद* से *यथार्थवाद* तक, *रूपासक्ति* से *जीवनासक्ति* तक, *कोमल रागात्मकता* से खुरदरे वस्तुचित्रण तक उनकी कविता के अनेक रंग हैं। केदारनाथ अग्रवाल की कविता में प्रकट जीवन अपनी स्वच्छन्दता में, अपने उन्मुक्त विस्तार में ध्यान आकृष्ट करता है। वे *रागधर्मी* ही नहीं, व्यापक अर्थ में *जीवनधर्मी* कवि हैं। *कोमलता* में ही नहीं, *प्रखरता* और *उग्रता* में भी वे सौन्दर्य देखते हैं। कर्म या संघर्ष का सौन्दर्य भी उनकी कविता का एक प्रमुख विषय है। शान्त और निष्क्रिय सौन्दर्य-दर्शन में ही कविता की सार्थकता समझनेवालों से अलग केदार कविता में एक प्रकार की जीवनपूर्णता के पक्षधर हैं। वैयक्तिक अनुभव के साथ *युगबोध* तथा यथार्थबोध से सम्पृक्त होने के कारण ही उनकी कविता में जीवनसमृद्धि दिखायी देती है। निजी अनुभूतियों से लगाव ज़रूरी है, पर काव्यात्मक सार्थकता के लिए निर्व्यक्तिक तटस्थता भी उतनी ही ज़रूरी है। केदारनाथ अग्रवाल तटस्थता के काव्यमूल्य से अपरिचित नहीं हैं। जहाँ वे भावुकता को नियन्त्रित नहीं कर पाये हैं, वहीं तटस्थता का काव्यविवेक बाधित जान पड़ता है और वहीं शायद नागार्जुन-जैसे कवि उनसे अलग दिखायी देते हैं। महत्त्वपूर्ण है केदार की कवि-प्रकृति, जिसमें यथार्थवादी चेतना की स्वीकृति है, पर सरल भावुकता का निषेध नहीं है। भावुकता उनके यहाँ आत्मीयता का पर्याय है। पत्नीप्रेम पर जैसी अकुण्ठ कविताएँ केदार ने लिखीं और प्रकाशित की हैं, वह हिन्दी कविता में अपने ढंग का विलक्षण उदाहरण है। प्रेम भी उनके लिए घनिष्ठतर सामाजिक दायित्व का हिस्सा बन जाता है। प्रेम-सौन्दर्य, प्रकृति के गहरे लगाव के साथ

कदार संघर्षशील जनता के कठोर जीवन, कठिन श्रम और दृढ़ आस्था की ओर अपनी कविदृष्टि केन्द्रित करते हैं। यही वह काव्यभूमि है, जहाँ केदार के 'मन की नदी' 'सदी के बृहत से' चमकने लगती है–

मेरे मन की नदी
सदी के बृहत् सूर्य से चमक रही है
मेरे पौरुष का यह पानी दृढ़ पहाड़ से टकराता है
टूट-टूट जाता है फिर भी बूँद-बूँद से घहराता है।

केदारनाथ अग्रवाल की कविता में *प्रेम* और *संघर्ष* की संश्लिष्ट चेतना रेखांकित करने की चीज़ है।

शमशेर ने 'फूल नहीं रंग बोलते हैं' की समीक्षा (आलोचना, जुलाई-सितम्बर, 1967) करते हुए स्वीकार किया था कि, "हिन्दी का प्रगतिशील साहित्य आन्दोलन सन् 37-38 से लेकर लगभग '52 तक अपना जैसा-तैसा रोल पूरा करके ख़ासा निःशक्त हो गया। इस आन्दोलन में *पन्त, निराला, नरेन्द्र, सुमन* और कुछ लोक-कवियों के बाद जो चार कवि दृढ़ता से बराबर जनता के मनोबल में विश्वास रखते हुए अपना नाता उसकी आन्तरिक रचनाशील शक्तियों से जोड़े रहे, वे मात्र *केदारनाथ अग्रवाल, त्रिलोचन, मुक्तिबोध और नागार्जुन* थे।" केदार के स्वर को अलग रेखांकित करते हुए शमशेर ने लिखा था– "आज के साहित्य की नकारात्मक नैराश्यपूर्ण फ़िज़ा में केदार का स्वर एक ऐसे सजग मध्यवर्गी बुद्धिजीवी का है जिसे श्रम से, कर्मठता से, किसान और श्रमिक की अन्ततोगत्वा एकजुट जीवस्त से–जो प्रकृत्या कभी हार मानना नहीं जानती; और साथ ही शक्तिगर्भा प्रकृति के सौन्दर्य, नैकट्य और बन्धुत्व से–और इन सबसे उपलब्ध अपने दुर्दमनीय आशावाद से जीने की प्रेरणा ले रहा है, और दूसरों को दे रहा है।" इसी विश्लेषण में शमशेर ने केदार को एक *नार्मल रोमानी कवि* कहा–इस स्पष्टीकरण के साथ, कि केदार के कविस्वभाव को छायावादी-रोमानी स्वभाव से अलग करके देखना चाहिए। राग-रस केदार को अपने भीतर भी दिखायी देता है–बाहर भी–

हे मेरी तुम!
मैंने देखा :
राग-पराग भरी पंखुरियाँ
मेरे भीतर
मेरे बाहर
रस से छलकीं,
मेरे उन्मादी यौवन की
सोयी, खोयी सुधियाँ महकीं।

प्रगतिशील कविता के इतिहास में केदार को प्रतिष्ठा मुख्यतः दो प्रकार की कविताओं के

लिए मिली। एक, उन प्रकृतिचित्रों के लिए जिनमें उन्मुक्त जीवन का आवेग या उल्लास प्रकट है, दूसरे, उन कविताओं के लिए जिनमें श्रम का, साहस का सौन्दर्य रूप या आकार ग्रहण करता है। जीवन की लालसाओं से सम्पन्न प्रकृतिसम्बन्धी इन कविताओं में कुछ नया अभूतपूर्व शायद पहली ही बार घटित हो रहा है। परिचित रूपों में नया जीवन-स्पर्श अनुभव करने की विकलता ख़ास चीज़ है, जिसे कवि की गहरी जिजीविषा से सम्बद्ध करके देखना चाहिए। 'चन्द्रगहना से लौटती बेर' और 'बसन्ती हवा'-जैसी कविताएँ हिन्दी कविता के पाठकों के लिए अविस्मरणीय अनुभव बन चुकी हैं—

देख आया चन्द्र गहना।
देखता हूँ दृश्य अब मैं
मेड़ पर इस खेत की बैठा अकेला।

एक बीते के बराबर
यह हरा ठिगना चना,
बाँधे मुरैठा शीश पर
छोटे गुलाबी फूल का
सजकर खड़ा है।

. . .
. . .

और सरसों की न पूछो—
हो गयी सबसे सयानी
हाथ पीले कर लिये हैं
ब्याह-मण्डप में पधारी;

. . .
. . .

देखता हूँ मैं : स्वयंवर हो रहा है
प्रकृति का अनुराग अंचल हिल रहा है
इस विजन में,
दूर व्यापारिक नगर से
प्रेम की प्रिय भूमि उपजाऊ अधिक है।

केदारनाथ अग्रवाल स्वीकार करते हैं कि मार्क्सवादी विचारधारा के प्रभाव के कारण ही यह सम्भव हुआ कि वे दूर व्यापारिक नगर के जीवन-संघर्ष को भी, अर्थात् शोषण के विस्तार-क्रम को भी देख सके। जीवन-संघर्ष को उसके समूचे विस्तार में देखना प्रकृति-जीवन के अपने उल्लास या राग को ठीक-ठीक समझने के लिए भी ज़रूरी है। यह

विवेक कम कवियों में दिखायी देता है । '*पेड़ नहीं, पृथ्वी के वंशज हैं, फूल लिये, फल लिये, मानव के अग्रज हैं*' —यह केदार के लिए केवल अवधारणा नहीं है, उनका जीवन-बोध या जीवन-संस्कार है । केदार बहुत-सी बातें अवधारणाओं के रूप में भी कहते हैं, जैसे वे अपने कुछ विश्वासों को बार-बार दुहराकर उन्हें जीवन-आस्था का स्थायी आधार बनाना चाहते हैं । ऐसे सामान्य कथनों की उनके यहाँ भरमार है जहाँ कविता नहीं है । पर महत्त्वपूर्ण कवि-कर्म के लिए अपनी जीवन-आस्था की निरन्तर छानबीन, अपने जीवन-मर्म का निरन्तर रेखांकन, कठिन संघर्ष में अपनी पक्षधरता की सतत स्वीकृति एक हद तक ज़रूरी है—ग़ैर-ज़रूरी या अप्रासंगिक नहीं है । प्रकृति में जो जीवनसक्रियता केदार देखते हैं, वह गहरी जीवनासक्ति का प्रमाण है—यहाँ केवल प्रकृति-चित्रण या रूपप्रकार महत्त्वपूर्ण नहीं है—महत्त्वपूर्ण है वह *सहज जीवन,* जो रूप के पीछे है, जो विशिष्ट रूपविधान की मूल प्रेरणा है—

चढ़ी पेड़ महुआ, थपाथप मचाया
गिरी धम्म से फिर; चढ़ी आम ऊपर,
उसे भी झकोरा, किया कान में 'कू'
उतरकर भगी मैं हरे खेत पहुँची—
वहाँ गेहुँओं में लहर खूब मारी,
पहर दो पहर क्या, अनेकों पहर तक
इसी में रही मैं ।

प्रकृति-जीवन के गतिमय चित्रों के साथ स्थिर-चित्रों के अपने काव्य-तर्क को समझने की कोशिश केदार ने की है । यही वे कविताएँ हैं जिनमें भावावेग को यथार्थदृष्टि नियन्त्रित करती जान पड़ती है । 'अपूर्वा' की भूमिका में केदारनाथ अग्रवाल ने इन्हीं छोटी सहज-साधारण लगनेवाली कविताओं के सन्दर्भ में 'शब्दार्थ के मर्म' पर बल दिया है और उसे भाववादी संस्कार-प्रभाव से अलग किया है । *आज नदी बिलकुल उदास थी* और *केन किनारे पल्थी मारे* —इन दो कविताओं में शाब्दिक स्थापत्य ही नहीं, *अन्तर्वस्तु* भी महत्त्वपूर्ण है और वह कविदृष्टि की सजगता सूचित करती है—

केन किनारे
पल्थी मारे
पत्थर बैठा गुमसुम !

. . .

सूरज पत्थर
सेंक रहा है गुमसुम !

. . .

पानी पत्थर

चाट रहा है गुमसुम !

एक यह दृश्य है जिसे 'सहमा राही' गुमसुम देख रहा है, दूसरा वह चित्र है जिसमें तेज़ धार का कर्मठ पानी चट्टानों के ऊपर चढ़कर घूँसे मारता है और चट्टानी तट तोड़ता है। एक ही कवि जीवन को दो रूपों में देखता है—यहाँ यह निष्कर्ष निकालना भ्रामक होगा कि एक चित्र में कवि का रवैया नकारात्मक या प्रकृतिविरोधी है, सकारात्मक प्रगतिशील क्रान्तिकारी अभिप्राय दूसरे ही मुखर चित्र में है। 'जल रहा है जवान होकर गुलाब' उतने ही गहरे अर्थ में प्रगतिशील कविता है, जिस अर्थ में 'मैंने उसको जब-जब देखा'। दोनों चित्रों में जीवन्त संघर्ष और साहस की स्वीकृति है। जो कवि लिख सकता है—'मैंने उसको, जब-जब देखा, लोहा देखा, लोहा जैसा, तपते देखा, गलते देखा, ढलते देखा, मैंने उसको, गोली जैसा, चलते देखा,' वही लिख सकता है—

जल रहा है

जवान होकर गुलाब

जैसे आग

गा रही हो फाग

यह जीवन का प्रभाववादी चित्र नहीं है, यथार्थवादी चित्र है। केदार के यहाँ *प्रकृति* का संघर्ष और *जीवन* का संघर्ष जहाँ अभिन्न है—ऐसे स्थल विशेष रूप से ध्यान देने योग्य हैं। संघर्ष की क्रमिक समझ के साथ ही ऐसा अनुभव कविता में सम्भव हुआ है—'घन गरजे जन गरजे, बन्दी सागर को लख कातर, एक रोष से, घन गरजे जन गरजे।' श्रम या संघर्ष के सौन्दर्य को पहचानते हुए या एक रूप देते हुए केदार प्रमाणित करते हैं कि सौन्दर्य के दूसरे पक्ष (कोमल सुकुमार) से उनका विरोध नहीं है। सौन्दर्य के दूसरे पक्ष जीवनबोध का हिस्सा बने रह सकें, इसके लिए शोषण से मुक्ति का प्राथमिक संघर्ष ज़रूरी है। समता और न्याय के लिए संघर्ष प्रकारान्तर से सौन्दर्यपूर्ण जीवन के पक्ष में संघर्ष है। निराला यदि "मैंने 'मैं' शैली अपनायी" के तुरन्त बाद, "देखा एक दुखी निज भाई" कहना ज़रूरी समझते हैं, तो केदारनाथ अग्रवाल भी 'आग का आईना' की भूमिका में लिखते हैं—"मेरा 'मै' आदमी का 'मैं' है और मैं इसे आदमी के सुख-दुख और द्वन्द्व का 'मैं' समझता हूँ। मेरी प्रत्येक कविता में यही 'मैं' है।" केदार मानते हैं कि कविता *आत्मान्वेषण* भी है और *यथार्थान्वेषण* भी। इस मान्यता के पीछे शायद उस आत्मान्वेषण से बचने की कोशिश भी है, जो व्यक्तिकेन्द्री प्रयोगशीलता के प्रवर्तकों के यहाँ नव आध्यात्मिक रहस्यवाद के रूप में प्रकट हुई है। इसके विपरीत मुक्तिबोध की रहस्यचिन्ता भी यथार्थान्वेषण का ही विषय है। प्रकृति से भी केदार जीवन-विवेक प्राप्त करते हैं, संघर्ष से भी। दोनों चेतनाएँ केदार के काव्यविवेक का हिस्सा बनती हैं। कहीं वे रूपचित्रण को संक्षिप्तता या संगठन देते हैं, कहीं उसे वक्तव्य या इतिवृत्त में फैलाते हुए निराला की 'नये पत्ते'—काल की रचनाओं का शिल्प अपनाते हैं—

धूप नहीं, यह
बैठा है खरगोश पलँग पर
उजला
    रोएँदार, मुलायम
इसको छूकर
ज्ञान हो गया है जीने का
फिर से मुझको।

यह जीवन-ज्ञान प्रकृति से मिला हुआ अनुभव है। यहाँ *संक्षिप्तता* साभिप्राय है और *सपाटता* स्वाभाविक है। निष्कर्ष निष्कर्ष नहीं जान पड़ता—प्रकृतिबोध का ही अंग जान पड़ता है। 'चली गयी है कोई श्यामा, आँख बचाकर, नदी नहाकर, काँप रहा है अब तक व्याकुल, विकल नील जल'—ऐसी *सुकुमार सांकेतिकता* का उपयोग करनेवाले कवि केदार व्यंग्य, आक्रोश, घृणा के रूप में प्रकट सपाटबयानी को कविता से बहिष्कृत नहीं मानते। 'आग लगे इस राम-राज में', 'लन्दन में बिक आया नेता', 'नकली मिली है या कि असली मिली है', 'कुर्सियों पर आसन लगाये, अघों से ना अघाये'-जैसी कविताएँ उसी सार्थक प्रतिहिंसा-भाव को प्रकट करती हैं, जिसे अपनाते हुए नागार्जुन कहते हैं—*प्रतिहिंसा ही स्थायीभाव है मेरे कवि का*। नयी कविता की निस्सहाय नकारात्मकता के तीखे आलोचक मुक्तिबोध भी अन्तश्चेतनावाद को भटकाव ही मानते थे। उन्हें यह लिखना ज़रूरी जान पड़ा—"विषय के यथार्थ के यथातथ्य भावात्मक चित्रण का कार्य एक वैसा ही घोर, अविरत और सुदीर्घ संघर्ष है जैसे भारत का वर्तमान जीवन!" केदारनाथ अग्रवाल की राजनीतिक कविताओं के घटनात्मक इतिहास और भाव-मर्म को एक साथ देखने की ज़रूरत है। परिवेश-बोध केदार की कविताओं के स्वरूप-निर्माण में बहुत नियामक तत्व है। बाँदा का भौगोलिक-सामाजिक परिवेश, वर्ग-सम्बन्धों की कठोर पहचान, किसान-जीवन को घेरे हुए अन्धविश्वास या रूढ़ियाँ, शोषण-दमन के क्रूरतम रूपों से परिचय—ये सारी चीज़ें केदार के काव्यमानस को प्रभावित करती हैं। उनकी रचनात्मकता में क्रमशः विकास है। क्रान्तिकारी यथार्थवाद तक पहुँचने का भी एक स्वाभाविक क्रम उनके यहाँ दिखायी देता है। ऐन्द्रिक अनुभूति किस प्रकार विचार का रूप लेती है, विचार किस तरह कर्म में प्रतिफलित होते हुए अभिव्यक्ति पाते हैं, काव्य-बोध किस प्रकार जीवन-बोध का पर्याय हो जाता है—इन प्रश्नों पर केदार लगातार चिन्तन करते रहे हैं। 'फूल नहीं रंग बोलते हैं' की भूमिका का यह अंश केदार के कविमानस में कार्यरत चिन्तन-प्रक्रिया का उल्लेखनीय साक्ष्य है—"जैसे-जैसे समय बीतता गया, मैं विचार और विवेक में बढ़ता गया और ग़लत से सही की ओर चलता गया। यथार्थ और वास्तविकता को क्रमशः समझता गया। यह समझ और जीवनदृष्टि संघर्ष और द्वन्द्व से आयी। अपने इन्द्रियबोध से मैंने बहिर्जगत का ज्ञान प्राप्त किया। मेरा इन्द्रियबोध मेरे हृदय और मस्तिष्क में पहुँचा। वहाँ उद्वेल हुआ। अनुभूत जीवन से बने व्यक्तित्व से, उस उद्वेल में, मेरे इन्द्रियबोध का सम्पर्क हुआ और वह

उससे समन्वित हुआ। उस सम्पर्क और समन्वय के समय मेरा इन्द्रियबोध एक दिशा पाने लगा। आकार और प्रकार में परिवर्तित होकर वह अस्पष्ट से स्पष्ट और अमूर्त से मूर्त की ओर प्रयाण करने लगा।"

'अपूर्वा' की नयी और महत्त्वपूर्ण कविताओं में एक ओर प्रकृति के वही ऐन्द्रिक अनुभव हैं—स्फूर्तगतिमय—जिनमें *संक्षिप्तता* है, *संगठन* या *कसाव है :*

झरने
झरने को
गुलाब है झुका हुआ,
केवल
अनुमोदन पाने को
रुका हुआ।

दूसरी ओर 'देवली के नर संहार'-जैसी तात्कालिक घटनाओं पर कवि की विक्षुब्ध प्रतिक्रिया है :

आकस्मिक भले हो
प्रधानमन्त्री के जन्म-दिन पर हुई
चौबिस हरिजनों की हत्या।

प्रत्यक्ष है, ऐसी क्रूर घटना पर लिखी गयी कविता से हम कलात्मकता के उसी रूप या तर्क की अपेक्षा नहीं रखते जिसकी अपेक्षा सुकुमार कोमल भावसंवेदन-केन्द्रित कविताओं के सन्दर्भ में की जाती है। कविता अपना प्रकृत काव्यमूल्य खोकर भी इन अमानवीय स्थितियों के विरुद्ध नैतिक-राजनैतिक प्रतिरोध या हस्तक्षेप बनती है। दूसरे प्रकार की कविताएँ केदार के यहाँ अधिक नहीं हैं। यहाँ *निराला* और *नागार्जुन* के रंग में लिखी राजनीतिक कविता 'धरती का शक्ति-पुत्र' का उल्लेख किया जा सकता है, जिसमें व्यंग्य और आक्रोश का मिला-जुला स्वर है। इस कविता में अभियुक्त निडर रहकर सत्तावर्ग से जिरह करता है—

अभियुक्त क्रोध से पागल हो;
कर चला जिरह उन लोगों से;
जैसे गयन्द चीरे कदली का वन का वन,
जैसे जनता सामन्तीगढ़ को करे ध्वस्त,
जैसे समुद्र की बड़ी लहर
मारे छापा,
छोटे जहाज को करे त्रस्त!

पर अन्ततः डिप्टी साहब चटक काले अक्षरों में यही फ़ैसला लिख जाते हैं—

यह भूमि-पुत्र है अपराधी।
यह चोर नकबजन है आदी।
यह चोर टिकाता है घर में
इससे समाज को ख़तरा है।

कथ्यरूप में निकट होकर भी नागार्जुन की 'हरिजन गाथा' इसी ज़मीन पर आगे की कविता है। जिस राजनीतिक संघर्ष की स्थिति से निराला की 'नये पत्ते'–काल की कविताएँ परिचित कराती हैं उसी संघर्ष तक केदारनाथ अग्रवाल की दृष्टि जाती है। आज का राजनीतिक संघर्ष जटिलतर है–उसकी गहरी पहचान के बल पर 'मूल ग़लती' (मुक्तिबोध)-जैसी कविताएँ लिखी गयी हैं। यथार्थवादी काव्यधारा के विकासक्रम में इन तथ्यों पर भी दृष्टि जानी चाहिए। तब केदारनाथ अग्रवाल की वास्तविक शक्ति का भी पता चलेगा और किंचित् सीमा का भी। स्वाधीनता-आन्दोलन और भारत की जनवादी क्रान्ति के प्रति निरन्तर संलग्नता केदार की अपनी विशेषता है। उसके उपयोग की काव्यपद्धति को लेकर कुछ प्रश्न ज़रूर उठ सकते हैं। राजनीतिक संलग्नता और चेतना का निश्चय ही ऐतिहासिक महत्त्व है–उसी अर्थ में असंख्य सीधी सपाट इतिवृत्त या उद्‌बोधन सरीखी कविताओं का भी ऐतिहासिक महत्त्व है, पर एक सीमा के बाद इन राजनीतिक कविताओं के अपने काव्यमूल्य को लेकर विचार सर्वथा अनुपयोगी न होगा।

'साइत और कुसाइत क्या है, जीवन से बढ़ साइत क्या है, काटो काटो काटो करबी, मारो मारो हँसिया, हिंसा और अहिंसा क्या है, जीवन से बढ़ हिंसा क्या है'–इस प्रसिद्ध गीत की व्याख्या करते हुए डॉ. रामविलास शर्मा कहते हैं–"इतने बढ़िया ढंग से और इतने संक्षेप में और बिना बात को स्पष्ट किये हुए इतनी वक्र भंगिमा के साथ उन्होंने सारी बातें कही हैं कि मैं नहीं जानता कि इससे अच्छी कविता और क्या कही जा सकती है।" *संक्षिप्तता, सांकेतिकता, वक्र भंगिमा* जैसे शब्दों से जिस *काव्यविवेक* का, *काव्यमूल्य* का संकेत किया जा रहा है, हम भी यहाँ उसी काव्यमूल्य की चिन्ता कर रहे हैं।

वास्तविकता यह है कि केदार की रुचि छोटी कविताओं में है–उन्हीं में जीवन की बहुवर्णी छायाओं को पकड़ने की कोशिश है। सूक्ष्म संवेगों की सूक्ष्म कविताओं के महत्त्व के प्रति केदार अतिरिक्त सजग भी हैं, जिसके चलते लिखी-अधलिखी कविताओं के प्रति उनका एक-सा ममत्व प्रकट होता है। वे सम्यक् रसास्वाद के लिए लिखी भी नहीं गयी हैं, संवेगों के चुस्त क्षिप्र आभास-भर के लिए लिखी गयी हैं–

मैं हूँ
        आग और बर्फ की वसीयत
मौत जिसे पायेगी
        जीवन से लिखी।

(फूल नहीं रंग बोलते हैं)

× × ×

चिलम पी रहा है
        बूढ़ा हो गया कुआँ
नयी आयी धूप
        हो गयी है धुआँ

(फूल नहीं रंग बोलते हैं)

डॉ. रामविलास शर्मा केदारनाथ अग्रवाल को जहाँ विशिष्ट बोधवाली वैयक्तिक चेतना का कवि कहते हैं, वहाँ उदारतापूर्वक स्वीकार कर लेते हैं कि 'प्रगतिशील मानवीय चेतना और कवियों की, निजी विशिष्ट बोध की वैयक्तिक चेतना कोई *स्थिर इकाई* नहीं है।' (श्रम का सूरज / सं. डॉ. रामविलास शर्मा / पृ. 40) दूसरी ओर 'किसान जनता से अपरिचय'—इसे वे मुक्तिबोध की सबसे बड़ी कमज़ोरी मानते हैं। अर्थात् केदारनाथ अग्रवाल की काव्य-शक्ति का स्रोत किसान-चेतना या संवेदना है। मुक्तिबोध वर्गीय संघर्ष की प्रक्रिया में खेत-मज़दूर, गरीब किसान, प्राथमिक शिक्षक, दरिद्र ग्रामवासी, रिक्शाचालक, गाड़ीवान, बिक्रीकरों से ग्रस्त ग़रीब दुकानदार को शोषण के विरुद्ध एक वर्ग की ही भूमिका में देखते हैं—यथार्थवादी साहित्य की चेतना या दिशा पहचानने के लिए क्या यह तथ्य अप्रासंगिक है—

विचार आते हैं—
लिखते समय नहीं,
        बोझ ढोते वक्त पीठ पर
सिर पर उठाते समय भार
परिश्रम करते समय
चाँद उगता है व
पानी में झलमलाने लगता है
हृदय के पानी में।

मुक्तिबोध की इन पंक्तियों की व्याख्या अस्तित्ववाद के मुहावरे में किस प्रकार की जायगी, कहना कठिन है! श्रम का सौन्दर्य और अर्थ प्रकट करनेवाली यथार्थवादी काव्यधारा में यह सहज प्रगतिशीलता का ही साक्ष्य है या नहीं! इससे भिन्न 'अबकी धान बहुत उपजा है'(केदार) कविता किसान चेतना के बावजूद कमजोर कविता है और कहना कठिन है कि इस 'विजय भाव' की अभिव्यक्ति में किसान-जीवन का यथार्थ कितना है और मध्यवर्गीय स्वभाव की भावुकता कितनी है—

अबकी धान बहुत उपजा है
        पेड़ इकहरे दुगुन गये हैं

धरती पर लद गयी फसल है
    रत्ती-भर अब जगह नहीं है

एक लगन से, एक ध्येय से
    जीवन का श्रम सफल हुआ है
जिन्दादिल होकर उठने को
    खाने को भरपूर मिला है।

यदि केदार की कविताएँ काव्यमर्म की पहचान की कसौटी हैं तो स्वाभाविक है कि केदार की क्षमता या विशिष्टता के साथ विफलता या सीमा का प्रश्न भी उठे। यह केदार के बारे में ही नहीं, निराला, नागार्जुन, शमशेर, मुक्तिबोध और त्रिलोचन के बारे में भी सच है। कहना ज़रूरी नहीं कि प्रगतिशील चेतना निराला में भी है, शेष कवि तो प्रगतिशील काव्यधारा के महत्त्वपूर्ण कवि हैं ही। निराला, नागार्जुन, केदार—यही सही है कि तीनों एक अर्थ में सामाजिक व्यंग्य के कवि हैं, पर पाठक शायद लक्ष्य कर सकें कि निराला और नागार्जुन में जो विनोद वृत्ति (Sense of Humour) या आत्मव्यंग्य है, वह केदार के यहाँ प्रायः अनुपलब्ध है।

केदारनाथ अग्रवाल प्रगतिशील काव्यधारा के प्रतिनिधि और महत्त्वपूर्ण कवि हैं। वे हिन्दी की यथार्थवादी कविता-परम्परा को एक अर्थ में निराला से आगे ले जानेवाले कवि हैं। उन्हें छोड़कर प्रगतिशील कविता का मूल्यांकन असम्भव है। इसलिए भी उनकी कविता की अन्तर्वस्तु, रूपसंगठन या शिल्प और काव्यात्मक प्रभाव को लेकर गम्भीरतापूर्वक विचार किया जाना चाहिए। केदार और मुक्तिबोध ऐसे कवि नहीं हैं कि उनका उपयोग-भर हम अपनी ज़रूरत के अनुसार कर सकें। उन पर गम्भीरतापूर्वक विचार करने का अर्थ है, अब तक सुनिश्चित काव्य-प्रतिमानों पर भी पुनर्विचार! यह महत्त्वपूर्ण काम पूर्वग्रहरहित होकर किया जाना चाहिए।

इसमें सन्देह नहीं कि साधारण की पहचान में केदार की सच्ची सहृदयता प्रकट है। यथार्थ जीवन के संघर्ष-रूपों को भी केदार सहजता में देखते हैं, जैसे अत्यन्त निजी, व्यक्तिगत राग या प्रेम को। विलक्षणता या असाधारणत्व में रुचि—यह उनका क्षेत्र नहीं है। वे प्रायः परिचित दृश्य या तथ्य को सुसंगत तार्किक परिणति तक ले आते हैं और सपाटता का जोखिम बखूबी उठाते हैं। आत्मसंघर्ष और बाह्य संघर्ष का द्वन्द्व भी उनके यहाँ पूर्वनिश्चित्, ज्ञात, सुसंगत तथ्य की तरह उभरता है, इसलिए कई बार द्वन्द्व पर ध्यान नहीं जाता—सहज वस्तुस्थिति की ओर ही ध्यान जाता है। केदार स्वीकार करते हैं कि काव्यविवेक उन्होंने मेहनत करके अर्जित किया है। यह कोरी विनम्रता नहीं, सच्चाई है और इसकी स्वीकृति से किसी कवि का महत्त्व कम नहीं होता। केदार की सौन्दर्य-चेतना असंदिग्ध है—वह अपने-आप में समग्र जीवन-चेतना है। उन्हीं के शब्द हैं—"सौन्दर्य है

क्या, सौन्दर्य न हो तो आप और हम गूँगे की तरह मर जायेंगे, कोई पता नहीं चलेगा; सौन्दर्य तो चेतना की सृष्टि है, यह हमें प्रकृति नहीं देती, प्रकृति में दृश्य देखकर फिर हम चेतना में उसे 'रिक्रिएट' करते हैं। हम उसे स्थापत्य देते हैं। एक नयी सृष्टि देते हैं। मानव की सृष्टि—कविता की सृष्टि—सबसे बड़ी सृष्टि है और यह कभी नाश न होनेवाली सृष्टि है। मगर हम यह सृष्टि बना लें तो क्या कहना है! मुझे उससे बल मिलता है। (कविमित्र से दूर /सं. अजय तिवारी / इब्बार रब्बी / पृ. 55) यही रूपासक्ति केदार की जीवनासक्ति के मूल में है—प्रेरक तत्व है। केदार की *जीवन-आस्था* केवल अवधारणात्मक नहीं है चाहे विचारधारा ही उसे अर्जित या विकसित करने में सहायक हुई हो। अन्त में यह बात पुनः रेखांकित करने की है कि नागार्जुन, केदारनाथ अग्रवाल यथार्थवाद की एक परम्परा के कवि हैं—यथार्थवाद की ही दूसरी परम्परा के कवि हैं मुक्तिबोध! जहाँ तक निराला का प्रश्न है, उनमें शायद दोनों ही परम्पराएँ हैं, जिन्हें उन्होंने छायावाद और यथार्थवाद के सम्बन्ध और संघर्ष की प्रक्रिया में उपलब्ध किया है।

शब्द का परिष्कार स्वयं दिशा है

शमशेर छायावादोत्तर कविता के एक ऐसे महत्त्वपूर्ण और बहुत कुछ अपने ढंग से अकेले या अद्वितीय कवि हैं; जिनकी कविता को 'प्रगतिशील' या 'आधुनिक,' 'यथार्थवादी' या 'प्रतीकवादी,' 'रूमानी' या 'क्लासिकी,' 'अनुभूतिवादी' या 'रूपवादी'-जैसी स्पष्ट निर्णयात्मक संज्ञा देने में कठिनाई होती है। वे छायावादोत्तर कविता के ऐसे कवि भी हैं, जिसकी आस्था यद्यपि *मार्क्सवाद* में है, संस्कारशील झुकाव बहुत दूर तक छायावाद की ओर ही दिखायी देता है। शमशेर की दृष्टि में 'छायावाद' में ऐसे तत्व भी हैं जिनकी सार्थकता यथार्थवादी कवि के लिए उतनी ही है जितनी कल्पनाजीवी कवि के लिए। अब यह स्वीकार भी किया जाने लगा है कि छायावाद के रूप अनेक हैं और उसका यथार्थवाद से स्थिर या स्थायी विरोध नहीं है। *व्यक्तिगत* और *सार्वभौम* के फ़र्क़ को लगभग मिटाकर *शमशेर* अपनी *काव्यानुभूति की निजता* और गहनता, अपने काव्य-स्वर की सच्चाई या खरापन प्रमाणित करते हैं।

यहाँ आरम्भ में ही स्वीकार कर लेना चाहिए कि शमशेर के लिए जितना महत्त्व *काव्यानुभूति* का है, उतना ही *काव्यभाषा* का भी। उनके यहाँ यथार्थ और अयथार्थ के अनोखे विडम्बनापूर्ण साहचर्य में जो काव्यात्मक मुहावरा बनता है उसमें अनेक कला-संवेदनाओं की समझ काम करती है। इन संवेदनात्मक स्पर्शों से ही शमशेर की भाषा में अर्थ-सक्रियता पैदा होती है। जहाँ *संवेदना* का ताप धीमा होता है वहाँ अर्थगति अवरुद्ध या स्थिर जान पड़ती है। शमशेर के संवेदनशील पाठक अब उनके अनुभव और काव्यशिल्प की आन्तरिक समस्याओं से बहुत कुछ परिचित हो चले हैं। शमशेर की समूची काव्योपलब्धि पर ध्यान दें तो पहले ही दिखायी देगा कि उनके काव्य-शब्द स्पर्श, रंग, ध्वनि, लय गति-जैसी संवेदनाओं के व्यंजक हैं। शमशेर की काव्यदृष्टि के पीछे एक निश्चित प्रकार का भाषा-विवेक है जो संवेदनाओं के गहरे विवेक से सम्पृक्त है। शमशेर से शब्द लेकर कहें, तो उनके कविव्यक्तित्व को समृद्ध करनेवाली चीज़ें हैं—मार्मिक भाषाओं के स्वरूप, नाद, प्राचीन हार्दिकताएँ, अत्याधुनिक मर्म की गूँजें। सहज या

नैसार्गिक, अदृश्य-अमूर्त्त और अप्रत्याशित के प्रति उत्सुक शमशेर अनुभव करते हैं कि उनका कल्पनालोक 'रुके हुए साँस' की 'बारीक काट' या सूक्ष्म प्रत्याख्यान है। वह अपने-आप में एक स्थगित काव्यानुभव या काव्यजीवन का पुनरारम्भ है। आदर्श रूप में कला जहाँ मानव-आत्मा का सबसे बड़ा संघर्ष बनती है, वहीं, शमशेर अपनी कविता की सार्थकता मानते हैं। व्यवहार में हमेशा यह स्थिति सुलभ नहीं होती। कारण शमशेर के अपने हैं और वे बहुत कुछ उनकी कविता-विषयक बुनियादी अवधारणा में ही निहित हैं।

उल्लेखनीय तथ्य यह है कि शमशेर की आस्था मार्क्सवादी विचारधारा और जीवनदर्शन में रही है। इसके बावजूद मार्क्सवाद के साथ उनके कवि-व्यक्तित्व या काव्य-मानस का सम्बन्ध प्रायः द्वन्द्वात्मक रहा है। 'लेकर सीधा नारा' (1941) शमशेर की प्रसिद्ध कविता है, जो प्रगतिशील आन्दोलन के इतिहास में महत्त्वपूर्ण समझी गयी है। ध्यान से देखें तो इस कविता में भी शमशेर की आन्तरिक समस्या अभिव्यक्त हुई है जो अपनी मूल आस्था की जाँच करने के सिलसिले में पैदा होती है—

> लेकर सीधा नारा
> कौन पुकारा
> अन्तिम आशाओं की संध्याओं से
> मैं समाज तो नहीं, न मैं कुल
>   जीवन,
> कण समूह में हूँ मैं केवल
>   एक कण
> कौन सहारा

शमशेर की कविताओं के पहले अप्रकाशित संग्रह 'उदिता' का इधर जिस रूप में प्रकाशन हुआ है उसमें 1980 की नयी भूमिका के साथ 1949 की अप्रकाशित भूमिका भी दी गयी है। इन दोनों भूमिकाओं के बीच लगभग तीस वर्षों का अन्तराल है। इस बीच शमशेर के तीन संग्रह प्रकाशित हुए—कुछ कविताएँ (1959), कुछ और कविताएँ (1961), चुका भी हूँ नहीं मैं (1975)। इनसे शमशेर की महत्त्वपूर्ण पहचान बनी और उन्हें नयी कविता के प्रथम नागरिक-जैसी प्रतिष्ठा मिली। शमशेर का आत्मसंघर्ष भी पाठकों के लिए ज़रूरी संकेत दे सका, जिनके आधार पर शमशेर के काव्य-संसार की व्याख्या की जा सकती है। यहाँ याद करने की ज़रूरत है कि प्रगतिवादी आन्दोलन के लिए 1949 की 'भूमिका' में शमशेर ने स्वीकार किया था कि वह आज की ज़िन्दगी की सच्ची परख का आन्दोलन है, कला को ज़िन्दगी की गहरी नींवों पर ऊपर उठाने का आन्दोलन है। वहाँ उन्होंने यह भी जोड़ने की ज़रूरत महसूस की थी कि वे अपने वर्ग-संस्कारों के क्षेत्र से ही 'मेहनतकशों के कवि' का रूप नहीं ले सके। शमशेर विशेष अर्थ में अपनी कविता को मज़बूरी और लाचारी की कविता बता रहे थे। उन्होंने बहुत कुछ स्वयमालाप के रूप में अपने कवि-कर्म को परिभाषित किया था। 'मैं अपने-आप से बातें करता हूँ। हम सब एक न एक क्षण में

करते हैं, बेमानी बातें—ख़ामख़यालियाँ—बेसिर-पैर के कुलाबे : उनका कोई छन्द होता··· हाँ, छन्द होता है और ठहराव भी और तालसुर की चोटें और थाप और गिराव भी होता है।' शमशेर की काव्यप्रकृति को समझने में यह आरम्भिक वक्तव्य एक हद तक सहायक हो सकता है। इसमें सन्देह नहीं कि असंगत चीज़ों, स्थितियों की लय को पकड़ने की कोशिश शमशेर के काव्यप्रयत्न का हिस्सा रही है। अब 'उदिता' की 1980 की भूमिका के इस हिस्से को देखें जहाँ शमशेर अपने आरम्भिक काव्य-संघर्ष को याद करते हैं—"*उस ज़माने में मैंने अपनी घोर वैयक्तिक अनार्किक भावुकता, रोमानी आदर्शवाद* आदि से *रचनात्मक संघर्ष* शुरू कर दिया था और मार्क्सवादी मॉडल प्रबल रूप से मुझे अपनी ओर खींच रहे थे। उर्दू कविता का शानदार प्रगतिशील भार भी प्रभावित कर रहा था। धीरे-धीरे, मगर काफ़ी धीरे कुछ परिवर्तन आया। पर मेरी असली ज़मीन तो *रोमानी* ही थी, रोमानी ही बनी रही, जिसमें *इक़बाल* और *शैली* आदर्श मार्क्सवाद और निराला और रवीन्द्रनाथ के छायावादी या रहस्यवादी अद्वैत की छाया भी कहीं-न-कहीं शामिल थी।" कहने की ज़रूरत नहीं कि अपने स्वर को सच्चाई देने के लिए ही शमशेर ने अपने बुनियादी काव्यगुणों को सुरक्षित रखा और उन्हें अपनी अधिक आन्तरिक और गहरी जीवनासक्ति से समृद्ध किया।

सच यह है कि शमशेर की रोमानी कल्पना के भी दो रूप आरम्भिक कविताओं में हैं। एक ओर छायावाद का कोमल गीतात्मक-भावात्मक अहसास़ है—'मैं दुखी आषाढ़ घन-सा / बरसकर भू में समाता / यह हृदय अपना नहीं है / यह व्यथा अपनी नहीं अब / प्राण किसके हो गये हैं / सुधि हमें इसकी नहीं अब !' दूसरी ओर उत्तर-छायावाद की तीखी यथार्थ अनुभूति व्यंजित है—'स्थिर है शव-सी बात / लटका है पश्चिम के घर में/आधा चाँद कटोरा काँसे का-सा/सीसे की-सी-नीली रात।' जहाँ—'गायें मैली, सफेद, काली, भूरी। पत्थर ढुलके पड़े। पेड़ स्थिर नीरव'—इस प्रकार के स्थिर जीवन-चित्र हैं, वहीं प्रकृति जीवन की अन्तःस्फूर्त गति के प्रति सचेत शमशेर का यह स्वर भी है जो निराला की ऊर्जा की याद दिलाता है—

> ढीली इस जीवन की कमान
> कसनी है,
> छूटेंगे जिस पर कड़े प्राण
> के तीर, जो कि
> भेदेंगे सातों आसमान

संघर्ष-चेतना रोमाण्टिक अनुभूति के साथ-साथ शमशेर के काव्य-जीवन में अभिव्यक्ति पाती रही है। *'य' शाम है'* ग्वालियर की एक खूनी शाम का चित्र है। इस यथातथ्य वर्णन में भी कुछ ऐसा ज़रूर जुड़ गया है कि कविता सादे बयान के बावजूद गहरा प्रभाव छोड़ पाती है। सीधा बयान भी शमशेर की दृष्टि में कविता के बाहर की चीज़ नहीं, यदि खरी अनुभूति के साथ आवेग को संयमित करने का बल हो। आवेग और संयम जहाँ एक साथ हों वहीं 'य'

शाम है'-जैसी कविता लिखी जा सकती है—

'य' शाम है
कि आसमान खेत है पके हुए अनाज का
लपक उठीं लहू-भरी दराँतियाँ
—कि आग है :

धुआँ धुआँ
सुलग रहा
गवालियर के मजूर का हृदय

'अमन का राग' लम्बी कविता है—प्रयोजन सापेक्ष। शमशेर बताना चाहते हैं कि 'सब संस्कृतियाँ मेरे सरगम में विभोर हैं / क्योंकि मैं हृदय की सच्ची सुख-शान्ति का राग हूँ / बहुत आदिम बहुत अभिनव।' शमशेर के लिए इतिहास की अनुभूतियों का अर्थ है—बहुत गहरी नींवों में जागती सच्चाइयाँ। यहाँ हम याद रख सकते हैं कि एक क्लासिक कवि में भी अपनी रोमानी ऊँचाई का अहसास होता है जैसा ग़ालिब में था, निराला में भी। शमशेर के यहाँ भी वह अलक्ष्य नहीं। 'ओ मेरे घर' कविता में शमशेर की उक्तिभंगिमा अस्तित्व की विकलता सूचित करती है—

तूने युद्ध ही मुझे दिया
प्रेम ही मुझे दिया क्रूरतम कटुतम
और क्या दिया
मुझे भगवान दिये कई-कई
मुझसे भी निरीह, मुझसे भी निरीह
फिर मुझे जागना दिया, यह कहकर कि
लो और सोओ।
और वही तलवारें अँधेरे की
अन्तिम लोरियों के बावजूद!
इन्सान के अँखौटे में डालकर मुझे
सबकुछ तो दे दिया!
जब मुझे मेरे कवि का बीज दिया कटु-तिक्त
फिर एक ही जन्म में और क्या-क्या
चाहिए।

प्रेम है तो कटुता, क्रूरता, कटु-तिक्त बीज का सन्दर्भ भी है। प्रेम भी यहाँ जटिलतारहित नहीं, वह लगभग एक सम्पूर्ण जीवन ही है। शमशेर की दुनिया में संघर्ष-पक्ष की कविता रोमाण्टिक अनुभूतियों की कविता के साथ-साथ जीवित है। वह अलग-थलग आत्मगर्व से

सन्तुष्ट नहीं है। जहाँ शमशेर संघर्ष की वास्तविकता के बारे में चुप हैं, वहाँ भी वह रोमाण्टिक अनुभूति का हिस्सा बनकर व्यक्त होता है। यह ज़रूर कहा जा सकता है कि संघर्ष का यथार्थ भी शमशेर के यहाँ बहुत सूक्ष्म, बहुत गूढ़ हो जाता है। 1938 में लिखी ये पक्तियाँ शमशेर के व्यक्तित्व की निजी विशिष्टता को प्रत्यक्ष करती हैं–

आज अकेले किसके प्राण
मेरे कवि के! मेरे कवि के
जिसने जीवन के सम्मान
फूँक दिये आँगन में छवि के

'छवि के आँगन' की कल्पना बड़ी है और छवि के आँगन में जीवन के सम्मान को मिटा देने की अर्थ-व्यंजना दूर तक जाती है। उसे व्यक्तित्व का लोप या अहं का विलय भी कह सकत हैं। रामविलास शर्मा ने उत्तर छायावादी काव्यबोध से प्रभावित शमशेर के आत्म-संघर्ष का उल्लेख किया है, मार्क्सवाद और इलियट, पाउंड के प्रभाव की बीच की दुविधा का ज़िक्र किया है, यथार्थवाद में संक्रमित रहस्यवाद को लक्ष्य किया है और लिखा है–"उनकी उलझनों का एक कारण यह है कि वे अपने रीतिवादी रूमानी सौन्दर्यबोध से अपने मार्क्सवादी विवेक की संगति नहीं बिठा पाये।" (नयी कविता और अस्तित्ववाद, /प्र. सं., / पृ. ९०) रूमानी सौन्दर्यबोध को सीधे रीतिवाद के हिस्से में डाल देना कहाँ तक उचित है, विचार करने की चीज़ है। क्या बताने की ज़रूरत है कि नेरूदा सरीखे प्रगतिशील, क्रान्तिकारी और व्यापक अर्थ में जीवनधर्मी कवि के यहाँ भी गहरे रूमानी संस्कार हैं। साथ ही यथार्थ और अयथार्थ का जादुई काव्यात्मक संघटन भी है। शमशेर की काव्यात्मक सीमा या विफलता पर टिप्पणी अज्ञेय ने भी की है और उनके अन्तर्विरोधों को विफलता का मूल कारण ठहराया है। 'अन्तरा' में *अज्ञेय* लिखते हैं–"*कीट्स जैसी प्रबल ऐन्द्रयिकता से सम्पन्न एक अत्यन्त सूक्ष्म संवेदनवाला* जीव। स्वभाव से संकोची और साधनों की कमी के कारण और भी लोक-विमुख–सिर्फ़ अन्तर्मुख नहीं। शिक्षा उर्दू की, यानी संस्कार सब रोमानियत के, फिर बुद्धि की दीक्षा यानी प्रगतिशील नाम से पार्टीगत कम्युनिज़्म– यानी हठपूर्वक जनवादी। अपने को नकारने के इस हठ का और क्या परिणाम हो सकता है सिवा उसके जो हुआ। द्विभाजित चेतना, थरथराता अब टूटा अब टूटा तनाव, अतियथार्थ (सुर्रीयलिस्ट), खण्डित चित्र बिम्बों का काव्य : एक कवि जिसके पास अपने काव्य की समस्याओं में से किसी का कोई उत्तर नहीं है न हो सकता है –" अन्तर्विरोध शमशेर की विफलता के ही सूचक नहीं हैं, उनके काव्य-जीवन की आन्तरिक समृद्धि की भी सूचना देते हैं। शमशेर की काव्यवस्तु का क्षेत्र सीमित हो सकता है। वे विषयक्षेत्र सीमित हो सकते हैं जिनमें वे अपने को प्रकट करते हैं पर जिन रूपों में वे अपने को प्रकट करते हैं उन्हीं में उनकी काव्यात्मकता का विस्तार भी दिखायी देता है, गहनता भी दिखायी देती है। यथासम्भव अपनी सीमा में रहकर सीमा का अतिक्रमण शमशेर भी करते हैं। मार्क्सवाद को लेकर जो द्वन्द्व शमशेर के मन में हैं वह उन्हें सीधे 'व्यक्तिवाद' के

खेमे में ले जाने की छूट नहीं देता। शमशेर के यहाँ प्रेम की पीड़ा भी नयी मनुष्यता-अर्जित करने की विकलता का रूप ले लेती है। जब वे कहते हैं—"*काव्यकला समेत जीवन के सारे व्यापार एक लीला ही हैं* — और यह लीला मनुष्य के सामाजिक जीवन के उत्कर्ष के लिए निरन्तर संघर्ष की ही लीला है" (चुका भी हूँ नहीं मैं)—तो अपनी रोमांटिक अनुभूति का परिक्षेत्र अधिक विस्तृत कर लेना चाहते हैं। जहाँ संघर्ष के सौन्दर्य की स्वीकृति हो वहाँ लीला-जैसे शब्द का वही अर्थ नहीं होगा जो भक्ति के साम्प्रदायिक अभिप्राय के रूप में रूढ़ है। इस 'लीला' में जीवनोन्मुखता भी है और कल्पना का विस्तार भी।

शमशेर के लिए कला का अर्थ *जीवन की भरी-पूरी गति है,* इसलिए 'अमन का राग'-जैसी कविताएँ लिखने का काम वे दूसरों पर नहीं छोड़ते। जिन्होंने काव्यात्मकता की सीमाएँ निश्चित कर ली हैं वे ही संघर्ष से सौन्दर्य को अलग करके देखना चाहते हैं। शमशेर की कविता में उस सौन्दर्य की पहचान भी है, जो सामाजिक स्थितियों से निर्धारित होती है। 'कुछ और कविताएँ' की भूमिका के आधार पर भी मार्क्सवादी आस्था से शमशेर के विचलन के सूत्र या संकेत खोजे गये हैं। शमशेर या किसी भी मार्क्सवादी कवि को यह कहने की छूट तो होनी चाहिए, "कविता में सामाजिक अनुभूति काव्य-पक्ष के अन्तर्गत ही महत्त्वपूर्ण हो सकती हैं।" यह कथन भी मार्क्सवाद से विचलन क्यों है—"कवि का कर्म अपनी भावनाओं में, अपनी प्रेरणाओं में, अपने आन्तरिक संस्कारों में, समाजसत्य के मर्म को ढालना—उसमें अपने को पाना है और उस पाने को अपनी पूरी कलात्मक क्षमता से, पूरी सच्चाई के साथ व्यक्त करना है, जहाँ तक वह कर सकता हो।" शमशेर की काव्यानुभूति व्यापक जीवन-दृष्टि का रूप नहीं लेती, फिर भी उसमें जीवन-स्पर्श नगण्य नहीं है। *सौन्दर्य, प्रेम, प्रकृति* के कवि के रूप में भी शमशेर जहाँ-तहाँ *जीवन-दृष्टि* की झलक देते हैं। प्रकृति में जीवन का अनुभव प्रत्यक्ष जीवन की स्वीकृति भी है और मुक्ति की आकांक्षा भी—

घिर गया है समय का रथ कहीं
लालिमा से मढ़ गया है राग
भावना की तुंग लहरें
पन्थ अपना, अन्त अपना जान
रोलती हैं मुक्ति के उद्गार

यदि यह सपाट कथन है और सपाट कथन होने-भर से कविता के बाहर की चीज़ है तो सभी बड़े कवियों के कृतित्व का बहुत-सा अंश छोड़ देना होगा। तब शायद उनकी दुनिया भी उतनी विविध, उतनी जीवन-समृद्ध नहीं दिखायी देगी, जैसी उन साधारण सपाट वक्तव्य सरीखी जान पड़नेवाली कविताओं के साथ दिखायी देती है। *पुश्किन* ने दो तरह की *असंगतियों* की चर्चा की है—एक *जहाँ भावावेग क्षीण होता है* और *शब्द विचारों की जगह ले लेते हैं, दूसरी जहाँ भावावेग तीव्रप्रवाही होते हैं पर विचार अनुपयुक्त शब्दों में प्रकट होते हैं।* शमशेर की और जो भी सीमाएँ हों, उनकी विशिष्टता यह है कि भावावेग भी

तीव्रप्रवाही है और शब्द भी अचूक संवेदनात्मक। क्लासिक पूर्णता के आदर्श कवि जायसी जिस सौन्दर्य को 'सुभर सरोवर' कहते हैं और सौन्दर्य में वे जैसी व्याप्ति देखते हैं, प्रकृति के सौन्दर्य के प्रति या प्रकृति में सौन्दर्य के प्रति शमशेर का आकर्षण उसी व्याप्ति के प्रति आकर्षण है। 'सौन्दर्य' शीर्षक कविता में सहस्रदली होंठों से दिशाओं को छूनेवाले कमल की बात कही गयी है। 'भर आँख देखने' के इस अनुभव को दृष्टि की संवेदना अकेले कह पाने में असमर्थ है, इसलिए रूप और स्पर्श की संवेदना का भी उपयोग किया गया है—

> एक सोने की घाटी जैसे उड़ चली
> जब तूने अपने हाथ उठाकर
> मुझे देखा
> एक कमल सहस्रदली होंठों से
> दिशाओं को छूने लगा
> जब तूने आँख-भर मुझे देखा

जायसी से तुलनीय ठहराने के कारण और 'सहस्रदली'-जैसे शब्द-प्रयोग के चलते किसी को रहस्यवाद का भ्रम होने लगे तो 'आँख-भर देखा' जैसे ठेठ बोलचाल के मुहावरे की अर्थध्वनि की ओर भी ध्यान दिलाना चाहिए। प्रिय के रूप की अतिशयता और व्याप्ति से भी रहस्यवाद का भ्रम न हो, इसलिए कविता में ही शुद्ध लौकिक विकलता की बात कही गयी है—

> हाँ तेरी हँसी को मैं उषा की भाप से निर्मित
> गुलाब की बिखरती पंखुड़ियाँ ही समझता था
> मगर वह मेरा हृदय भी कभी छील डालेगी
> मुझे मालूम न था

(सौन्दर्य / इतने पास अपने / पृ. 57)

'सौन्दर्य' शीर्षक से ही एक कविता 'चुका भी हूँ नहीं मैं' संग्रह में भी है। यहाँ रहस्यवाद के भ्रम की कुछ ज़्यादा ही गुंजाइश है—यद्यपि प्रेम की विकलता का निषेध करके नहीं—'ओ स्पर्श / मुझे क्षमा करना / कि तुम मुझी में होकर मुझी से परे हो / *ओ माध्यम / क्षमा करना / कि मैं तुम्हारे पार जाना चाहता रहा हूँ*।' एक अर्थ में यह व्याख्या काव्यानुभूति या अभिव्यक्ति-प्रक्रिया से भी जुड़ सकती है। शमशेर के लिए कवि-कर्म भी सौन्दर्य-चिन्ता का विषय है। सौन्दर्य की अर्थवत्ता भी उनके लिए कहीं अधिक गहरी है। शमशेर की सौन्दर्यानुभूति में लोक और लोकोत्तर का द्वन्द्व अकल्पनीय नहीं है, पर उसके निर्दिष्ट रहस्यवादी या आध्यात्मिक अर्थ निकाले जायँ तो यह शमशेर की बुनियादी काव्य-प्रकृति के प्रति अन्याय ही माना जायेगा। शमशेर के प्रकृति-चित्रों को देखें तो वहाँ प्रायः मानवीय उपस्थिति ही प्रकृति को और स्वयं कविता को अर्थमय बनाती है। शमशेर में यह विवेक 1939 की कविता 'सूना सूना पथ है उदास झरना' में भी दिखायी देगा और एक बड़े

अन्तराल के बाद की कविता 'धूप कोठरी के आइने में खड़ी' (1959) में भी।

सूना सूना पथ है, उदास झरना
एक धुँधली बादल रेखा पर टिका हुआ
आसमान
जहाँ वह काली युवती
हँसी थी

कविता का उत्तरांश (जहाँ वह काली युवती हँसी थी) भी जैसे प्रकृति-बोध का ही हिस्सा हो। 'धूप कोठरी के आइने में खड़ी' कविता में 'कोठरी' से 'आँगन' और 'आँगन' से 'नभ' यह क्रम भी विचारणीय है, जैसे एक आरोह का चित्र-क्रम हो। फिर 'नभ' से 'बहुत नन्हा फूल' और 'माँ की स्मृति'—यह अवरोह जैसा चित्र-क्रम भी विचारणीय है। प्रकृति-चित्रों में मानवीय उपस्थिति का बोध जीवनोन्मुख अनुभूतियों के प्रसार से ही सम्भव होता है।

शमशेर के यहाँ जीवनानुभूति से कम बल कलात्मक अनुभूति पर नहीं, पर कलात्मक अनुभूति भी अपने में एक अन्तर्जीवन छिपाये रहती है। यह ज़रूर है कि शमशेर की कविता एक आत्मीय स्वर का आत्मीय स्वर के प्रति सम्बोधन जान पड़ती है। इसी अर्थ में वह कई बार स्वयमालाप प्रतीत होती है पर यह शमशेर के काव्यविधान की विशिष्टता के कारण भी है। काव्यविधान की विशिष्टता का सवाल उठते ही शमशेर की अमूर्तविधान विषयक धारणा सामने आती है। 'अमूर्त का विधान लेनेवाली कला ख़ास तौर से हमारे मन की अन्दरूनी सच्चाइयों के जितना निकट होती है उतना उस ढंग से मूर्त यानी साफ़-सीधी नज़र आनेवाली सच्चाई नहीं होती, क्योंकि हम अपनी भावनाओं में बहुत कुछ अपने अन्दर का ही जीवन जीते हैं।' शमशेर कविता के आत्मसंघर्ष में, रचनात्मक संगठन या संयोजन में, बड़े जीवन-यथार्थ का यदि समावेश नहीं कर सके हैं और यथार्थ की जटिलताओं को मानसिक़ संवेदनाओं के उलझाव में सीमित करके ही दिखा सके हैं तो इसे उनकी काव्यात्मक ज़िद भी मान सकते हैं और अपने विशेष अभिव्यक्ति रूप या काव्य-प्रकार में स्थिर आस्था भी। कवियों के बीच तुलना बहुत सुखद प्रसंग नहीं है—इसके बाद भी तुलनात्मक विश्लेषण से आलोचना बच नहीं सकती। यह विश्लेषण तुलनात्मक न्याय भी बने—इसमें समय लगता है। एक दृष्टि के अनुसार नागार्जुन शमशेर से बड़े कवि कहे जा सकते हैं। नागार्जुन का जीवनबोध भी व्यापक है और काव्यबोध भी। नागार्जुन का काव्य-संसार *विविध, विषमरूपात्मक, आवेगमय, उत्तेजक* और कहीं अधिक *जीवनधर्मी* है। नागार्जुन काव्यात्मकता का प्रमाण वहाँ भी देते हैं जहाँ उसके लिए कोई जगह नहीं होती। इस दृष्टि से शमशेर की सीमाएँ स्पष्ट हैं। वे काव्यात्मक विषयों पर ही कविता लिखते आये हैं। अपवादस्वरूप कुछ विनोदपूर्ण कौतुकी प्रयोग उनके यहाँ ज़रूर हैं, पर बहुत कम। दूसरे तर्क से *शमशेर केदारनाथ अग्रवाल* से बड़े कवि हैं। चीज़ों के प्रति शमशेर में जो संवेदनात्मक लगाव या उत्सुकता है, वह बेजोड़ है। उनका काव्यानुशासन भी अचूक है। केदारनाथ अग्रवाल में जीवनोन्मुखता, सहज मानवीय लगाव, काव्यात्मक

सरलता, गीतात्मक सरलता-जैसी विशेषताएँ अर्थ रखती हैं। इन गुणों के आधार पर उनकी विशिष्टता या महानता भी स्वीकृत तथ्य है। केदारनाथ अग्रवाल के यहाँ जैसी निश्छल सरलता है वह न नागार्जुन के यहाँ है न शमशेर के यहाँ। शमशेर की सरलता *सरल* से भी गूढ़ ··· *गूढ़तर* है। तुलनात्मक विश्लेषण हम स्थान-निर्धारण के लिए नहीं, शमशेर की काव्य-प्रकृति को ठीक-ठीक समझने के उद्देश्य से करना चाहते हैं। शमशेर ठीक कहते हैं कि शैली का यथार्थवादी या प्रतीकात्मक होना किसी कलाकृति का मूल्य नहीं निर्धारित करता, कोई कलाकृति किसी अनुभूति को कितनी सच्चाई और सफलता से व्यक्त करती है, इस पर ही उसका मूल्य है। इस धारणा से इनकार करना कठिन है पर यहीं अनुभूति की प्रकृति के साथ अनुभूति की सीमा और सच्चाई के साथ जटिलता और व्यापकता-जैसे प्रश्न भी उठेंगे। *स्पर्शकोमलभाषा, सूक्ष्म संवेदनाघातों की भाषा, कलात्मक अनुभूति को प्रमाणित करनेवाली भाषा* का मर्म अपनी जगह महत्त्वपूर्ण है। पर महान् कविता की भाषा से अपेक्षा यह की जाती है कि वह एक स्तर पर चलकर अनेक स्तरों का बोध करा सके—एक आयाम में स्थिर होकर भी अनेक आयामों का आभास दे सके। शमशेर की कविता 'एक नीला दरिया बरस रहा' महत्त्वपूर्ण ही नहीं, महान् कविता है तो इसीलिए कि उसकी भाषा में *बहुस्तरीयता* है, बृहत्तर अर्थ-सम्भावना है। यहाँ कविता के रोमान को कविता का यथार्थ लगातार विचलित करता है। रोमान-यथार्थ के द्वन्द्व में ही यह कविता अपना वांछित अर्थ तथा मूल्य उपलब्ध करती है। इस कविता में न तो वैयक्तिता के लिए संकोच है, न युगभाव के लिए, न इन्तिहाई गहराइयों के लिए, न अनापशनाप के लिए। समय और स्थान के अभिप्रायों का परस्पर संघर्ष एक निरन्तर सक्रिय काव्य-व्यापार है।

> समय के
> चौराहों के चकित केन्द्रों से
> उद्भूत होता है कोई 'उसे-व्यक्ति-कहो'
> कि यही काव्य है।
> आत्मतम।
> इसलिए उसमें अपने को खो दिया
> जाना गवारा करता हूँ
> क्योंकि वहाँ मेरा एक महीन युग-भाव है—

अज्ञेय की 'यह दीप अकेला' 'नदी के द्वीप'-जैसी कविताओं से इस कविता की तुलना दिलचस्प होगी—वहाँ सामाजिकता की बोधवृत्ति स्वीकृति की घोषणा के बावजूद उतनी विश्वसनीय नहीं, सामाजिकता के पक्ष में जितनी विश्वसनीय या प्रामाणित सामाजिकता की यह अस्वीकृति जान पड़ती है। यहाँ स्वीकृति अस्वीकृति का द्वन्द्व केवल धारणात्मक नहीं।

शमशेर के काव्य-संसार में कल्पना का वह रूप भी दिखायी देता है जहाँ *ऐन्द्रिकता*

उन्मुक्तता, अर्थसघनता के साथ *मूर्तता* है और कविता के मर्म या अर्थ के उद्घाटन में वह सहायक भी होती है, साथ ही वह रूप भी दिखायी देता है जहाँ अमूर्तन लगभग एक मनोवैज्ञानिक उलझन या ग्रन्थि बनकर मौजूद है और कविता के मर्म या अर्थ के उद्घाटन में सबसे बड़ी बाधा है।

आँख योनि गुलाब दरिया का भँवर
        खुलती हुई शाम
डूबता सूरज
        अँधेरी की मिठास में

शमशेर इन संकेतों से, इन छूटी हुई जगहों से क्या कहना चाहते हैं। यहाँ संकेत भी *नैतिक संकोच* की काट हैं या *नैतिक संकट* के पोषक ! संकेत स्थूल से अधिक अर्थ दे पा रहे हैं या अर्थ की छूट अनर्थ को ही प्रोत्साहन दे रही है! डॉ. रामविलास शर्मा जिसे 'चमत्कारप्रियता' कहते हैं, शमशेर की समस्या उससे अधिक उलझी और शायद बड़ी समस्या है। अमूर्तन की पद्धति मात्र को दोष देना गलत होगा। किसी भी काव्य-मुक्ति की सार्थकता या सीमा काव्यार्थ की मूल्यवत्ता की जाँच के आधार पर ही निश्चित की जा सकती है। 'सींग और नाखून', 'शिला का खून पीती थी'-जैसी कविताओं की दुरूहता केवल अमूर्तता के कारण नहीं है। वस्तुतत्व के निषेध के साथ आत्मनिषेध का संकट भी वहाँ अलक्ष्य नहीं है। उनकी तुलना में 'आओ', 'टूटी हुई बिखरी हुई'-जैसी कविताओं में पूरी संरचना ही वस्तुमूलक जान पड़ती है।

तैरती आती है बहार
पाल गिराए हुए
भीनें गुलाब-पीले गुलाब
                के
तैरती आती है बहार
ख़ाब के दरिया में
उफ़क से
जहाँ मौत के रंगीन पहाड़
                हैं

इन अनुभव-स्थलों से चलकर हम उस अनुभव तक जाते हैं जहाँ यकायक अमूर्त संरचना में मूर्त वास्तविकता का दख़ल महत्त्वपूर्ण हो उठता है—

कोई पास नहीं है—
बजुज़ एक सुराही के
बजुज़ एक चटाई के,

बजुज़ एक ज़रा-से आकाश के,
जो मेरा पड़ोसी है मेरी छत पर

शमशेर *अमूर्तन* से वह काम भी लेते हैं जिसमें ग़ालिब-जैसी *कलासिकी संवेदना* के कवियों की ख़ास दिलचस्पी रही है, जिसे हम *सौन्दर्य* और *विसंगति*, *आत्मीयता* और *अजनबीपन*, *उदात्त* और *ऊलजलूल* का अनोखा मिश्रण कह सकते हैं। प्रकट रूप से यहाँ भंगिमा ही वस्तु से महत्त्वपूर्ण होती है पर गहरे जाकर वस्तु की जटिलता से सामना अनिवार्य हो उठता है। शमशेर ने अपनी कुछ निश्चित सीमाएँ न बना ली होतीं तो इस जटिल काव्य-संगठन के परिणाम भिन्न और अधिक गुणात्मक होते। मलयज अन्तर्विरोधों को शमशेर की काव्य-सीमा बताते हैं। शमशेर की अपनी सीमाएँ न होतीं तो अन्तर्विरोध ही काव्यक्षमता के कारण होते। उदात्त और ऊलजलूल का अन्तर्विरोध ही शमशेर की कविता में एक नये तीखे उत्तेजक प्रभाव का कारण बनता है। यहाँ वस्तु-रूप की द्वन्द्वात्मकता भी काव्यप्रभाव की वृद्धि में सहायक होती है—

आईनो रोशनाई में घुल जाओ और आसमान में
मुझे लिखो और मुझे पढ़ो
आईनो मुस्कराओ और मुझे मार डालो
आईनो मैं तुम्हारी जिन्दगी हूँ

खिलवाड़, साहस, अराजकता को भी काव्यात्मक सार्थकता में सहयोगी अथवा उपयोगी बनाने के लिए भीतर और बाहर की सच्चाई के द्वन्द्व की प्रतीति आवश्यक होती है। इसके अभाव में *काव्यात्मक जटिलता* या दुरूहता भी प्रायः *अभ्यास* होती है। यह खण्ड-खण्ड-संरचना में न सही, समग्र परिणाम में इकहरी और एकायामी होती है। तुलना की दृष्टि से देखें तो नागार्जुन की कविता में शमशेर की अपेक्षा वस्तुबोध ही नहीं, रूप-विधान भी चकित करनेवाला है। शमशेर अपने परिचित रूपतन्त्र में इतने सिद्ध कवि हैं कि अब उनकी रूपगत नवीनता भी हमारे अनुभवों में कुछ ख़ास जोड़नेवाला काव्यात्मक आश्चर्य नहीं रह गयी है।

कविता में उदात्त का पुनराविष्कार

छायावाद के बाद प्रगतिशील यथार्थवादी धारा के महत्त्वपूर्ण कवियों में *मुक्तिबोध* एक ऐसे कवि हैं, जिन्होंने लगभग बीहड़ जगहों में कविता की सम्भावनाएँ खोजने और चरितार्थ करने की कोशिश की। छायावादी संस्कारों से प्रेरित उनके आरम्भिक रोमानी कवि-मानस में भी यथार्थ-चिन्ता की जहाँ-तहाँ उद्विग्न झलक मिल जाती है। दार्शनिक-सामाजिक चिन्तन-प्रक्रिया के अनुरूप जो विशिष्ट काव्यरूप उन्होंने विकसित किया, वह निस्सन्देह उनका अपना आविष्कार है। वे ऐसे कवि के रूप में जाने गये जिनका अनुकरण सम्भव नहीं। फिर भी पिछले बीस वर्षों के काव्य-परिदृश्य पर उनकी कविता और काव्य-सम्बन्धी मान्यताओं की स्पष्ट छाप है। उसे समझने के लिए मुक्तिबोध के काव्य-संसार की विशिष्टता का सम्यक् मूल्यांकन ज़रूरी है।

यहाँ आरम्भ में ही स्पष्ट कर देना चाहिए कि स्थूल समाजशास्त्र या सामान्य मनोविश्लेषणवाद की अपनी युक्तियों के आधार पर मुक्तिबोध या किसी बड़े कवि के काव्य-संसार की विशिष्टता का मूल्यांकन असम्भव है। यह स्पष्टीकरण इसलिए ज़रूरी है कि इधर ऐसी युक्तियों का दख़ल आलोचना के क्षेत्र में बढ़ा है और वांछित निष्कर्षों के लिए उन्हें ही सबकुछ मान लिया गया है। कुछ आश्चर्य नहीं कि ऐसे प्रयत्न गम्भीर काव्य-चिन्तन की सम्भावना को एक तरह की सनसनी के तात्कालिक क्षेत्र में ही सीमित कर देते हैं। इस प्रकार के आलोचनात्मक पूर्वग्रहों के प्रति एलेनटेट-जैसे काव्य-समीक्षकों की चिन्ता सर्वथा निराधार नहीं है। कविता के भीतर और बाहर की वास्तविकता के जटिल, कभी-कभी द्वन्द्वमूलक सम्बन्धों को ठीक-ठीक समझने के लिए कविता का समग्र संगठन आज भी अधिक विश्वसनीय हो सकता है।

1936 से 1964 के बीच लिखी मुक्तिबोध की कविताएँ समय की कठोर वास्तविकता का जीवन्त साक्ष्य हैं। वे वर्तमान जीवन की धज्जियों का तार-तार विश्लेषित करनेवाली कविताएँ हैं। पर यह एक दुखद तथ्य है कि उन पर गम्भीरतापूर्वक विचार करने की स्थिति मुक्तिबोध की कठिन बीमारी और मृत्यु (1964) के बाद ही पैदा हुई। अनेक कारणों में एक

यह भी प्रमुख कारण था कि मुक्तिबोध के जीवित रहते उनका एक भी कविता-संकलन प्रकाशित नहीं हो सका। क्या मुक्तिबोध अपने समय से आगे की भयानक वास्तविकता को उसकी जटिलताओं में इस तरह प्रकट कर रहे थे कि अपने समय में उन्हें स्वीकार कर पाना कठिन था! क्या सौन्दर्याभिरुचि और काव्याभिरुचि की पहले से निश्चित सीमाओं के भीतर उनकी पहचान कठिन थी! क्या दार्शनिक विचारधारा और कविता के द्वन्द्वात्मक सम्बन्धों के प्रति हमारा आलोचनात्मक विवेक तब तक इस रूप में विकसित नहीं हो पाया था कि मुक्तिबोध का सार्थक मूल्यांकन हो सके! मुक्तिबोध के मूल्यांकन के सिलसिले में स्वाभाविक है, ये सवाल उठें। साथ ही मुक्तिबोध के समुचित मूल्यांकन के लिए छायावाद के बाद की कविता के ऐतिहासिक परिदृश्य को ठीक-ठीक समझना ज़रूरी है।

छायावाद के बाद की कविता के इतिहास में 'प्रयोगवाद' और 'नयी कविता'-जैसे शब्दों का अर्थ कविता के इतिहास में कई बार बदला है, इसलिए सन्दर्भ से हटकर इनका शिथिल या मनमाना प्रयोग किया जायगा तो कठिनाई होगी। 'तारसप्तक' के प्रकाशन-समय तक प्रयोग की दिशा में उन्मुखता उस 'प्रयोगवाद' का रूप नहीं ले पायी थी जिसे व्यक्तिकेन्द्री भाववाद या रूपवाद तक सीमित होते हुए बाद के विकास-क्रम में देखा गया। 'तारसप्तक' (1943) में जब मुक्तिबोध कहते हैं : "जीवन के इस *वैविध्यमय* विकास-स्रोत को देखने के लिए इन भिन्न-भिन्न काव्य-रूपों को, यहाँ तक कि *नाट्य-तत्त्व* को, कविता में स्थान देने की आवश्यकता है। मैं चाहता हूँ कि इसी दिशा में मेरे *प्रयोग* हों।" तो 'प्रयोग' का अर्थ वही नहीं है जो सीमित व्यक्तिवाद या आत्मसंकीर्णता और रूपगत विशिष्टता के रूप में आगे निश्चित किया गया। उस सीमित 'प्रयोगवाद' के बारे में 1950 के बाद के अपने विश्लेषण में मुक्तिबोध ने स्वयं पूछना चाहा है : "प्रश्न यह है कि क्या प्रयोगवाद का आज तक का विकास ऐसा है कि जो हमारी *जनता* के मुख्य लक्ष्यों को अग्रसर कर सके?" (मुक्तिबोध रचनावली : पाँच / पृ. 292)

डॉ. रामविलास शर्मा जब 'नयी कविता' पद का प्रयोग इस रूप में करते हैं कि वह प्रगतिशील साहित्य का *व्यवस्थित विरोधी* जान पड़े तो लगता है, उनके लिए लक्ष्मीकान्त वर्मा और जगदीश गुप्त की कविता ही प्रतिनिधि 'नयी कविता' है जिसमें उन्हीं के अनुसार केकड़ों, केंचुओं, कछुओं और 'मकड़ों' की भरमार है और जिनके भावबोध और उपमानों का कल्पनालोक छायावाद से कहीं ज्यादा काल्पनिक और रीतिवाद से ज़्यादा रूढ़िबद्ध है। विडम्बना यह कि वे नयी कविता के जो लक्षण गिनाते हैं, उनका छायावाद की कल्पनाशीलता से दूर का भी सम्बन्ध नज़र नहीं आता और रीतिवाद भी कुछ ख़ास अपने ही ढर्रे का जान पड़ता है। नयी कविता की इसी प्रवृत्ति के साथ शमशेर और मुक्तिबोध को जब वे जोड़ने की कोशिश करते हैं तो उनकी कुल प्रतिज्ञा का आधार यह जान पड़ता है कि नयी कविता में प्रगतिशील धारा का स्वतन्त्र विकास हुआ ही नहीं। नयी कविता की प्रगतिशील-यथार्थवादी धारा के अन्यथाकरण की कोशिश अज्ञेय-स्कूल का काव्यशास्त्र करे, यह बात समझ में आती है पर यही काम डॉ. शर्मा करें, यह एक दुखद प्रसंग है। मुक्तिबोध-सम्बन्धी उनका मूल्यांकन न सिर्फ दुर्भाग्यपूर्ण है, भ्रामक सरलीकरण से

चलकर ग़लत निष्कर्षों तक ले जानेवाला है । छायावादोत्तर हिन्दी कविता के इतिहास पर पुनर्विचार की ज़रूरत है—मुक्तिबोध की कविता का ठीक-ठीक मूल्यांकन इस सम्बन्ध में सही ऐतिहासिक दृष्टि अपनाने में सहायक हो सकता है ।

अब मुक्तिबोध का समूचा कृतित्व हमारे सामने है, इसलिए उनकी कविता को भी समग्रता में, विकास के पूरे परिप्रेक्ष्य में देखना सम्भव है । देखने की ज़रूरत है कि मुक्तिबोध कहाँ से शुरू करते हैं और कहाँ पहुँचते हैं । आखिर *निजबद्धता* के खतरों से सजग वे यकायक *विश्वदृष्टि* तक न पहुँचे होंगे । उनके जीवनसंघर्ष और रचनासंघर्ष का इतिहास इसका साक्ष्य है । मुक्तिबोध ग़लत समझे जा सकते हैं, इसका कुछ-कुछ आभास उन्हें था भी । 'तारसप्तक' के नये संस्करण में 'लकड़ी का रावण' कविता सम्मिलित करने की इच्छा प्रकट करते हुए उन्होंने लिखा था—"इस कविता में जानबूझकर जो रूपक बाँधा गया है, वह साभिप्राय और सोद्देश्य है । भारत के कुछ सक्रिय राजनैतिक क्षेत्रों में—जिसका कि मुझे व्यक्तिगत निजी अनुभव है—जनता को ढोर समझा जाता है । साथ ही उससे भय भी अनुभव किया जाता रहा है । × × × × × यह भाव प्रकट किया जाता है, निजी बैठकों में, निजी मण्डली में । शासक-वर्गों के इस लोक-भय से विक्षुब्ध होकर ही, 'लकड़ी का रावण' शीर्षक कविता लिखी गयी है । हाँ, कविता की शैली नितान्त आत्मपरक है, और तथाकथित प्रगतिशील व्याख्याकार यह अर्थ लगा सकते हैं कि मैं उस भावना का भागी हूँ । किन्तु कोई भी मर्मज्ञ पाठक इस कविता के *वस्तु-सत्य* तक सहज पहुँचकर निर्णय कर सकता है ।" तथाकथित व्याख्याकार मूल अर्थ का अन्यथाकरण करें, मर्मज्ञ समालोचकों से अधिक सतर्क पूर्वग्रहरहित विश्लेषण और मूल्यांकन की अपेक्षा की जाती है ।

मुक्तिबोध ने 'तारसप्तक' के आत्मवक्तव्य में स्वीकार किया है कि "मालवे के विस्तीर्ण मनोहर मैदानों में से घूमती हुई क्षिप्रा की रक्त-भव्य साँझें और विविध-रूप वृक्षों की छायाएँ" उनके किशोर कवि-मन की *आद्य सौन्दर्य-प्रेरणाएँ* थीं । उनकी स्वीकृति के अनुसार साहित्यिक जीवन की पहली उलझन थी—सौन्दर्य और विश्वमानव के सुख-दुख की चेतना के बीच संघर्ष । जिज्ञासा के विस्तार के कारण मुक्तिबोध कथा की ओर आकृष्ट हुए और व्यवस्थित जीवनदर्शन आत्मसात् कर लेने की दुर्दम प्यास उनके मन में हमेशा बनी रही । क्रमशः मुक्तिबोध का झुकाव मार्क्सवाद की ओर हुआ जो अधिक वैज्ञानिक, अधिक मूर्त्त, अधिक तेजस्वी दृष्टिकोण के रूप में मिला । इसके बाद भी *मानसिक द्वन्द्व* मुक्तिबोध के व्यक्तित्व में बद्धमूल था—गुप्त अशान्ति उनके मन के अन्दर घर किये रहती । यह *गुप्त अशान्ति* वही नहीं है जो डॉ. रामविलास शर्मा को कैलाश वाजपेयी या लक्ष्मीकान्त वर्मा में दिख जाती है । इस गुप्त अशान्ति में ही वह विकलता भी मौजूद थी जो वैयक्तिक क्षेत्र से उड़कर बाहर जाने की प्रेरणा बनती है । '50 के बाद मानव-सम्बन्धों या मूल्यों में जो गिरावट दिखायी दे रही थी उसके बारे में भी मुक्तिबोध की धारणा वही नहीं, जो धर्मवीर भारती की थी । मुक्तिबोध के अनुभवों की जड़ें अपने ही देश और समय की परिस्थितियों में थीं । निम्नवर्गीयों के प्रति उनकी पक्षधरता या सहानुभूति केवल शाब्दिक न थी । परिवेश की तीखी चेतना से ही उन्हें घने और काले, लाल और नीले, जामुनी और

बैंगनी रंग मिले। मुक्तिबोध स्वीकार करते हैं कि धीरे-धीरे उनका बिम्बलोक विस्तृत होता गया—"यह एक नया *जीवन्त वास्तव* था। इस वास्तव में संघर्षशील मनुष्य की अनगिनत परिस्थितियाँ, मनःस्थितियाँ और वस्तुस्थितियाँ थीं। उन्हें कुछ व्यापक सामान्यीकरण में ढालकर काव्यरूप देने की आवश्यकता थी। मैंने उस दिशा में शक्ति-भर कोशिश की है। *प्रदीर्घ कविताएँ* उसी की उपज हैं।" (मुक्तिबोध रचनावली : पाँच / पृ. 274-275) मुक्तिबोध एक साथ ज्वलन्त वास्तविक ऊष्मा और विश्वस्वप्न का उल्लेख करते हैं। 'तारसप्तक' के दूसरे संस्करण के अपने वक्तव्य में वे जोड़ते हैं—"इस *आत्मग्रस्तता* के बावजूद और शायद उसको साथ लिये-लिये मेरा आत्म-संवेदन समाज के *व्यापकतर* छोर छूने लगा।" मुक्तिबोध के आत्मसंघर्ष और समाज के वृहत्तर संघर्ष के प्रति उनकी तीव्र उन्मुखता को यदि गहरे तनावपूर्ण साहचर्य में नहीं देखा जायेगा तो वे कभी आध्यात्मिक रहस्यवादी जान पड़ेंगे, कभी निरे अस्तित्ववादी।

मुक्तिबोध की *रहस्यात्मक* जान पड़नेवाली कविताओं के भी गहरे *राजनीतिक* अर्थ हैं जिस प्रकार निराला की आत्मपरक, कभी प्रार्थनापरक कविताओं के भी सामाजिक-राजनीतिक अभिप्राय लक्ष्य किये जा सकते हैं। मुक्तिबोध ने जनता की राजनीति और जनोन्मुख साहित्य का स्रोत एक ही माना है, जिसे हम आज का यथार्थ कहते हैं। उनके लिए *यथार्थ* कोई रहस्यवादी धारणा नहीं है। उनकी दृष्टि में जनजीवन की आत्मशक्ति और संघर्ष-शक्ति के क्रान्तिकारी अभिप्राय हैं। वे नयी कविता की प्रगतिशील धारा की ताक़त पहचानते हैं जो भाव या अनुभूति को, स्थिति या दृश्य को उसके मूर्त्त स्वरूप और सत्ता में पकड़ती है। नयी कविता की जो सीमा उन्हें दिखायी देती है—वह है *विश्वदृष्टि का अभाव*। कहने की ज़रूरत नहीं है कि अपने काव्यविकास में मुक्तिबोध इस विश्वदृष्टि के प्रति सजग और सक्रिय दिखायी देते हैं। तत्व के लिए संघर्ष, अभिव्यक्ति को सक्षम बनाने के लिए संघर्ष और दृष्टि-विकास का संघर्ष—रचनात्मक संघर्ष की इन स्थितियों के प्रति मुक्तिबोध की सजगता अपने आपमें यथेष्ट कारण है कि वे अन्तर्मुख भाववाद, नवआध्यात्मिक रहस्यवाद और अनिश्चित अस्तित्ववाद के शिकार होकर न रह जायँ। यथार्थबोध की जटिलता और बहुस्तरीयता के बाद भी मुक्तिबोध में विकृत भाववाद की खोज वास्तविक काव्य-स्थिति का अन्यथाकरण ही कही जायगी।

मुक्तिबोध के आत्मसंघर्ष के साथ ही आत्मविस्तार की चेतना की ओर भी पाठकों का ध्यान जाना चाहिए। '*आत्मविस्तार* यह / बेकार नहीं जायगा / ज़मीन में गड़ी हुई देहों की ख़ाक से / शरीर की मिट्टी से, धूल से / खिलेंगे *गुलाबी फूल*।' × × × '*एक पैर रखता हूँ / कि सौ राहें* फूटती / व मैं उन सब पर से गुज़रना चाहता हूँ— जैसी पंक्तियों में आत्मविस्तार की आकांक्षा केवल सदाशय भावुक मन की अभिव्यक्ति नहीं। जीवनसंघर्ष के सहज क्रम में ही यह चेतना निहित है, जिससे जीवन और काव्यजीवन में विषयों की बहुलता जुड़ी है, वैविध्य जुड़ा है—

लेखक की कठिनाई यह नहीं कि
कमी है विषयों की
वरन् यह कि आधिक्य उनका ही
उसको सताता है
और, वह ठीक *चुनाव* कर नहीं पाता है

(मुझे कदम-कदम पर)

'तारसप्तक' के दूसरे संस्करण के लिए लिखे गये, किन्तु अप्रकाशित वक्तव्य में मुक्तिबोध लिखते हैं—''वास्तविकता तो यह है कि आज के ज़माने में मेरे लिए मुख्य प्रश्न कॉण्टेंट की *कमी* और शिल्प के *आधिक्य* का नहीं, वरन् कॉण्टेंट के *अतिरेक* और शिल्प की *अपर्याप्तता* का है।'' मुक्तिबोध के मन में स्पष्ट है कि पश्चिमी प्रभाववाली प्रयोगवादी कविता या नयी प्रयोगशील कविता के साथ लगी हुई राजनीतिक विचारधारा का स्वरूप क्या है और वह किस प्रकार प्रगतिशील काव्यदृष्टि और जीवनदृष्टि के विरोध में सक्रिय हुई है। जीवनवैविध्य की माँग इसी संकीर्ण राजनीति से मुक्ति के प्रयत्न का फल है। मुक्तिबोध की ईमानदारी इस स्वीकृति में निहित है कि इस शीतयुद्ध की साहित्यिक राजनीति या राजनीतिक विचारधारा से मुक्ति आसान थी—काव्य-सौन्दर्य-सम्बन्धी बहुत-सी धारणाओं के प्रभाव से मुक्त होना कठिन था। इसका यह अर्थ नहीं कि हम मुक्तिबोध के अपने काव्यसंगठन की उपेक्षा करें और उनके भावबोध और शिल्प में उसी प्रभाव की छाया देखने और प्रमाणित करने की कोशिश में जुट जायँ। मुक्तिबोध का काव्यविधान अपनी समग्रता में स्वतन्त्र आविष्कार है। उस पर उनके परिवेश-बोध, जीवन-संस्कार, दार्शनिक चिन्तन, शिल्पगत रुझान की स्पष्ट छाया है। उसे इलियट और पाउण्ड की दृष्टि से ही नहीं, जयशंकर प्रसाद और आचार्य रामचन्द्र शुक्ल की दृष्टि से भी जाँचने-परखने की आवश्यकता है। '*पूँजीवादी समाज के प्रति*' कविता में पूँजीवादी कला-रूपों पर आक्रमण न किया गया हो, ऐसा नहीं है—मुक्तिबोध के यहाँ इतनी सीधी बेधक पंक्तियाँ भी हैं जिनमें नारा बन जाने की क्षमता है—

इतना काव्य इतने शब्द इतने छन्द—
जितना ढोंग, जितना भोग है निर्बन्ध
इतना गूढ़, इतना गाढ़, सुन्दर जाल—
केवल एक जलता सत्य देने टाल
... ...
तू है मरण, तू है रिक्त, तू है व्यर्थ
तेरा ध्वंस केवल एक तेरा अर्थ

जटिल और दुरूह संरचनावाली लम्बी कविताओं में भी मुक्तिबोध जिन विचारों या मूल्यों का समर्थन करना चाहते हैं उन्हें लक्ष्य करने में कठिनाई नहीं होनी चाहिए। यह ज़रूर है

कि मुक्तिबोध की मूल्यदृष्टि को भी कविताओं के संगठन से अलग करके देखा जायेगा तो कठिनाई होगी !

मुक्तिबोध की कविताओं का विश्लेषण करते समय 'भय' और 'आशंका' के बिम्बों के सीमित मनोवैज्ञानिक अर्थ पर बहुत बल दिया जाता है—मनुष्य की कठिन *जिजीविषा*, संघर्ष-क्षमता और अपराजेय शक्ति के जो बिम्ब उनके यहाँ उभरते हैं, उनकी प्रायः उपेक्षा की जाती है। जिस कविता 'मैं तुम लोगों से दूर हूँ' में मुक्तिबोध कहते हैं—"शून्यों से घिरी हुई पीड़ा ही सत्य है", उसी में मुक्तिबोध अपनी पक्षधरता, अपनी संघर्ष-चेतना, प्रतिबद्धता भी प्रमाणित करते हैं—

मेरी *असंग* स्थिति में चलता-फिरता *साथ* है
अकेले में साहचर्य का हाथ है
उनका जो तुम्हारे द्वारा गर्हित हैं
किन्तु वे मेरी व्याकुल आत्मा में बिम्बित हैं, पुरस्कृत हैं

... ...
... ...
फिर भी, मैं अपनी सार्थकता में खिन्न हूँ
निज से अप्रसन्न हूँ
इसलिए कि जो है उससे बेहतर चाहिए
पूरी दुनिया साफ़ करने के लिए मेहतर चाहिए

सामाजिक परिवर्तन के पक्ष में संघर्ष करने के लिए कई स्थितियों में अपने से भी संघर्ष करना पड़ता है। मुक्तिबोध संघर्ष की इस पूरी प्रक्रिया के बारे में सचेत दिखते हैं, इसलिए उनकी कविता के किसी एक वाक्य से निष्कर्ष निकालना ग़लत होगा। कविता के रूपगत विस्तार में भी सबकुछ ब्यौरेवार नहीं बताया जाता। शब्दों के पीछे छिपे मर्म या आशय को भी पहचानना ज़रूरी होता है और ऐसा बहुत कुछ पाठक की कल्पना पर छोड़ दिया जाता है। संघर्ष की चेतना मुक्तिबोध के काव्य-संसार की केन्द्रीय चेतना है। 'पृथ्वी के *प्रसारों* पर / जहाँ भी स्नेह या संगर / वहाँ पर एक मेरी *छटपटाहट* है / वहाँ है ज़ोर गहरा एक मेरा भी / सतत मेरी उपस्थिति, नित्य सन्निधि है।' (अन्तःकरण का आयतन), 'देखूँगा प्रतिपल जलते हुए देश / वे *नये-नये जीवन प्रदेश / क्लेश के* ।' (बिना तुम्हारे), 'अब आप चाहे सरकार हों / या साहूकार हों / उनके साथ मेरी पटरी बैठती है / उनके साथ / हाँ उन्हीं के साथ / यह बिजली भरी ठठरी लेटती है / और रात कटती है / शायद यह मेरी बहुत बड़ी भूल है / लेकिन मेरी यह गरीब दुनिया / उन्हीं के बदनसीब हाथों से चलती है।' (हर चीज़ जब अपनी)—इन अनुभवों में मुक्तिबोध का अपना संघर्ष, संघर्ष में अपना ख़ास पक्ष बहुत अज्ञात रहस्यमय नहीं है। 'निज' से बड़ा और सख़्त होने के लिए मुक्तिबोध सचेत हैं। "*जन जन के संघर्षों* में *जीवन* की *उठान* का आसमान"—मुक्तिबोध की खोज या प्रेरणा का विषय है—लक्ष्य के प्रति मुक्तिबोध की निरन्तर सचेतनता का विषय है।

'रक्ताक्त सूर्य', 'अखण्ड रवि का तेजस्वी बिम्बभाल', 'दीप्त रक्त की लाल-ज्योति-सी वह असंग लौ', 'चिनगियाँ स्वर्णिम नीली व लाल-लाल फूलों-सी खिलतीं', 'वेदना के रक्त से लिखे गये / लाल नीले अक्षरों में झलकतीं / सृजन की नयी परछाइयाँ' ...मुक्तिबोध के प्रयोगों में 'सूर्य', 'लौ', 'ज्योति', 'चिनगियाँ'—इनकी आवृत्ति अर्थ रखती है। इसी प्रकार *कठोर स्याह पहाड़, पाताली अँधेरा, घनघोर जंगल, खतरनाक ऊँचाइयाँ, कुएँ-तहख़ाने, अँधेरी खाइयाँ, अँधियारा पीपल, सर्द अँधेरा, पीतालोक प्रसार, विस्तृत खोह का साँवला तल, साँवली हवाओं में टहलता काल, असीम कुहरा, भस्मीला अन्धकार* —जैसे अनुभव-सन्दर्भों का स्थानिक चरित्र रहस्य-सम्भावना को क्षीण करता है या रहस्य और यथार्थ को परस्पर तनाव की स्थिति में रखता है। यथार्थ-मूल में स्थित इस अनुभवात्मक भाषा पर निश्चय ही मुक्तिबोध के व्यक्तित्व की स्पष्ट छाप है। यह भाषा में अनुभववाद की सृष्टि नहीं है, यथार्थ की प्रखर, तीखी, जटिल उत्तेजना से प्राप्त अनुभवसमृद्धि है। यह भाषिक प्रकृति कविताओं के बाहर कहानियों में भी मौजूद है। मुक्तिबोध की कहानियों में भी '*अवचेतन के अँधेरे तहख़ाने* में पड़ी हुई आत्मा *विद्रोह*' करती है। '*लाल* और *गेरुई, सिन्दूरी* और *सुनहली* ज्वालाएँ' ऊँची उठ रही हैं। 'कठोर से कठोर यथार्थ चारों तरफ से घेरे हुए है, एक विराट् नकार, एक विराट् शून्य-सा छाया हुआ है।' यह उदाहरण केवल भाव-साम्य या भाषा की रूपगत समानता की दृष्टि से नहीं, बल्कि यह स्पष्ट करने के लिए दिया जा रहा है कि मुक्तिबोध की अनेक विधाओं में लिखी रचनाओं की भावभूमि एक जैसी जटिल और कठोर है। मुक्तिबोध की कविताओं में भी *वह घोर जागता उपन्यास* मौजूद है (जो)—

> मेरे हिय में घुलकर होता आवेग एक
> अतिशय सवेग बहते निर्झर-सा अकुलाता
>
> धकधक करते वक्षों का वह वेदनानुभव
> रक्तिम संघर्षों की घाटी में बहता है
>
> (साँस रँगी ऊँची लहरों में)

कुछ यों ही नहीं है कि मुक्तिबोध के 'शब्दों के अर्थ में' '*जन जन के चेहरे जगमगाते हैं*' या मुक्तिबोध का काव्यनायक अर्थात् जीवन का वैज्ञानिक यशस्वी कार्यकर्ता 'जनता के जीवन के संवेदनसत्यों के चित्रों से, तथ्यों के विश्लेषण-संश्लेषण-बिम्बों से' धरित्री का मानचित्र बनाता है और क्षितिज-फलक पर टाँग देता है। इस जन-पक्षधरता के पीछे मुक्तिबोध की ऐतिहासिक चेतना है, ख़ास विचारधारा और जीवनदृष्टि है। विचारधारा के साथ मुक्तिबोध की जब-तब की *अनबन* का भी अर्थ विचारधारा का विरोध नहीं, उससे और भी गहरी सम्पृक्ति है। यह 'अनबन' कभी-कभी रचना-प्रक्रिया का महत्त्वपूर्ण हिस्सा होती है। जब-तब उसके चलते कविता की संरचना में अनेक तहें सम्भव होती हैं जो कविता से तत्पर सन्देश निकाल लेने की छूट नहीं देतीं।

मुक्तिबोध की क्रान्तिकारी कल्पना अतिसाहसिकता का नाटक नहीं—वह संघर्ष की स्थितियों के भीतर से ही प्रकट होनेवाली एक बेचैन विराट कल्पना है—'निहाई से उठती हुई लाल-लाल / अंगारी तारिकाएँ बरसती हैं जिसके उजाले में कि / एक अति-भव्य-देह / प्रचण्ड पुरुष श्याम / मुझे दीख पड़ता है / क्षोभ में, शक्ति में मुसकराता खड़ा-सा / ··· लगता है मुझे वह / कालमूर्ति / *क्रान्ति-शक्ति,* जनयुग !!' (मुझे याद आते हैं), '*जन-बाहु- स्पर्श-सर्जित विराट् /* जन-बाहु-दण्ड निर्मित असंख्य / शत आपृथ्वीनक्षत्र सेतु !! / हे महा श्रमिक ! जन-क्रान्ति-रूप !' (सूखे कठोर नंगे पहाड़), 'सोचता हूँ कि देखता हूँ सामने हवा में लहराती सुनहली ज्वाला एक / रेंगती-सी मेरे पास / धीर-धीरे आती हुई / आसमान छूती हुई व धरती पर चलती हुई / बिखराकर नीले-नीले स्फुलिंग-समूह / वह बनती है अकस्मात् / विराट मनुष्य-रूप / नहीं जान पड़ता कि छूकर मुझे मुझमें समा गयी कि / उसमें समा गया मैं ! / सुनहली काँपती-सी सिर्फ़ एक लहर रह जाती है / कि जिसे *क्रान्ति* कहते हैं / कि कहते हैं *जन-क्रान्ति ।*' (सूरज के वंशधर)। क्रान्ति के मानवीय प्रयत्नों का विराट् इतिहास काव्यात्मक कल्पना में आत्मसात करते हुए मुक्तिबोध जो कविताएँ प्रयोगवादी दौर में लिख रहे थे उसकी संगति किसी भी तरह आत्मसंकीर्ण, रुग्ण, वैयक्तिक मनोविज्ञान के साथ नहीं बिठायी जा सकती । मुक्तिबोध *आत्मगुहान्धकार* की चर्चा भी युग की वास्तविकता के सन्दर्भ में करते हैं । उनकी कविता में अँधेरी गलियों का अर्थ 'भारतीय अँधेरी गलियाँ' (मेरे मित्र, सहचर) है । सहचर मित्र (जो स्वयं मुक्तिबोध का ही सर्जक प्रतिरूप है) युगीन अनुभवों का ऐसा ग्रन्थ पढ़ता है जिसमें रहस्योद्घाटन का अर्थ है, *वर्तमान जीवन की धज्जियों का तार-तार विश्लेषण !* अंगारी चेतना के बुद्धिमान भव्य-देह-कारीगर पहाड़ों की शीर्षस्थित चट्टानों को काट जो विराट मूर्ति खड़ी करते हैं वह कोई जादुई-अमूर्त रहस्य नहीं, श्रमशील कष्टजीवी मानव की महामूर्ति ही है—जिसके असंख्य रूप और भाव-बिम्ब मुक्तिबोध की कविताओं में बिखरे हैं ।

विचारधारा के अन्तर्विरोध और व्यक्तित्व-विभाजन की उलझनों के बावजूद ऐसी कविताएँ लिखी जा सकती हैं जिनकी काव्यात्मक महत्ता असन्दिग्ध हो । इसलिए मुक्तिबोध की कविताओं का यथार्थ सिर्फ़ वस्तुपरक विश्लेषण (Content analysis) का विषय नहीं, कविता के *स्थापत्य* या संगठन के भीतर भी उसकी सार्थकता, सघनता, मार्मिकता, अर्थवत्ता पहचानी जा सकती है । मुक्तिबोध के पहले उद्धृत वक्तव्य में *शिल्प की अपर्याप्तता* का प्रश्न उठाया गया है । देखना चाहिए कि मुक्तिबोध इस समस्या का सामना किस तरह करते हैं । शमशेर ने मुक्तिबोध को *बिम्ब* से अधिक *प्रतीक, प्रतीक* से अधिक *कथा* या *गाथा* या *मिथ* का कवि कहा है, जिसकी रचनात्मक प्रक्रिया में अद्भुत-अनोखे का विद्युत्प्राण चमकता है । पर महत्त्वपूर्ण है मुक्तिबोध की कविता का समग्र स्थापत्य जिसमें इतिहास-दृष्टि, वैचारिक साहस, सृजनात्मक कल्पना, सघन अनुभवों का विन्यास एक साथ महाकाव्योचित फैलाव और नाटकीय संगठन अर्थ प्राप्त करता है । असम्बद्ध बिखराव भी यहाँ किसी आन्तरिक विचार-तर्क या दृष्टि से नियन्त्रित

है। इसलिए रामस्वरूप चतुर्वेदी की इस बात से सहमत होना कठिन है कि मुक्तिबोध के यहाँ टुकड़ों में सघन कविता है—"कवि के पसारे में उसका प्रभाव कम हो जाता है।" कविता में वक्तव्य के प्रसार-क्रम में मुक्तिबोध ज़रूरी काट-छाँट करते रहे हैं पर वे उतनी काट-छाँट में विश्वास नहीं रखते जिसके साथ जीवन का बहुत-सा ज़रूरी बदरंग, जटिल, कठोर यथार्थ भी कविता से बाहर हो जाता है।

कतिपय अपवादों को छोड़कर मुक्तिबोध के मूल्यांकन की विडम्बनापूर्ण स्थिति यह है कि एक ओर यदि डॉ. रामविलास शर्मा उनमें सामाजिक संघर्ष की स्पष्ट चेतना न देखकर अन्तर्द्वन्द्वचित्रण की प्रधानता की दृष्टि से उन पर नव्य रहस्यवाद की छाया देखते हैं और उनकी काव्य-भूमि को मुख्यतः प्रगीतभूमि ठहराते हैं तो दूसरी ओर अज्ञेय उनके काव्यविधान को बहुत कुछ स्वचालित-लेखन जैसी चीज़ बताते हैं। अपनी भूमिकाओं के एक संकलन 'कविदृष्टि' की भूमिका में अज्ञेय लिखते हैं— "*समग्र रूपाकार* का कोई बोध मानो उनमें है ही नहीं—उनकी शायद ही कोई कविता संरचना की दृष्टि से सम्पूर्ण हो, शायद ही किसी में सघन संरचनात्मक गठन दिखायी पड़े। उनकी अधिकतर कविताएँ मानो चलती जातीं हैं तो चलती जाती हैं और फिर रुक जाती हैं, पूरी या समाप्त नहीं होतीं।" (पृ. 90) क्या मुक्तिबोध का काव्यविधान इतना असतर्क, इतना लापरवाहीभरा, इतना अनायास है। अज्ञेय से प्रेरणा लेकर ही शायद रामस्वरूप चतुर्वेदी मुक्तिबोध को 'अनियोजित वक्तृत्व' का कवि कहते हैं। (हिन्दी साहित्य और संवेदना का विकास / पृ. 236) कहने की ज़रूरत नहीं कि इतने सरलीकृत पूर्वग्रहयुक्त मानदण्डों के आधार पर मुक्तिबोध की कविता के समग्र रूपाकार की पहचान या व्याख्या कठिन है।

प्रगीतात्मक और *नाटकीय* के सरल अवधारणात्मक भेद के आधार पर मुक्तिबोध के समग्र काव्यसंगठन या स्थापत्य को समझने में भी कठिनाई हो सकती है। 'कविता के नये प्रतिमान' में नामवर सिंह ने सोदाहरण स्पष्ट करने की कोशिश की है कि किस प्रकार काव्यानुभूति में *आत्मपरकता* का आभास देनेवाली कविताएँ भी अपनी संरचना में *अप्रगीतात्मक* हो सकती हैं। 'अँधेरे में' शीर्षक कविता में मुक्तिबोध यदि नाटकीय शिल्प अपनाते हैं तो यह भी देखने की चीज़ है कि यहाँ काव्यानुभूति की बनावट किस प्रकार की है। यहाँ घटनाएँ सामाजिक परिवेश, वातावरण या परिस्थिति में ही नहीं घट रही हैं, 'मैं' के भीतर भी घट रही हैं। यह कविता पर आरोपित कोई आलोचनात्मक विचार नहीं, कविता में से ही प्रकट होनेवाली कठोर वास्तविकता है—'चक्र से चक्र लगा हुआ है··· / जितना ही तीव्र है द्वन्द्व क्रियाओं घटनाओं का / बाहरी दुनिया में / उतनी ही तेज़ी से भीतरी दुनिया में / चलता है द्वन्द्व कि / फ़िक्र से फ़िक्र लगी हुई है।' मुक्तिबोध द्वारा आविष्कृत या विकसित काव्यरूप काव्यात्मक महत्ता की दृष्टि से तो उल्लेखनीय है ही, वह जटिल बहुस्तरीय वास्तविकता को जानने का मार्ग, पद्धति या प्रणाली भी है।

मुक्तिबोध की कविताएँ विक्षुब्ध मानस की कविताएँ हैं—उनमें क्लासिकी परिष्कार और शान्त किस्म के तटस्थ संयमित अनुभव का सुसंगठित रूपाकार खोजना व्यर्थ है। मुक्तिबोध की कविता का संगठन क्लासिकी है तो दूसरे अर्थ में। ऐतिहासिक बोध,

यथार्थज्ञान और दार्शनिक संवेदना के योग से जो उदात्त संगठन बनता है—शास्त्रीय मान्यताओं की तथाकथित उच्चता या आभिजात्य के विरुद्ध—वही मुक्तिबोध के लिए प्रयोजनीय है। मुक्तिबोध काव्यसंयम का अर्थ और उपयोग जानते हैं पर यह भी जानते हैं कि 'वर्तमान समाज चल नहीं सकता', अतः ज़रूरी होने पर कविता में भी यह कठोर सच कहना पड़ता है और रूप या प्रकृति-सम्बन्धी उसकी सीमा को नज़रअन्दाज़ करना पड़ता है—

> कविता में कहने की आदत नहीं, पर कह दूँ
> वर्तमान समाज चल नहीं सकता ···

शब्दों में जीवन

त्रिलोचन की कविता में राजनीति की खोज करनेवाले राजनीति का स्पर्श नहीं पाते। उसमें कला की खोज करनेवाले कला का आभास नहीं पाते। यह विडम्बनापूर्ण स्थिति कला की राजनीति है या राजनीति की कला, कहना कठिन है। त्रिलोचन की कविता आज की मुख्य धारा की कविता (अर्थात प्रगतिशील-यथार्थवादी धारा की कविता) को नयी स्फूर्ति, नयी प्रेरणा, नया आवेग देनेवाली है। इस अर्थ में वह केन्द्रीय महत्त्व रखती है। दूसरी ओर यह महज़ विडम्बना नहीं कि छायावादोत्तर कविता के इतिहास में, प्रगतिशील-यथार्थवादी कविता के किसी भी नये-पुराने इतिहास में त्रिलोचन का मूल्यांकन नहीं के बराबर है या उनका महत्त्व कम करके ही आँका गया है। त्रिलोचन की कविता में *राजनीति* या *कला* की खोज करनेवाले उसमें सीधे *जीवन* की खोज करना चाहते तो उन्हें त्रिलोचन के काव्यमर्म तक पहुँचने में कठिनाई न होती और उनके मूल्यांकन के लिए प्रचलित औसत मानदण्डों पर निर्भर भी नहीं होना पड़ता। अभ्यस्त रुचियाँ मानदण्डों से भी बड़ी बाधा होती हैं—उन्हें पार कर उस *जीवन-मर्म, जीवन-राग* या *जीवन-अभिप्राय* को पहचानने में कठिनाई होती है जो किसी भी तरह के साँचे या मुहावरे में सीमित होने से इन्कार करता है। अभ्यस्त रुचियाँ प्रगतिशील दृष्टिवाले विचारकों-समीक्षकों की भी कठिनाई हैं और मुक्त चिन्तनवाले कलारसिकों की भी। त्रिलोचन साहित्यिक मूल्यांकन के किसी भी स्कूल या निकाय के लिए चुनौती बने रहे हैं। वे विकास का वह सहज-सीधा-स्पष्ट क्रम भी नहीं दिखाते जो मूल्यांकन की अनेक समस्याओं का सरल समाधान सुझा पाता है। त्रिलोचन जहाँ जिस रूप में '40 में थे, उससे कुछ ही भिन्न '50-55 में और बहुत कुछ '85-86 में भी वैसे ही! इस स्थिर विकास को क्या कहेंगे! क्या इसके भीतर कोई अधिक सूक्ष्म विकासरेखा झिलमिला रही है, जिसे पहचानने के लिए हमें अपने अब तक के समूचे काव्याभ्यास से मुक्त होने की ज़रूरत है। त्रिलोचन को जब हम तुलसी और निराला की परम्परा में देखते हैं तो यह देखकर और भी आश्चर्य होता है कि तुलसी और निराला का महत्त्व निर्विवाद माननेवाले और कई बार उन्हीं से अपने मूल्य-मानों की प्रेरणा प्राप्त करनेवाले विज्ञ आचार्यों तथा समीक्षकों की भी त्रिलोचन में रुचि नहीं। शायद त्रिलोचन *रुचि* या *पसन्द*

के लिए ही सबसे बड़ी चुनौती हैं। प्रसिद्ध प्रगतिशील कवि *केदारनाथ अग्रवाल* दो-टूक कहतें हैं–'त्रिलोचन *जमते नहीं।*' यह निश्छल टिप्पणी अभ्यस्त रुचि की बाधा को स्पष्ट रेखांकित करनेवाली है।

छायावादोत्तर कवियों में त्रिलोचन ही एक ऐसे कवि हैं जो प्रगतिशील-यथार्थवादी धारा को समर्थन देते हुए भी काव्य-व्यापार में *शब्द* की सत्ता पर आत्यन्तिक बल देते हैं। यह और बात है कि शब्द का अर्थ उनके लिए शब्द में निहित एक समग्र *सम्पूर्ण जीवन* भी होता है। *अज्ञेय* कहते रहे हों–'काव्य सबसे पहले शब्द है। और सबसे अन्त में भी यही बात बच जाती है कि काव्य शब्द है'– *त्रिलोचन* ने शब्द की सत्ता की अनोखी पहचान का प्रमाण देते हुए उसमें जो जीवन भरा है, वह एक अलग ढंग की चीज़ है। शब्दों में जीवन भरने के लिए शब्दों में ही नहीं, जीवन में भी धँसने-पैठने की ज़रूरत होती है। अज्ञेय के लिए शब्द के उपयोग की सार्थकता शब्द के परिष्कार में रही है, त्रिलोचन के लिए *शब्द* का अर्थ है *जीवन* से घनिष्ठ *साक्षात्कार*। शब्द पर रीझनेवाले, शब्द में क्रीड़ा-वैचित्र्य देखनेवाले रीतिकाल में ही नहीं, आज के काव्यरसिकों के बीच भी होंगे–पर शब्द या भाषा में '*जीवन की हलचल*' भरी है, यह दृष्टि उन्हें नहीं मिली। त्रिलोचन ने शब्द या वाक्य या भाषा में निहित जीवनमर्म को उद्घाटित करने के लिए ही जैसे कविता का माध्यम चुना हो! उन्होंने *तुलसी* और *ग़ालिब* से ही भाषा नहीं सीखी, अपने ठीक पहले के वरिष्ठ या अग्रज समकालीन कवि *निराला* से भी शब्दानुशासन का मर्म जाना है। कभी त्रिलोचन निराला की कविताओं की व्याख्या कर रहे हों–'राम की शक्तिपूजा', 'सरोज स्मृति', 'वनवेला', 'रेखा,' 'प्रेयसी', 'हिन्दी के सुमनों के प्रति', 'सम्राट अष्टम एडवर्ड के प्रति'–जैसी कविताओं का मर्म समझा रहे हों तो आप देख सकते हैं कि शब्दों की कैसी अचूक पहचान उन्हें निराला के अभिप्रेत तक पहुँचाती है। मैंने त्रिलोचन को जब-जब निराला की कविता के स्थापत्य की व्याख्या में डूबते देखा है, मुझे विश्वविद्यालयों में स्थित हिन्दी-पीठों के दुर्भाग्य पर अक्सर कोफ़्त हुई है। अब जबकि त्रिलोचन मुक्तिबोध-सृजन-पीठ के अध्यक्ष होने के बहाने एक विश्वविद्यालय-परिसर में ही रह रहे हैं, मुझे नहीं लगता कि विश्वविद्यालय ने इस दिशा में उनसे कोई फ़ायदा उठाया हो। सम्भव है 'भाषा' के आचार्य त्रिलोचन को निपट 'कवि' ही समझते हों जो भाषा के प्रयोग में तो सिद्ध हो सकता है, भाषा के मर्म की व्याख्या में नहीं। कवि ने ज़रूर ही यह ज़िम्मेदारी आचार्यों के दुर्बल कन्धों पर रख छोड़ी होगी। *अज्ञेय* ने जरूर किसी प्रसंग में त्रिलोचन के आलोचनात्मक विवेक का महत्त्व स्वीकार किया है। निराला के यहाँ *खड़ी बोली* का कौन-सा शब्द *अवधी* की अर्थध्वनि या बलाघात के साथ प्रयुक्त है, त्रिलोचन ही बता सकते हैं। शब्द वाक्य में है और वाक्य की पूर्णता अपने में एक प्रकार की जीवनपूर्णता का पर्याय हो सकती है, यह विवेक ही त्रिलोचन के *शब्दानुशासन* को एक सम्यक *काव्यानुशासन* में बदल सका है। त्रिलोचन के यहाँ एकदम अपरिचित-अप्रचलित संस्कृत के तत्सम शब्द ठेठ देशज तद्भव शब्दों के साथ जितनी सहजता से, अनायास आते हैं और भाषा की अर्थशक्ति (जहाँ-तहाँ, अर्थव्याप्ति) के कारण बनते हैं, वह अन्यत्र विरल है। त्रिलोचन की भाषा में पूर्वपाठ की

स्मृतियाँ एक नयी कौंध के साथ आती हैं। क्लासिक कवियों की यादें यहाँ शब्द-प्रयोगों में खूब रची-बसी हैं पर त्रिलोचन के प्रयोग का ढंग ही उनसे एक तरह की दूरी भी बनाता है। फिर भी त्रिलोचन को पढ़ते हुए यह अनुभव तो हम करेंगे ही कि त्रिलोचन ने तुलसी, ग़ालिब और निराला के अतिरिक्त जिनसे ग्रहण किया है, उनकी सूची काफ़ी बड़ी है। पर यह ग्रहण त्रिलोचन के मौलिक सृजन का ही अन्तर्मार्ग है—कई बार भाषा के लिए मुक्ति-मार्ग भी। एक तरह से देखा जाय तो भाषा के मामले में त्रिलोचन के लिए आदर्श शिक्षक स्वयं *जीवन* है जो शब्दों में आरपार लहराता है। त्रिलोचन *शब्द* संग्रह के ही एक सॉनेट में कहते हैं—*उन लहरों पर हूँ जिनके तल में भाषाएँ/ कितनी बैठ चुकी हैं।* त्रिलोचन भाषा में साफ़-सीधे अनुभव को ही नहीं, उसमें मौन विचरनेवाली *ध्वनियों* को भी पहचानते हैं। त्रिलोचन से शब्द लेकर कहें तो *संवादपूर्ण भाषा* ही उनका मुख्य सरोकार है। यहाँ संवाद का अर्थ है—हृदय संवाद या उससे भी आगे जीवन संवाद ! 'जीवन संदेश' चाहे कहने में अटपटा लगे, अपर्याप्त भी, पर त्रिलोचन खास अर्थ में 'जीवन संदेश' के भी कवि हैं। वे प्रकृति-प्रेम सौन्दर्य और जीवन की तमाम गतिविधियों को शब्द देते हुए एक कोई पते की बात ज़रूर कहते हैं, जिसे *संदेश* कहा जा सके। यह संदेश सूक्ति में ढला हुआ, पर अधिक अर्थमय होता है। भाषा का मर्म जाननेवाले कई बार उलझन में हो सकते हैं कि संकेत महत्त्वपूर्ण है या संकेतित ! रूप महत्त्वपूर्ण है या भाव ! रूप भाव है या भाव रूप ! त्रिलोचन शब्द-मर्म के पारखी, प्रयोक्ता और व्याख्याता भी हैं। एक सॉनेट में यह व्याख्या भी हम देख सकेंगे —

> शब्दकार, इन *शब्दों में जीवन* होता है
> ये भी चलते-फिरते और बात करते हैं
> तोष, रोष—जब जैसे भावों से भरते हैं
> तब वैसे ही अर्थों का व्यंजन होता है
> . . .
> . . .
> *शब्दों* में भी *हाड़-मांस* है *जीवन* धरकर
> वे भी जीवधारियों के स्वर यन्त्र सँभाले
> स्फुट अस्फुट दो धाराओं में प्रवहमान हैं
> रात और दिन—द्यावा पृथिवी में विचरण कर
> झलकाते हैं दुनिया के सब खेल निराले
> और मनोहर काल स्रोत के सन्निधान हैं

यह जितनी 'शब्द' की व्याख्या है उतनी ही 'शब्द' में निहित जीवन या जीवन के अभिप्रायों की व्याख्या है। इसलिए त्रिलोचन जब 'शब्द' पर अतिशय बल देते हैं तो अपनी समूची जीवन-आस्था का ही प्रमाण देते हैं। कलावाद को यह छूट नहीं है कि वह इस बल का

उपयोग अपने पक्ष में करे। शब्द पर अधिक बल को यहाँ अन्यथा उपयोग की छूट नहीं है। जो अज्ञेय में ही शब्द-विवेक देखकर सन्तुष्ट हैं उन्हें त्रिलोचन में कविता भी नहीं दिखायी देती। त्रिलोचन में कविता कहाँ है, यह सवाल प्रगतिशील, ग़ैर प्रगतिशील सभी खेमों में प्रायः उठा करता है। त्रिलोचन में काव्यत्व देखने के लिए आधुनिकतावाद के आतंक में बनी हुई काव्यात्मकता की अवधारणा में निश्चित हेरफेर करने की ज़रूरत होगी, औसत प्रगतिशीलता की माँग के साथ बनी काव्यात्मकता की अवधारणा में भी। कल्पित सूक्ष्मता या जटिलता के हम शायद इतने अभ्यस्त हो चुके हैं कि शब्दों में बहती हुई जीवनधारा हमें प्रभावित नहीं करती। त्रिलोचन मानवीय सम्बन्ध या व्यवहार में, प्रकृति जीवन और सामान्य अर्थ में संघर्षमय कठिन जीवन में पड़ी हुई गाँठों से अनभिज्ञ हों, ऐसा नहीं है। उनके शब्दों की ओर और शब्दों के प्रति उनके रुख की ओर ध्यान देंगे तो ये गाँठें, ये सूक्ष्म जटिलताएँ भी दिखायी देंगी। त्रिलोचन की भाषा जटिलताओं को खोलती भी है, वह उनका आतंक नहीं पैदा करती, न उन्हें अलंकरण बनाती है। त्रिलोचन के सॉनेटों में आत्मभर्त्सना के कठिन क्षणों को ठीक पहचाना गया है। *भीख माँगते उसी त्रिलोचन को देखा कल / जिसको समझे था है तो है यह फ़ौलादी*। विक्षोभ और आत्मसंयम के इस द्वन्द्व में ऐसा बहुत कुछ प्रकट है, जिसे शब्दों में कह पाना कठिन है। 'शब्द' से अक्सर त्रिलोचन का जो संवाद होता है उसके पीछे बड़ा अर्थ छिपा है —

बोले मुझसे शब्द—*यहाँ* से *वहाँ, वहाँ* से
और *वहाँ* तक मौन तरंगित हम चलते हैं
यह अपार आकाश हमारा अपना घर है
हम जीवन के शूल फूल सब *कहाँ कहाँ* से
कहाँ कहाँ चुपचाप डालते हैं जलते हैं
तभी अदम्य प्रकाश विश्व जीवन का वर है

त्रिलोचन के यहाँ शब्द से संवाद के क्षण बार-बार आते हैं। लम्बी इतिवृत्तप्रधान कविता 'नगई महरा' में अचानक ये पंक्तियाँ आती हैं—'ऐसा कम होता है बहुत कम / जब *शब्द* किसी समय *जी से बतियाने लगें*।'

कविता की मुक्ति मनुष्य की मुक्ति की ही तरह है—इस तथ्य की ओर निराला ने जो संकेत किया है, उसे त्रिलोचन की कविता व्यवहार में सबसे अधिक प्रमाणित करती है। त्रिलोचन के सन्दर्भ में यह बात भी याद रखने की है कि भाषा का अर्थ भाषा ही नहीं, वह *समझ* भी है जो 'आदमी को आदमी से जोड़ती' है। त्रिलोचन वस्तुमयता में ही भाषा की मुक्ति खोजते हैं। *थ्योडोर अडोर्नो* ने कल्पना और वस्तु के सम्बन्धों की व्याख्या करते हुए स्पष्ट करना चाहा है कि *सौन्दर्यमूलक वक्रता* को भी *वस्तुमयता* का आधार चाहिए। त्रिलोचन की ताक़त उस वस्तुमयता में है जो रूप और भाव के द्वैत को पाटती है। इस विशेषता के प्रकाश में देखें तो त्रिलोचन की सपाट भाषा की अपनी धार भी दिखायी देगी और अपनी प्रच्छन्न तहें भी। रूपवाद का आश्रय न लेकर भी त्रिलोचन की भाषा यथा

आवश्यक छोड़ना या छिपाना जानती है। 'चम्पा काले काले अच्छर नहीं चीन्हती' कविता में यह कला अद्भुत तड़प के साथ व्यक्त हुई है। कविता के सीधे सरल या अबोध आरम्भ में आगे के जिस हादसे की ख़बर या उसका पूर्वाभास है उसे सुनने के लिए उपयुक्त कान चाहिए—महज़ काग़ज़ पर अक्षर देखनेवाली आँखें नहीं। *बजर गिरे* में जितना कहा गया है उससे ज़्यादा अनकहा है और वह कम महत्त्वपूर्ण नहीं।

त्रिलोचन की शब्द-संवेदना से परिचित होने के लिए विविध छन्दों तथा रूपप्रकारों में भाषिक बनावट पर ध्यान देना चाहिए। शब्द की सार्थकता प्रयोग की विशिष्टता में नहीं, उसमें धड़कते हुए जीवन की परख या पहचान में ही है। छन्द और लय, उक्ति और अर्थ के भेद के बावजूद भाषा पर त्रिलोचन की पकड़ ज़िन्दगी पर पकड़ का ही उदाहरण है। '*मँजर* गये आम /कोइलिया न बोली'—'आँख मूँदे, पेट पर सिर टेक / गाय करती है *घमौनी* बँधी जड़ से / पेड़ की छाया खड़ी दीवार पर है'—त्रिलोचन की भाषा इस तथ्य को उजागर करती है कि *जाने* शब्द भी *चुने* जाते हैं। उसके पीछे वस्तु की समझ भी काम करती है, उसकी अर्थध्वनि भी। 'दिगन्त' के एक सॉनेट में भाषा की ऐन्द्रिक क्षमता देखें तो यह तथ्य अधिक पुष्ट होगा—

मेंहदी की *अरघान* उड़ी। देखा, फिर ठहरा;
कपिश *गहगहे* विमल फूल खिलखिला रहे हैं
पिला रहे हैं

अमृत घ्राण को। ···
वर्षा सीकर भरी हवा, मेंहदी की *मँह मँह*
···जी करता है मैं अंजलि भरकर पी जाऊँ
वृक्ष लताएँ पौधे तृण धरती पर *डह डह*
करप रहे हैं। मेघ-नगर में ज्योत्स्ना *टह टह*
उग आई अब। आँखें सहस कहाँ से लाऊँ।

तद्भव शब्दों की मार्मिक व्यंजकता में जीने की समूची ललक या विकलता प्रकट है। जाड़े की धूप की व्यंजना त्रिलोचन के कई सॉनेटों में है जहाँ धूप के बहाने एक समस्त जीवन व्यापार व्यंजित है। प्रकृति में जीवन का यह साक्षात्कार जिन शब्दों में सम्भव हुआ है वे त्रिलोचन की शब्द-संवेदना और जीवन-विवेक के सहज परिचायक हैं। 'बहुत दिनों बाद खुला आसमान'-जैसी निराला की कविता की याद यहाँ स्वाभाविक है पर त्रिलोचन का अपना रंग भाषा में निहित पूरे जीवन-व्यापार पर छाया है—

जाड़े का दिन, धूप खिली है आसमान की
नील लता पर, प्राची में, थोड़ा सा ऊपर
सूरज उठकर चला गया है, ···

प्रिय लगती है बहुत, *घमौनी* ; घाम देखकर
लोग कहीं जमते हैं, *गायें* और *बकरियाँ*
खड़ी धूप में मौज लिया करती हैं, संर्दी
इसी तरह जाती है, घर से *मीन-मेख* कर
आती हैं *महिलाएँ*, आती हैं *सुन्दरियाँ*,
कुत्ते करते रहते हैं आवारागर्दी

वही *धूप* पेड़ों के पत्तों की *हरियाली*
ओप रही है, कितने *रंग* निखार रही है
रंग रंग के फूलों में, उड़ती *चिड़ियों के*
रोएँ, डैने चमकाती हैं, जो खुशहाली
चौपायों में है उठकर ललकार रही है
सुस्ती को, जब तब दिख गए पवन के झोंके।

इसी विशिष्ट चित्रमयता को, जिसे स्वभावोक्ति कहकर टाला जा सकता था, *आचार्य रामचन्द्र शुक्ल* कविता में *गोचर रूपों का विधान* कहते हैं। कविता इस विधान के लिए "प्रायः ऐसे रूपों और व्यापारों को ही लेती है जो स्वाभाविक होते हैं और संसार में सबसे अधिक मनुष्यों को दिखायी पड़ते हैं।" (रसमीमांसा / पृ. 33)।

त्रिलोचन के ही साक्ष्य पर *शमशेर* ने स्पष्ट करना चाहा है कि छन्द और मुक्त छन्द, नयी कविता और गीत के बीच का दो-टूक विभाजन भ्रान्तिमूलक है। शमशेर की दृष्टि में त्रिलोचन जहाँ क्लासिक शिल्प को साधना चाहते हैं वहाँ भी परिणाम रूप में उससे *कलात्मक मुक्ति* उपलब्ध करते हुए। जैसा पहले कहा गया, क्लासिक की यादें त्रिलोचन की दुनिया में खूब हैं। 'शिरीष का फूल'—और वह भी 'कर्णार्पित'—पाठक तुरन्त मूल स्रोत तक पहुँचना चाहेगा। पर त्रिलोचन हैं कि एक बेपरवाह झटके से उसे वर्तमान में ला देते हैं। 'धरा पर वहीं पड़ा है!' उज्ज्यनी के कवि ने जिसे *विभात* वायु कहा था— वही हवा कवि को समय-समय पर छूती है पर कवि इस यथार्थ की अनदेखी नहीं करता कि—'हालाहल की ज्वाला / भस्मसात् कर रही पृथक्कृत सम्प्रदाय में / एकाधिक मानवता को / अब पहलेवाला निष्कलंक उल्लास नहीं।' *रूप-प्रकार* की समझ या संवेदना *केदारनाथ अग्रवाल* और *त्रिलोचन* में किस प्रकार काम करती है, इस सम्बन्ध में *शमशेर* की टिप्पणी है : "केदार और त्रिलोचन निःसन्देह 'रूप-प्रकार' को भली प्रकार समझते हैं। मगर वे इसलिए रूप-प्रकारवादी नहीं हैं कि वे रूप-प्रकार के अन्दर के रूप का अन्वेषण नहीं करते हैं, यानी उस रूप का, जिसमें वे अपने को उपलब्ध करें, यह उद्देश्य उनका नहीं है। उनके कवि की आत्मोपलब्धि जहाँ हो चुकती है वहाँ वह सहज ही उस 'अधिकृत' रूप-प्रकार को लाते हैं ताकि उसमें उसे ढाल सकें।" रूप-प्रकारवाद-सम्बन्धी अपनी

व्याख्या को आगे बढ़ाते हुए *शमशेर* कहते हैं : "*शब्द* समाज के दैनन्दिन भरपूर जीवन-संघर्ष से उद्‌भूत होते और वहीं अपने *अर्थवैभव* को प्राप्त करते हैं। उन्हीं के विद्वत्समाजसम्मत आकलन की परम्परा साहित्यिक रूप-कवियों की पूँजी होती है। लेकिन अगर केवल उसी को वह अपनी पूँजी समझकर, समाज के *व्यवहार, जीवन्त, अहर्निश आन्दोलित परिवर्तनशील, अर्थ समूहों* की ओर से *उदासीन* रहते हैं तो वह रूप-प्रकारवादी-फ़ार्मलिस्ट हो जाते हैं।" (आलोचना-जुलाई-सितम्बर 67/पृ. 135)। जाहिर है त्रिलोचन का रास्ता भिन्न है। उनके अनुभवों की पूँजी बड़ी है, इसलिए शब्द-सम्पदा भी भिन्न प्रकार की है। इस दिशा में उनकी तुलना उनके समकालीनों में केवल *नागार्जुन* से की जा सकती है, जिनकी अनुभव पूँजी तथा शब्द-सम्पदा और भी विस्तृत है। त्रिलोचन निरन्तर भीतर-बाहर आन्दोलित स्थितियों-चरित्रों से इतने सम्पृक्त हैं कि कई बार उनकी अपनी सत्ता इस गहरी सामाजिकता या सार्वजनिकता में खो जाती है।

जो सबका है कभी किसी का कब होता है
सार्वजनिकता में अपनी सत्ता खोता है

नगई महरा, फेरू अमरेथू, सुकनी बुढ़िया, रामचन्द्र दुबे, भोरई केवट, सिवटहल चाचा, इन्दो, श्यामा, चम्पा-जैसे चरित्र—साथ ही त्रिलोचन का अपना चरित्र अर्थात् आत्म-व्यक्तित्व विविध स्तरों पर जीवन्त उपस्थिति का प्रमाण देते हैं। इस दृष्टि से '*नगई महरा*' कविता की भाषा में हम एक पूरा समाज देख सकते हैं जिसका नेमधर्म, जिसके अन्तर्विरोध, पास-पड़ोस, ऊँच-नीच, राह-रस्म, सबकुछ प्रकट है। 'मेरे कान नगई की *कहन-रस* में पगे'—यह कहन-रस त्रिलोचन की शैली का सहज हिस्सा बन गया है। इस कहन-रस में 'घरौवा' शब्द का कोई पर्याय नहीं हो सकता। 'टुन्न-पुन्न' 'मुँह मुँह देखे' 'उबेने पाँव चलना' 'आँखें उन हाथों को हथवट चिताती हुई'—भाषा में इतनी जीवन-सक्रिय गतिविधियों की उपस्थिति आंचलिकता की छौंक-भर नहीं है। नगई की कहानी कहते-कहते कब त्रिलोचन का व्यक्तित्व सीधे कविता में प्रवेश कर जाता है, यह जानने के लिए हम 'भाषा' और 'भाषा' की प्रकृति में भेद कर सकते हैं। यह भाषा-प्रकृति ही हमें त्रिलोचन के व्यक्तित्व का पता देती है।

और हर लगाव को कोई नाम देने से
काम बहुत नहीं बनता
नाम एक निश्चित निश्चय उगाता है
अर्थ सम्बन्धों के सहारे चला करते हैं
यानी अर्थ का उद्‌गम छिपा रह जाता है

अधिक आत्मीय दिखते प्रसंग में कब त्रिलोचन औपचारिक लगने लगेंगे, कहा नहीं जा सकता, पर सीधे जीवन का दबाव है कि यह औपचारिक मुद्रा देर तक नहीं टिकती।

त्रिलोचन के भाषा-विवेक को लक्ष्य कर *नामवरसिंह* ने लिखा है : "नयी कविता के उत्कर्ष-काल में भी प्रवाह-पतित होने का खतरा उठाकर एक कवि धारा के विरुद्ध *वाक्यविन्यास की रक्षा* के लिए आवाज बुलन्द करता रहा लेकिन उसकी न तब सुनी गयी, न अब—वह कवि है 'धरती' और 'दिगंत' का रचनाकार त्रिलोचन ।" (कविता के नये प्रतिमान / पृ. 135) । वाक्यपूर्णता के सम्बन्ध में त्रिलोचन की धारणा अपनी और लगभग अपने ढंग की अकेली है । बातचीत में भी वे पूरे-पूरे वाक्य ही बोलते हैं । इसी सार्थक हठ ने उनका अपना छन्द बनाया है । कहने के लिए *पास्तरनाक* की कविता के बारे में कहा गया है—"पास्तरनाक की कविताओं को पढ़ने का अर्थ है *अपना गला साफ़ करना / अपनी साँस को मजबूत करना* और *फेंफड़ों को तरोताज़ा करना,* ऐसी कविताएँ निश्चय ही क्षय रोग का इलाज हैं ।" यह विशेषता त्रिलोचन के वाक्यविन्यास पर खूब लागू होती है जैसे टिप्पणी उन्हीं को ध्यान में रखकर की गयी हो । 'धरती' की ही एक कविता है 'जीवन का एक लघु प्रसंग' । ऐसे लघु प्रसंग त्रिलोचन के हाथों ही कविता बन सकते हैं । ऐसे ही प्रसंगों को कविता में देखकर पूछना पड़ता है—कविता कहाँ है ! यहाँ वाक्यों को अलग करें तो लगेगा कि अतिसाधारण तथ्य कविता में बस रख दिये गये हैं—'तब मैं बहुत छोटा था' / 'स्कूल जाने का समय हो आया था' / 'मैंने कहा बूआ यह कैसे हो सकता है' / 'वह दर्जा पास कर चुका हूँ मैं' / 'अब नयी लेनी हैं' / 'किताबें पुरानी बेकार हैं' / 'बूआ ने कहा : किसी लड़के से माँग लेना' / 'तुमसे जो आगे पढ़ता रहा हो' / 'वह दर्जा पास कर चुका हो अब जिसमें तुम नये नये आये हो' / 'मैंने चिढ़कर कहा बूआ *वे किताबें अब बदल गयीं* ।' सीधे और पूरे-पूरे वाक्य विधान की हास्यास्पद सरलता अन्त तक आते-आते 'किताबें अब बदल गयीं' इस गूँज की शक्ल में जो प्रभाव छोड़ जाती है, वही त्रिलोचन की कला है । *वाक्यपूर्णता* की त्रिलोचन की अपनी सार्थक जिद है जो कविता में सबसे अधिक उनका व्यक्तित्व भरती या जोड़ती है । सम्भव है कहीं उससे अतिरिक्त अनावश्यक फैलाव आता हो पर है यह त्रिलोचन का अपना ढंग । भाषा के मामले में वे किसी को रियायत देनेवाले नहीं हैं । *मलयज* ने अलंकरणहीनता के बावजूद *कसाव* की जो बात रघुवीर सहाय के सम्बन्ध में कही है वह *रघुवीर सहाय* से अधिक *त्रिलोचन* की कविता के बारे में सच है । रघुवीर सहाय के सन्दर्भ में कसाव की व्याख्या भी भिन्न रूप में करनी होगी । कई बार कसाव को छिन्न-भिन्न करने में ही रघुवीर सहाय की कला निखरती है । 'सबकी *बोली ठोली / लाग लपेट / टेक, भाषा, मुहावरा / भाव-आचरण- इंगित'* —यह सब त्रिलोचन के भाषायी कसाव में संश्लिष्ट-सहायक होकर ही आता है ।

प्रगतिशील-यथार्थवादी काव्यधारा के तीन महत्त्वपूर्ण कवि—*नागार्जुन, केदारनाथ अग्रवाल* और *त्रिलोचन* —इनकी कविता और काव्यभाषा-सम्बन्धी अवधारणाओं पर तुलनात्मक ढंग से बिचार करने की ज़रूरत है । जो सॉनेट त्रिलोचन का पर्याय या प्रतीक बन गया है, उस पर नागार्जुन की प्रतिक्रिया अब सब जान गये हैं । सॉनेट नागार्जुन के लिए हर हालत में विजातीय छन्द है और उसमें अब त्रिलोचन के लिए बहुत सम्भावनाएँ नहीं रह गयी हैं । "सॉनेट जैसे विजातीय काव्यरूप को हिन्दी भाषा की सहज लय और संगीत में

ढालकर त्रिलोचन ने एक ऐसी नयी काव्यविधा का आविष्कार किया है जो लगभग हिन्दी की अपनी विरासत बन गयी है।"—*केदारनाथ सिंह* के इस तर्क के प्रति नागार्जुन का दृष्टिकोण ज्ञात नहीं! पर *'सॉनेट'* त्रिलोचन की सुविधा है या उनके व्यक्तित्व का अनिवार्य व्यंजक काव्यरूप! यह अनिश्चय ज़रूर नागार्जुन के मन में बना हुआ है। यह सही है कि ख़राब सॉनेट त्रिलोचन ने कम न लिखे होंगे पर उनके ऐसे ख़राब सॉनेट भी विलक्षण काव्यत्व की उम्मीद के साथ हमेशा पढ़े जाते रहेंगे। ऐसी उम्मीद नागार्जुन के यहाँ भी बनी रहती है। एकदम साधारण सामान्य दिखते हुए वर्णन-प्रसंग में कविता! केदारनाथ अग्रवाल नागार्जुन-त्रिलोचन से अलग सामान्य वर्णनात्मक कविता लिखते भी रहे हों उनके मन में 'चिरजीवी कलात्मकता' (शब्द उन्हीं के) की कोई ऐसी धारणा ज़रूर है जो 'हरिजन गाथा' और 'नगई महरा' में काव्यत्व नहीं देख पाती। केदारनाथ अग्रवाल ने साफ़ कहा है कि कलात्मक परिपक्वता अर्जित करने के लिए जो धैर्य चाहिए वह त्रिलोचन या नागार्जुन में नहीं है या विरल है। रामस्वरूप चतुर्वेदी को केदारनाथ अग्रवाल पसन्द हैं, त्रिलोचन नहीं। केदारनाथ अग्रवाल को भी त्रिलोचन पसन्द नहीं। क्या *केदारनाथ अग्रवाल* और *रामस्वरूप चतुर्वेदी* की 'चिरजीवी कलात्मकता' की धारणाओं में कोई ऐसी गहरी समानता है जो विचारधारा के स्पष्ट भेद के बावजूद काव्यरुचि को इस हद तक प्रभावित करती है। *कुँवरनारायण* इन तीन कवियों में नागार्जुन को कुछ स्वीकार कर पाते हैं, केदारनाथ अग्रवाल और त्रिलोचन के बारे में वे आश्वस्त नहीं हैं। शायद नागार्जुन के बाद कुछ सम्भावना उन्हें त्रिलोचन में ही दिखायी देती है। *डॉ. रामविलास शर्मा* की लिस्ट में, सब जानते हैं, त्रिलोचन का कहीं नाम नहीं। दूसरी ओर आज लिख रहे कवियों में *अरुण कमल, राजेश जोशी*-जैसे युवा कवि त्रिलोचन को अपना आदर्श मानते हैं, कुछ वैसे ही, जैसे निराला को! क्या त्रिलोचन अपने समय से आगे की कविता लिखते आ रहे हैं! त्रिलोचन की बहुप्रशंसित कविता 'धूप सुन्दर' केदारनाथ अग्रवाल को अच्छी नहीं लगती, जबकि उन्हें अपनी ही कविताओं में धूप का यह चित्र, जिसमें आलंकारिक कल्पना का इस्तेमाल भी है, 'टचिंग' लगता है—

> और धूप
> बैठा है खरगोश पलँग पर
> उजला रोएँदार मुलायम
> इसको छूकर जीने का एहसास हो गया

केदारनाथ अग्रवाल का काव्यचित्र सुन्दर है, सार्थक, महत्त्वपूर्ण। पर *'टचिंग'* की ऐसी ही धारणा के सहारे आगे बढ़ेंगे तो *धर्मवीर भारती* की *धूप* (जार्जेट के पीले पल्ले-सी धूप यह नवम्बर की) कहीं ज़्यादा अच्छी लगने लगेगी। 'धरती' में धूप कविता का आरम्भ ही इतना महत्त्वपूर्ण है कि उसमें एक गहरा जीवनधर्मी लगाव स्पष्ट हो उठता है—

> धूप सुन्दर
> धूप में

जग-रूप सुन्दर
सहज सुन्दर
व्योम निर्मल
दृश्य जितना
स्पृश्य जितना
भूमि का वैभव
तरंगित रूप सुन्दर
सहज सुन्दर

मुक्तिबोध ने इन्हीं प्रकृति-चित्रों को सराहते हुए यह स्पष्ट संकेत किया था कि यहाँ प्रकृति कवि के मन में एक *बाह्य वास्तविकता* के रूप में है, मन की 'इमेज' के रूप में नहीं। मुक्तिबोध यह भी देख सके कि प्रकृति के उल्लास-चित्रों के प्रति निसर्ग मोह जीवन के *अनुरागपूर्ण आसक्तिपूर्ण* अनुभव से अभिन्न है। (मुक्तिबोध रचनावली : पाँच, पृ. 378-379)। प्रकृति-चित्रों में जीवन-अभिप्राय त्रिलोचन के यहाँ इतने सटीक हैं कि वे प्रायः सूक्ति बनकर निकलते हैं। वस्तुनिरूपण करते हुए सूक्ति जैसे दार्शनिक अभिप्राय तक पहुँचना—यह भारतीय किसान का परिचित ढंग है—जो त्रिलोचन में प्रायः दिखायी देता है, जो इधर हिन्दी में प्रकाशित, राजस्थानी कथाकार विजयदान देथा की कथाओं में खूब प्रकट है। सूक्तियों में प्रकट मार्मिक जीवन समृद्धि कविता के बाहर की चीज नहीं। सूक्ति और सूक्ति में भेद आचार्य शुक्ल ने भी किया था—"जो उक्ति हृदय में कोई भाव जागरित कर दे या उसे प्रस्तुत वस्तु या तथ्य की मार्मिक भावना में लीन कर दे वह तो है *काव्य*। जो उक्ति केवल कथन के ढंग के अनूठेपन, रचनावैचित्र्य, चमत्कार, कवि के श्रम या निपुणता के विचार में ही प्रवृत्त करे, वह है *सूक्ति*।" इस दृष्टि से काव्य के दायरे में जैसी सूक्ति स्वीकार्य होगी, उसका अनुमान किया जा सकता है। त्रिलोचन के जीवन-अभिप्राय ऐसी ही सूक्तियों में ढले हैं जो हृदय को तथ्य की मार्मिक भावना में लीन करनेवाली हैं।

ज़रूरी है त्रिलोचन के उन शब्दों में निहित जीवन की असली पहचान, जो त्रिलोचन के जाने हुए, पर अपने, चुने हुए शब्द हैं। त्रिलोचन के शब्द शब्द भी हैं और जीवित वास्तविकता भी—कई बार चरित्र भी। *जीवन* की ही खोज में त्रिलोचन की कविता *मुसहर* के यहाँ जाती है। इससे बड़े लोग नाराज़ होते हैं। निराला के *कुल्लीभाट* को पाठक याद करें—कुलीन समाज की क्या प्रतिक्रिया हुई थी निराला को वहाँ पाकर! यहाँ त्रिलोचन की कविता को स्वर भी मिलता है और जीवन भी।

टीहृर की बातें कानों थीं असी साल का
जाड़ा बरसा घाम खा चुकी थी वह वाणी
अब केवल साँसें थीं अब केवल वाणी थी

त्रिलोचन 'दिगन्त' में कह चुके हैं—'*ध्वनि ग्राहक* हूँ मैं / समाज में उठनेवाली ध्वनियाँ

पकड़ लिया करता हूँ ।' *भासंमान* शब्द श्रीकान्त वर्मा के यहाँ पहली बार आये, तो ध्यान आकृष्ट करेगा ही । त्रिलोचन के यहाँ निराला की तरह सहज आता है । त्रिलोचन की ताकत यह है कि यह शब्द एकदम अनोखे ढंग से *लाश* के वर्णन के सन्दर्भ में आता है । 'विन्ध्यपाद में देखा एक लाश को सड़ते'—दहला देनेवाला चित्र है । सुन्दर को ही नहीं, *विरूप* और *त्रासद* को भी प्रत्यक्ष करने में भाषा की *ऐन्द्रियता* कारगर युक्ति हो सकती है—

> अब अंदोर उठ रहा था···
> ···झोंके सड़ाँद के गड़ते
> थे घ्राणेन्द्रिय में । कीड़ों की गति की रेखा
> सूर्य-प्रभा से *भासमान* थी । मैंने पेखा
> उत्तर चरित देह का ।

'खेलने लगे लड़के छेड़छेड़, लड़कियाँ घरों को कर *भासमान*'—निराला के यहाँ सहज जीवन की उन्मुक्तता का चित्र है । त्रिलोचन के यहाँ '*भासमान*' शब्द *मृत्यु* के तनाव में है, लाश की विरूपता के तनाव में है । और जो चीज़ भासमान है वह है '*कीड़ों* की *गति* की *रेखा* !' त्रिलोचन शब्द को क्लासिकी उदात्तता में काव्यजीवित बनाने का ढंग भी जानते हैं और उसे सामान्य आत्मीयता में वापस लाने की हिकमत भी । 'अब शोभा उसके तन में छिप नहीं रही है / *संविभक्त वपु* नव यौवन से आज *अनोखा* लगता है ।' एक 'अनोखा' शब्द ही जैसे क्लासिकी उदात्तता को आत्मीय अनुभव में वापस लाने के लिए काफी है । उद्‌गीथ, कान्तार, दीपालोक, उद्‌भास-जैसे शब्द समकालीनता से दूरी ज़रूर बनाते हैं पर अपनी अर्थव्यंजना या सन्दर्भ में अनुभव-विशेष की समकालीनता की चमक से भर उठते हैं । 'ममता का मृदु मर्म' बिछानेवाले शब्द भी त्रिलोचन के यहाँ ख़ासे कड़े और अचूक हैं । अस्पष्टता का धुँधलका वे अपने इर्दगिर्द नहीं बनाते ।

त्रिलोचन के *शब्दों* में *राजनीति* या *कला* की खोज करनेवाले जब *जीवन* की खोज में निकलेंगे, उन्हें जीवन की ही मुद्राएँ सर्वत्र लिखी जान पड़ेंगी । त्रिलोचन का भले ही पिछले वर्षों में सम्यक साहित्यिक मूल्यांकन न हो पाया हो, वे ऐसे महत्त्वपूर्ण कवियों में ज़रूर हैं जिनसे नया रिश्ता बनाकर ही आगे की कवि-पीढ़ियाँ विकास कर सकती हैं । *हिन्दी कवि* की ख़ास अपनी पहचान लिये हुए त्रिलोचन त्रिलोचन हैं । हिन्दी कविता में उनके ढंग का दूसरा कवि नहीं है । आचार्य रामचन्द्र शुक्ल से शब्द लेकर कहें, वे ऐसे 'सच्चे' कवियों में हैं, जिनके द्वारा अंकित *साधारण* वस्तुएँ भी *मन को लीन करनेवाली* होती हैं ।

कविता में सामाजिक चिन्ता के अर्थ

रघुवीर सहाय समकालीन हिन्दी-कविता के परिदृश्य में एक ऐसे महत्त्वपूर्ण कवि हैं जिन्होंने निरन्तर एक तरह के आत्मपरीक्षण से गुज़रते हुए अनुभव और शिल्प के नये; दिलचस्प और सार्थक संगठन विकसित करने की दिशा में संघर्ष किया है । एक *अनुभव* से दूसरे *अनुभव* में जाते हुए प्रायः वे एक *शिल्प* से दूसरे *शिल्प* में जाने की अनिवार्यता अनुभव करते आये हैं । एक ऐसे समय में जब रूपवाद बनाम समाजशास्त्रीयता का द्वैध रचनात्मक मानसिकता को लगभग आक्रान्त किये हुए हो, रघुवीर सहाय के वक्तव्यों के साक्ष्य पर ही उन्हें शिल्पवादी कहकर एक तरफ किया जा सकता है; पर दूसरी ओर *सीढ़ियों पर धूप में* (1960) के बाद प्रकाशित संग्रहों—*आत्महत्या के विरुद्ध* (1967), *हँसो हँसो जल्दी हँसो* (1975), *लोग भूल गये हैं* (1982)—की कविताओं में व्यक्त उनकी करुणा, विक्षोभ या पीड़ा के इतने प्रकट *सामाजिक* अर्थ हैं और कविता की चिन्ता तथा समाज की चिन्ता वहाँ इस हद तक एक-दूसरे के लिए पर्याय हो चली है कि उन्हें रूपवादी या कलावादी कहकर अलग करना मुश्किल है । यह ज़रूर है कि रघुवीर सहाय की *समाज-चिन्ता* के अपने रूप हैं, उसे अनुभव करने या जाँचने की अपनी कसौटी है, उसे व्यक्त करने के अपने ढंग हैं—कभी बहुत सीधे और कभी बेहद जटिल । समाज से सम्पृक्ति और स्थूल सामाजिकता से अलगाव दोनों रघुवीर सहाय को एक साथ कवि-कर्म के हित में ज़रूरी लगते हैं । अब यह बहस निरर्थक और बेमानी है कि वे कविता की चिन्ता लेकर समाज के निकट जाते हैं या समाज की चिन्ता के साथ कविता के निकट आते हैं—हालाँकि उन्हीं के इशारे पर यह सवाल पूछने का चतुर उत्साह बहुतों में जग सकता है । वास्तविकता यह है कि किसी भी प्रतिबद्ध कवि के लिए ये चिन्ताएँ अभिन्न हैं और रघुवीर सहाय *अन्तर्विरोधों* के बावजूद अपने ढंग के *प्रतिबद्ध* कवि हैं ।

रघुवीर सहाय की आरम्भिक कविताएँ *दूसरा सप्तक* (1951) में प्रकाशित हैं । आज के पाठकों को वे कविताएँ कमजोर और सपाट ही दिखायी देंगी । उनमें सिर्फ एक कविता *भला* आज भी इस दृष्टि से उल्लेखनीय लगती है कि प्रेम-कविता सरीखी इस कविता में एक

बहुत ही मद्धिम शान्त लय अपनायी गयी है और *आवेगरहित* ढंग से एक तरह की भावुकता को प्रश्नांकित भी किया गया है—

मैं कभी-कभी कमरे के कोने में जाकर
एकान्त जहाँ पर होता है
चुपके से एक पुराना काग़ज़ पढ़ता हूँ
मेरे जीवन का विवरण उसमें लिखा हुआ
वह एक पुराना प्रेमपत्र है जो लिखकर
भेजा ही नहीं गया जिसका पानेवाला
काफ़ी दिन बीते गुज़र चुका ।

इस करुण ठहराव के आगे की पंक्तियाँ एक बार विचलित करती हैं पर निरुद्देश्य ढंग से—'जैसे-जैसे उसका नीला काग़ज़ पड़ता फीका / वैसे-वैसे मेरा निश्चय, यह पक्का होता जाता है / प्रत्याशा की आशा में कोई तथ्य नहीं / उत्तर पाकर हो पाऊँगा कृतकृत्य नहीं / लेकिन जो आशा की / जो पूछे प्रश्न कभी / अच्छा किया उन्हें जो मैंने पूछ लिया' । अन्य कविताएँ हर दृष्टि से साधारण हैं । चकित करनेवाली बात यह है कि वक्तव्य में रघुवीर सहाय सोच की एक बिलकुल दूसरी ज़मीन पर दिखायी देते हैं और आगे के काव्य-विकास में जो सामाजिक चिन्ता उभरकर व्यक्त हुई है उसका पूर्वाभास वक्तव्य में सर्वथा स्पष्ट है । उदाहरण के लिए इस कवि-वक्तव्य में ही रघुवीर सहाय कहते हैं : "कोशिश तो यही रही है कि *सामाजिक यथार्थ* के प्रति अधिक जागरूक रहा जाये और वैज्ञानिक तरीके से समाज को समझा जाये । × × × भाषा को भी अधिक साधारण *बोलचाल* की भाषा के निकट लाने की कोशिश रही है ··· । × × × बहरहाल इस तरह की कोशिशें विचार-वस्तु के दिल और दिमाग़ में उतरने के तरीके पर निर्भर करेंगी ··· । × × × *विचार-वस्तु* का कविता में *खून की तरह* दौड़ते रहना कविता को जीवन और शक्ति देना है और यह तभी सम्भव है जब हमारी कविता की जड़ें *यथार्थ* में हों ।"

कहने की ज़रूरत नहीं कि रघुवीर सहाय आगे की कविताओं में और कविताओं के बाहर अपनी सामाजिक चिन्ता का प्रमाण देते आये हैं पर इसके साथ ही कविता के माध्यम, शब्द, भाषा, शिल्प आदि उपकरणों के बारे में भी वे लगातार चिन्ता करते दिखायी देते हैं । 'आत्महत्या के विरुद्ध' में रघुवीर सहाय की सामाजिक चिन्ता का अधिक स्पष्ट या ठोस रूप है *लोकतन्त्रीय ढाँचे की विफलता* और विसंगति की चिन्ता । लोकतान्त्रिक मूल्यों के पक्ष में संघर्ष करनेवाले व्यक्ति के समक्ष जो विकल्प मौजूद हैं, उनका उल्लेख करते हुए रघुवीर सहाय लिखते हैं—"सबसे मुश्किल और एक ही सही रास्ता है कि मैं सब सेनाओं से लड़ूँ—किसी में ढाल सहित, किसी में निष्कवच होकर—मगर अपने को अन्त में मरने सिर्फ *अपने मोर्चे* पर दूँ—अपने, भाषा के, शिल्प के, और उस दोतरफ़ा ज़िम्मेदारी के मोर्चे पर—जिसे साहित्य कहते हैं ।" अन्यत्र उनका स्पष्टीकरण है—"समाज मेरे रचने का साधन भी है, क्षेत्र भी, उसका उपभोक्ता भी है । उसका मालिक भी—सबकुछ है, लेकिन

उसका रचयिता नहीं है—*रचता* मैं ही हूँ ।" प्रत्यक्ष है कि कविता भी यथार्थ है, यथार्थ को जानने का साधन-भर नहीं है । रघुवीर सहाय के लिए अनुभूति की ईमानदारी और शिल्प-सजगता एक ही अर्थ में ज़रूरी चीज़ें हैं । सामाजिक घटनाओं और तथ्यों को उलट-पुलटकर चीज़ों को नये परिप्रेक्ष्य में रखकर उनमें जो नया सम्बन्ध निर्मित करनेवाला तत्व है—वही शिल्प या भाषा है । रघुवीर सहाय अनुभव करते हैं कि भाषा में जितनी अधिक या भाषा के ज़रिये जितनी अधिक *तोड़फोड़* की जा सके, वह कविता के हित में भी है और कविता और समाज के रिश्तों की जाँच-परख के हित में भी । यथार्थ को जानने के रास्ते में समाज जो कठिनाइयाँ पैदा करताहै, उसकी ओर इशारा करते हुए रघुवीर सहाय कहना यही चाहते हैं कि कठिनाइयाँ सबकी सब उन्हें ज्ञात नहीं हैं और कविताएँ भी एक तरह से उन कठिनाइयों की पहचान में सहायक हैं ।

'सीढ़ियों पर धूप में' पहला ही संग्रह है जिसमें रघुवीर सहाय एक समर्थ कवि के रूप में दिखायी देते हैं—ऐसे कवि के रूप में जो भाषा के *बहुविध* इस्तेमाल के प्रति जागरूक है और माध्यम के वैविध्य के प्रति आत्मसजग । *खिलवाड़, स्वच्छन्दता,* जीवन के प्रति सहज उन्मुक्त *खुलापन* और सबसे अधिक रचने का *साहस* यहाँ स्पष्ट दिखायी देता है । जीने का अर्थ प्रकट करनेवाली कविता यहाँ रचना का मर्म भी प्रकट करती है । 'जो पंक्ति आधी याद थी / उस पर घुमड़कर / खिल गयी *एक नयी तितली / धूप* और *फूल सहित* सम्पूर्ण / और एक *शब्द* भूले हुए *शब्द* की जगह रच गया जो / कवि देखता तो कह नहीं पाता कि वह उसका नहीं है !' प्रेम का अर्थ है यहाँ—जीवन का सहज स्वीकार । *दे दिया जाता हूँ* कविता एक तरह से कवि के जीवन-मूल्यों और काव्य-मूल्यों के बारे में समवेत टिप्पणी है । 'आत्महत्या के विरुद्ध' संग्रह में अधिकतर कविताएँ राजनीतिक यथार्थ से सम्बन्धित हैं पर यहाँ भी भाषा की समस्या, शब्द की समस्या, शब्द-अर्थ सम्बन्ध की समस्या हाशिए का विषय नहीं है—

> शब्द अब भी चाहता हूँ
> पर वह कि जो जाये वहाँ वहाँ होता हुआ
> तुम तक पहुँचे
> *चीज़ों के आर-पार दो अर्थ* मिलकर सिर्फ़ एक
> *स्वच्छन्द* अर्थ दे
> मुझे दे । देता रहा है जैसे छन्द, केवल छन्द
> घुमड़-घुमड़कर भाषा का भास देता हुआ
> मुझको उठाकर *निःशब्द* दे देता हुआ ।

उस भाषा का पुनः आविष्कार जो कोरे वायदों से भ्रष्ट हो चुकी है, रघुवीर सहाय की बुनियादी काव्यचिन्ता का हिस्सा है—'न सही यह कविता / यह मेरे *हाथ की छटपटाहट* सही / यह कि मैं घोर उजाले में खोजता हूँ / *आग* / जबकि हर अभिव्यक्ति / व्यक्ति नहीं अभिव्यक्ति जली / हुई लकड़ी है न कोयला न राख !'

'नेता क्षमा करें', 'आत्महत्या के विरुद्ध', 'लोकतंत्रीय मृत्यु', 'एक अधेड़ भारतीय आत्मा', 'कोई एक और मतदाता'—राजनीतिक यथार्थ और व्यंग्यवाली इन कविताओं के साथ ही, एक ही समय में 'रचनावृक्ष', 'चढ़ती स्त्री', 'खिंचा गुलाब', 'तेरे कन्धे',-जैसी कविताएँ लिखी गयी हैं। विचारणीय मुद्दा यह है कि यह दूसरे ढंग की कविताएँ साथ-साथ रघुवीर सहाय न लिख रहे होते, तो राजनीतिक यथार्थ और व्यंग्यवाली कविताओं में क्या कमी रह जाती। प्रकृति से प्राप्त संवेदन या अनुभव एक ओर जीवनप्रद उत्सुकता का साक्ष्य है [देखो वृक्ष को देखो वह कुछ कर रहा है / किताबी होगा कवि जो कहेगा कि हाय पत्तर झर रहा है ···], दूसरी ओर प्रकृति इस दुनिया में सुन्दर और ख़ुशगवार होते हुए भी किसी बुरी ख़बर की प्रस्तावना है—

> दिल्ली के वसन्त का वह एक विशेष दिन था
> गरमी थी और हवा थी जो धूप को उड़ाये लिये जाती है
> मौलसिरी के बड़े से पेड़ तले छाँह का छितरा हुआ घेरा था
> सामने लहराते एक हज़ार फूलों के रंग से डरकर
> सिमटे हुए लोग उसमें बैठे थे
> मृत्यु की ख़बर की प्रतीक्षा में

विरुद्धों का यह *सामंजस्य,* विपर्यय या विरोधाभास की यह चेतना रघुवीर सहाय को बड़ा कवि बनाती है। प्रकृति के प्रति एक ख़ास दृष्टि रघुवीर सहाय की कविता को अर्थ देती है जो एक तरह से याद दिलाती है कि हम किन-किन चीज़ों से छूटते चले जा रहे हैं और प्रकृति से तथा अपने से बेगाने हुए जा रहे हैं—ये पंक्तियाँ पढ़कर हमें एक तरह का धक्का-सा लगता है—

> एक दिन यों हुआ कि मैं शहर से दूर गया
> और वहाँ आसमान मुझको दिखा ···

यहाँ इस बात की ओर भी विशेष रूप से ध्यान दिलाने की ज़रूरत है कि 'आत्महत्या के विरुद्ध' की राजनीतिक यथार्थ और व्यंग्य सम्बन्धी कविताओं को सिर्फ़ इसलिए स्वीकृति नहीं मिली कि व्यंग्य आसानी से सम्प्रेषित हो जाता है। आसानी से सम्प्रेषित होनेवाला व्यंग्य एक और ही तरह की चीज़ है, जिसे लिखनेवाली एक पूरी जमात हिन्दी में है और व्यवसाय की दुनिया में फल-फूल रही है, पर साहित्यिक स्वीकृति उसे आसानी से नहीं मिलती। 'आत्महत्या के विरुद्ध' की कविताओं में *व्यंग्य* के पीछे *करुणा* या पीड़ा का स्वर भी छिपा है और उसकी काव्योपयोगिता का आधार उसका सर्जनात्मक उपयोग है। व्यंग्य और व्यथा के अन्तर्विरोध से जो नाटकीय *काव्यात्मक विडम्बना* पैदा होती है वह अंग्रेजी-नयी समीक्षा द्वारा सुझायी गयी युक्ति-भर नहीं है, यह उस काव्यविवेक की संज्ञा है जो कवि में गहरी अन्तर्दृष्टि से आती है और आलोचक उसे ठीक-ठीक पकड़ सके, इसके लिए आलोचना का सिद्धान्त-ज्ञान नाकाफ़ी होता है।

कहता है *सम्पादकीय'* —व्यंग्य छिपा नहीं है पर वह अधिक मूर्त होकर आता है दूसरी पंक्ति में—'हर बार *दस बरस* पहले मैं कह चुका होता हूँ कि *समय आ गया है !'* —इसके बाद जो अस्त-व्यस्त अराजक शब्दावली है वह व्यंग्य की गूँज को कहाँ पहुँचा देती है यह देखने की चीज़ है—*'एक गरीबी, ऊबी, पीली, रोशनी, बीबी / रोशनी, धुन्ध, जाला, यमन, हरमुनियम अदृश्य / डब्बाबन्द शोर / गाती गला भींच आकाशवाणी / अन्त में टड़ंग ।'* मुक्तिबोध की कविता 'भूल ग़लती' की पंक्तियाँ याद आती हैं—'सब चुप, साहित्यिक चुप और कविजन निर्वाक् / चिन्तक शिल्पकार नर्तक चुप हैं / उनके ख़याल से यह सब गप है / मात्र किंवदन्ती ।' रघुवीर सहाय के यहाँ *शोर* और यहाँ सब *चुप* । पर व्यंग्य की प्रकृति *समानार्थक* है—शोर और चुप्पी दोनों की व्यवस्था के साथ साठगाँठ है । 'आत्महत्या के विरुद्ध' में व्यंग्य और व्यथा की निरन्तर आवाजाही का ऐसा अतर्क्य तर्क है कि पूरी कविता विरोध-व्यंग्य-विडम्बना-विसंगति के अनूठे संगठन में नाटकीय मूर्तता प्राप्त करती है । पीड़ा और विद्रूप का आमना-सामना कुछ इस तरह होता है—

दर्द दर्द मैंने कहा क्या अब नहीं होगा
हर दिन मनुष्य से एक दर्जा नीचे रहने का दर्द
गरजा मुस्टण्डा विचारक—समय आ गया है
कि रामलाल कुचला हुआ पाँव जो घसीटकर
चलता है अर्थहीन हो जाये ।

व्यंग्य के साथ-साथ ट्रैजिक स्थिति की ओर इशारा है और वह आकस्मिक नहीं है—'खिसियाते कुलपति / मुसद्दीलाल / घिघियाते उपकुलपति / एक शब्द कहीं नहीं कि *वह लड़का कौन था* / क्या उसके *बहनें* थीं / क्या उसने रक्खे थे टीन के बक्से में अपने *अजूबे* / वह कौन-कौन-से पकवान / खाता था / *एक शब्द कहीं नहीं* एक *वह शब्द* जो वह खोज / रहा था जब वह *मारा गया* ।'

इस पर बहुत बहस हो चुकी है कि पत्रकारितावाला यह अन्दाज़े-बयाँ कविता के लिए कहाँ उपयोगी है और कहाँ नहीं ! वास्तविकता यह है कि रघुवीर सहाय उसको जिस हद तक स्वीकार करते हैं, उससे अधिक अस्वीकार करते हैं । वे तो ख़तरों के स्रोत पर ही सन्देह करते हैं इसलिए आसपास घट रही चीज़ों को भेदकर यथार्थ की जड़ तक जाना चाहते हैं । वे कभी सिनिकल दिखायी दे सकते हैं—करुणा का उपयोग करते-करते अचानक निष्करुण ! पर सच वही है जिसे उनकी तरह जानते सब हैं पर कहना नहीं चाहते । 'शराब के बाद का सबेरा' रघुवीर सहाय की एक महत्त्वपूर्ण कविता है जिसमें सघनता और अर्थ-संगठन ध्यान देने की चीज़ें हैं । समय और संवेदना का अतीत से वर्तमान, वर्तमान से अतीत और फिर अतीत से वर्तमान में आना-जाना अर्थ रखता है—पर योजनाबद्ध ढंग से नहीं क्योंकि कविता में नशे का प्रसंग है, जिसका स्वभाव ही व्यतिक्रम है ।

जन्म के कितने दिनों बाद आयी थी
वह मेरी मरी हुई माँ ।

के बहुत पहले ये पंक्तियाँ आती हैं—'एक लड़की कि जिसकी बाढ़ मारी गयी है / डर के मारे नहीं बताती है मुझको वह / अपना दुख ।' क्या इनमें कोई सम्बन्ध है ! *अतीत* क्या किसी *सुरक्षा* का नाम है जो वर्तमान में गायब है !

जो महान मकान बना है पड़ोस में
वह मुझ पर गिर पड़ेगा
फिर मेरी गर्मियों की छुट्टियाँ हो जायेंगी
मेरे अपने स्कूल के अन्दर से निकलकर
बचपन के आख़िरी दिन
आयेंगे घर के कोने में
कहानियों की अलमारी की ख़ुशबू
और ठण्डा चिकना फ़र्श
मलबे के तले से एक हाथ छुड़ाकर
उसे टोता हूँ । ट नहीं

कविता के अन्त का व्यंग्याघात—'दिन निकला फोड़कर / चित्रगुप्त सभा के सचिव के दाँत / नाम कहाँ तक याद रक्खूँ / लोगों को उनकी तोंद से जानता हूँ / पहले मुझे वही मिली देवीदयाल वर्मा में / कितनी शान्तिभरी घुटनभरी / आदमी से आदमी के बचाव की ढाल ।'—सीधे समझ में आनेवाला है [हालाँकि *शान्तिभरी घुटनभरी* की *व्यंजना* एकार्थी नहीं है], पर जो इसके पहले का स्थिर नाटक है उसे गहरी संवेदना से ही पहचाना जा सकता है ।

'हँसो-हँसो जल्दी हँसो' में रघुवीर सहाय का अभिव्यक्ति-संयम अर्थात् काव्यविवेक नये रास्ते खोजता है जिसमें एक कठिन आपात् समय की स्मृतियाँ हैं, हादसे हैं, चेतावनियाँ हैं । इस संग्रह के साथ कवि की ओर से कोई वक्तव्य नहीं है जैसा कि 'आत्महत्या के विरुद्ध' और 'लोग भूल गये हैं' संग्रहों के आरम्भ में है । यहाँ शायद सभी कविताएँ मिलकर किसी बड़े हादसे के बारे में वक्तव्य हैं । लोठार लुत्से को 'हँसो-हँसो जल्दी हँसो' कविता पढ़कर 'आत्महत्या के विरुद्ध' में संकलित कविता *नयी हँसी* की याद आती है—'आँख मारकर पचसी बार वह हँसे, पचीस बार / हँसे बीस अख़्बार ।' इस तरह आपकी 'हँसी' कविता में बार-बार जो पंक्ति दुहरायी जाती है—'कहकर आप हँसे'—वह अधिक अर्थ सघन है—

निर्धन जनता का शोषण है
कहकर *आप हँसे*
लोकतन्त्र का अन्तिम क्षण है
कहकर *आप हँसे*

पर 'हँसो-हँसो जल्दी हँसो' का व्यंग्य इकहरा नहीं है—व्यंग्य और पीड़ा की चोट एक साथ इस आदेशसूचक या प्रेरणार्थक ध्वनि पर पड़ती है । यहाँ 'हँसना' क्रिया की अनेक

व्यंजनाएँ कविता में ख़ास असर पैदा करती हैं—*हँसो* अपने पर न *हँसना* क्योंकि उसकी कड़वाहट / पकड़ ली जायेगी और तुम मारे जाओगे / ऐसे *हँसों* कि बहुत खुश न मालूम हो / × × *हँसते-हँसते* किसी को जाननें मत दो कि किस पर *हँसते* हो / × × क्योंकि तुम चुप मिले तो प्रतिवाद के जुर्म में फँसे / अन्त में *हँसे* तो तुम पर सब *हँसेंगे* और तुम बच जाओगे / *हँसो* पर चुटकुलों से बचो / उनमें शब्द हैं ··· ।' व्यंग्य, विडम्बना, क्रोध और करुणा की बहुअर्थ छायाएँ एक ही क्रिया शब्द के अनेकविध प्रयोगों में मौजूद हैं ।

शोषण के जो अनेक शिकार हैं उनमें एक स्त्री भी है—अकविता शैली के छद्म विद्रोही कवियों ने जिसे आक्रमण के लिए लक्ष्य बनाया और फ़न्तासी के नाम पर इतना गूढ़ या गाढ़ा चमत्कार पैदा किया कि कतिपय प्रतिबद्ध या जनपक्षधर कवि भी उस मुहावरे के असर में आ गये । *किले में औरत, बड़ी हो रही है लड़की* और 'लोग भूल गये हैं' में संकलित *उसका निर्जन, औरत का सीना, बैंक में लड़कियाँ* -जैसी कविताएँ स्त्री के शोषण और दुःख को गहरी संवेदनात्मक समझ से व्यक्त करती हैं । स्त्री के संघर्ष के अनुभव-प्रत्यक्ष को हिन्दी में लिख रही लेखिकाओं ने पीड़ा की ऐसी समझदारी के साथ व्यक्त किया हो, इसके उदाहरण विरल हैं । कविता में संघर्ष का अर्थ हर समय संघर्ष का सिलसिलेवार बयान नहीं है—कई बार वह संघर्ष लगता भी नहीं है—इस प्रसंग में रघुवीर सहाय की सफलता इस अर्थ में है कि वे अक्सर कम शब्दों में बड़ी व्यथा को सम्प्रेष्य बना सके हैं । यह नहीं कि रघुवीर सहाय के यहाँ भाषा की फ़िज़ूलखर्ची नहीं है—कहीं-कहीं ख़ास अपने ढंग का कन्फ्यूज़न भी है जो पक्षधरता या विपक्ष के भेद को बहुत लचीला, रहस्यमय बना देता है पर जिस सच्ची सहानुभूति और अभिव्यक्ति-संयम की ओर इशारा है, उसका प्रभाव विवाद से परे है ।

> वह बड़ी होगी
> डरी और दुबली रहेगी
> और मैं न होऊँगा
> वे किताबें वे उम्मीदें न होंगी
> जो उसके बचपन में थीं
> *कविता* न होगी *साहस* न होगा
> एक और ही युग होगा जिसमें *ताक़त* ही *ताक़त* होगी
> और *चीख़* न होगी

'ताक़त' को रघुवीर सहाय परिभाषित न करें तो भी अपना वांछित अर्थ ज़रूर प्रकट करते हैं । 'बैंक में लड़कियाँ' कविता में अल्पकथन का व्यंजक प्रभाव कहीं अधिक सार्थक है । एक छोटी कविता में चुपचाप चलनेवाला नाटक जो प्रगीत-धर्म का विरोधी नहीं है, अत्यन्त अर्थभरा नाटक है । 'बैंक में लड़कियाँ / बड़ी होती जाती हैं' इस सन्दर्भ को अलग करके इन पंक्तियों की अन्तरंग कथा को पकड़ पाना कठिन है—

> वह अपने तीस बरस
> औरत और व्यक्ति के बनने के तीस बरस

लिये हुए रोज यहाँ आती है वक़्त से
ध्यान से सुनती है नौजवान ग्राहक को
खो नहीं जाती स्वप्न में
उस लड़के को कहीं जाने नहीं देती है फ़िलहाल
फिर चला जाता है वह अपने काम से
इस लेन-देन के बाद वह बजाती है एक सुहानी घण्टी
दौड़कर भीड़ भर जाती है छोटे-छोटे पुरुषों की एकान्त में
कुटे-पिटे चेहरों पर लालच लिये हुए
खिड़की से झाँकते

यहाँ स्त्री के अन्तरंग की कविता देखते-देखते स्त्री-पुरुष सम्बन्ध की कविता हो जाती है। कहने की ज़रूरत नहीं कि अर्थविश्लेषण के लिए इस कविता में अनेक सम्भावनाएँ हैं।

रघुवीर सहाय के यहाँ 'सुन्दर' शब्द की कई अर्थ-छायाएँ हैं। एक *सुन्दरता* वह भी है जिसकी पहचान समाज में *क्रूरता* के निकट ही सम्भव रह गयी है, दूसरी वह जिसकी *भय* के निकट—'कुछ चेहरों को हम सुन्दर क्यों कहते हैं / क्योंकि वे ताक़तवर लोगों के चेहरों से दो हज़ार साल से / मिलते-जुलते चले आते हैं / सुन्दर और क्रूर चेहरे मशहूर हैं दूर-दूर तक / देसी इलाकों में!' के बाद इन पंक्तियों में 'सुन्दर' के विडम्बनापूर्ण निरूपण को देखें—

तू सुन्दर है
इसलिए नहीं कि डरी हुई है
तू अपने में सुन्दर है

अगर सहज-सुन्दर या सुन्दर-प्रखर-जैसे लक्षण न दिखायी देते हों, तो अपने समाज की बनावट के बारे में गम्भीरता से सोचने की ज़रूरत है। 'स्त्री' कविता का अन्त इस प्रकार है—'पर उसका चेहरा उसका *विद्रोह* है / यह कितनी कम औरतें जान पाती हैं।' *विद्रोह* की *सुन्दरता* भी हो सकती है, यह जहाँ याद दिलाने की चीज़ रह गयी है वहाँ क्या आश्चर्य कि *क्षय* को ही *सौन्दर्य* के रूप में प्रचारित कर शोषण का सिलसिला अटूट रखने की कोशिश की जाय।

'लोग भूल गये हैं' संग्रह के निवेदन में कई तरह से कविकर्म की बढ़ती हुई कठिनाइयों की ओर संकेत किया गया है। "इस संग्रह की रचनाएँ मेरे काव्य जीवन के जिस दौर में लिखी गयी हैं, वह अभी हाल में शुरू हुआ और अभी निबटा नहीं है। × × मँझधार से या कहें बीच भँवर से लिखी हुई कविता प्रकाशित कर देने का यह मेरा पहला अवसर है।" "अपनी कविता के वर्तमान दौर में से एक बार बाहर आकर अपना अधूरापन पाठकों को दिखाने के पीछे समाज के वर्तमान दौर का एक दबाव है जो कवि पर पड़ रहा है। अपने को पूरा करना अपने अधूरेपन को समाज के सामने परीक्षा और पड़ताल के वास्ते लाये बिना आज सम्भव नहीं रह गया है।" "कवि इस संघर्ष में बार-बार *मानवीय रिश्तों* की खोज

करेगा और उनको जाँचेगा, सुधारेगा, बनायेगा और फैलायेगा । ये सम्बन्ध हृदय-परिवर्तन से नहीं बनेंगे, *संघर्ष के नतीजों* की बार-बार *जाँच* से बनेंगे।" यह उद्धरण इसलिए देना पड़ा कि संग्रह की कविताओं का कठिनाइयों के इस बयान से ख़ास रिश्ता है। पर क्या ये कठिनाइयाँ सिर्फ़ रघुवीर सहाय के सामने हैं या ठीक इसी रूप में विनोदकुमार शुक्ल, लीलाधर जगूड़ी, मंगलेश डबराल, असद ज़ैदी, राजेश जोशी तथा आज के अन्य सामाजिक चिन्ताप्रधान कवियों के सामने भी हैं। क्या रचने के एकान्त के बीच से यकायक आना सिर्फ़ रघुवीर सहाय के लिए ज़रूरी हो गया है! क्या शिल्प के बारे में दूसरे चौकस सतर्क हैं और रघुवीर सहाय बेपरवाह! क्या यह प्रतिक्रिया कला और समाज के बारे में अकेले रघुवीर सहाय की है—

वे जिन तकलीफों को जानकर
उनका वर्णन नहीं करते हैं
वही है कला उनकी
कम-से-कम कला है वह
और दूसरी जो है बहुत-सी कला है वह
कला बदल सकती है क्या समाज ?
नहीं *जहाँ बहुत कला* होगी, *परिवर्तन* नहीं होगा

इसमें सन्देह नहीं कि रघुवीर सहाय की कविताओं में अपेक्षाकृत बड़े समाज की चिन्ता दिखायी देती है। तुलना करें तो शायद इससे बड़ी सामाजिक चिन्ता नागार्जुन के यहाँ ही दिखायी देगी। क्या कारण है कि नागार्जुन को अपनी कठिनाइयों के बारे में कोई स्पष्टीकरण देना ज़रूरी नहीं लगता। क्या सच यही नहीं कि 'बहुत कला' को परिवर्तन में बाधक समझने के बावजूद रघुवीर सहाय अधिक स्पष्ट रूप में *शिल्पचेतस्* कवि हैं, तो क्या कला से इनकारवाली यह मुद्रा कुछ-कुछ जैनेन्द्रवाली मुद्रा है! शायद नहीं। 'लोग भूल गये हैं' संग्रह की कविताएँ और पिछले दिनों प्रकाशित 'मरघट'-जैसी कविताएँ प्रमाण हैं कि रघुवीर सहाय की समाज-चिन्ता अधिक गहरी और विश्वसनीय है जो कवि को अनुभवों के व्यापक संसार में ले जाती है और अनुभव और शिल्प के सार्थक संयोजन के प्रति उत्तरदायी बनाती है। शोषण, दमन, अत्याचार, हिंसा, पूँजी-प्रतिष्ठान और सामाजिक अपराध को जन्म देनेवाली अन्य संस्थाओं तथा ताक़तों का विरोध, घर-कोठरी, बीवी, बच्चे—सभी, अनुभवों की इस व्यापक और जटिल दुनिया में कवि की चिन्ता के विषय हैं। अद्वितीयता के मिथ का विरोध करते हुए रघुवीर सहाय इस साधारण दुनिया में प्रवेश करते हैं—

अनुभव से समृद्ध होने की बात तुम मत करो
वह तो सिर्फ़ *अद्वितीय* जन ही हो सकते हैं।

सम्प्रेषण की चिन्ता यहाँ कविता के पक्ष में भी है और समाज की दिशा में भी—'यही सब लिखता हूँ / क्योंकि जो चारों ओर लोग हैं उनको विश्वास नहीं / तभी तो मैं लिखता हूँ / वे

नहीं समझते / वे अपनी ही बात समझना चाहते हैं / मैं उनकी भाषा में नहीं कह रहा हूँ / फिर भी मुझे उनसे अपना लिखा छिपाना नहीं है / क्योंकि उसे दिखाकर ही जाना जा सकता है / कि मैंने जो कहा / कल / कहीं और / वह समझा जायेगा / या नहीं समझा जायेगा ।'

जीवन-मृत्यु के बुनियादी सवालों की अपेक्षा रघुवीर सहाय को वे तात्कालिक चिन्ताएँ ज़्यादा घेरती हैं—जिनसे आज की साधारण जिन्दगी जुड़ी है । 'यहाँ मैं अकेला एक छोटी-सी चीज़ का / अपने समाज में अर्थ देख रहा हूँ ।' साहित्य में पीड़ा का बयान करनेवाले वस्तुत: कितना कम जानते हैं पीड़ा के साधारण सामाजिक तथ्य को !—वे उस डर के कारण को भी कहाँ जानते हैं जो आज की संस्कृति का मूल स्रोत है !—रघुवीर सहाय की चिन्ता के केन्द्र में वह समाज है जिसे लोग भूल गये हैं और जिसकी पहचान करने के लिए शब्द खोजने पड़ते हैं ।

हम उपन्यास में बात मानव की करेंगे
और कभी बता नहीं पायेंगे
सूखी टाँगें घसीटकर खम्भे के पास में आकर बैठे हुए
लड़के के सामने पड़े हुए तसले का अर्थ

समाज के साधारण तथ्यों के निकट जाकर ही एक बार कविता फिर विश्वसनीयता प्राप्त करती है । जिसके साथ आधुनिकता की कोई युक्ति नहीं जुड़ी है, न कला-शिल्प की रूढ़ि और न जनहित का मिथ्या दर्प—

मैं उन गलियों से फिर एक बार जाना चाहता हूँ
जो मेरे घर के पीछे के इलाके में रची थीं
वे बत्तखें वे टाट के परदे लोना लगी दीवालें
और एक विचित्र-सा अनुभव कि रास्ते कई तरफ़
से आकर जाकर मेरा मोहल्ला बन गये हैं
जो बचपन में कई बार कई तरफ़ से घर
पहुँचने पर होता था ।

मरती हुई संवेदना को फिर से जिलाने की कोशिश रघुवीर सहाय की कविता का निरन्तर सरोकार है । अपसंस्कृति के हाहाकार में जो मूल्यवान मानवीय रिश्ते या अनुभव खो गये हैं उनकी नये सिरे से पहचान रघुवीर सहाय की कविता का एक ख़ास प्रयोजन है । 'मरघट' (समकालीन भारतीय साहित्य / जनवरी-मार्च 85) कविता एक अत्यन्त गहरे संवेदनात्मक अनुभव का लगभग विचलित करनेवाला बयान है—मृत्यु के अनुभव से पैदा होनेवाली दहशत और सच्ची लौकिक जीवनासक्ति के तनाव में यह कविता एक अद्भुत विडम्बनापूर्ण रचाव में सम्पन्न होती है—

'कहाँ है मरघट ?' जो पता दिया गया था

पूछता उसे चला रामजस स्कूल के पीछे
एक जगह दो लड़के बोले, 'हाँ, रामजस'।
वहीं हम पढ़ते हैं—मरघट वहीं पर है ?

विडम्बना किसी एक ही वाक्य की बनावट में हो, ऐसा नहीं है—वह बार-बार कहीं शब्द में और कहीं वाक्य-विन्यास में और कहीं समग्र अर्थ-संगठन में मौजूद है। कविता शुरू ही होती है इस वाक्य से—'शानदार मौत थी'। एक बार 'शानदार' विशेषण ही विचलित करता है—आगे ये पंक्तियाँ हैं—

दोनों ने सुखमय आश्चर्य से पूछा—
मरघट! मरघट ? मैं वहीं जा रहा हूँ चलिए···

यह कविता अपने अर्थ-संघटन में बहुत कुछ विजयदेव नारायण साही की कविता *अस्पताल में* के समकक्ष कही जा सकती है। दोनों ही कविताएँ कविता के इतिहास में रेखांकित करने योग्य हैं।

इसमें सन्देह नहीं कि रघुवीर सहाय हमारे समय के एक अत्यन्त महत्त्वपूर्ण कवि हैं, जिनका प्रभाव अनेक रूपों में समकालीन हिन्दी कविता के कथ्य और शिल्प-संगठन पर स्पष्ट है। उनकी इधर की कविताएँ जिस समय को सम्बोधित हैं वह प्रायः सामूहिक पतन का दौर जान पड़ता है। पतन यहाँ जटिल और अन्तर्विरोधों से ग्रस्त फ़ेनॉमेनॉ है। उसके बारे में लगातार लिखते हुए यह ख़तरा भी बना रहता है कि सहज जीवन के उल्लासमय, आवेगमय पक्ष कविता की उस अनुभव-जाति में चले जायें, जिसे लोग भूल चुके हों। विडम्बना की माँग के चलते कभी ऐसे पक्ष रघुवीर सहाय के यहाँ आते भी हैं, तो टिकते नहीं। यह सच है कि *विडम्बना* के *सर्जनात्मक* उपयोग की दृष्टि में रघुवीर सहाय बेजोड़ कवि हैं पर विडम्बना वह काव्य-तत्व है जिस पर बहुत दूर तक भरोसा नहीं किया जा सकता—उसके अच्छे और घातक दोनों तरह के परिणाम निकलते हैं। रघुवीर सहाय के काव्य-संसार से गुज़रते हुए ये प्रश्न कविता के पाठकों के मन में उठ सकते हैं। जैसा पहले कहा गया, समाज की चिन्ता और कविता की चिन्ता एक साथ, एक ही समय में, रघुवीर सहाय के लिए ज़रूरी चीज़ें हैं इसलिए यह मानने का कोई कारण नहीं है कि वे स्वयं इन प्रश्नों के बारे में न सोच रहे हों।

मानवीय सार्थकता की खोज

काव्यबोध में ही निहित *दार्शनिक* चिन्ता या *नैतिक* विवेक *कुँवरनारायण* की कविता का वह महत्त्वपूर्ण आयाम है जिसके आधार पर उन्हें आसानी से *प्रसाद* की परम्परा में देखा जा सकता है। अपनी समस्त संघर्ष-चेतना के साथ मुक्तिबोध में भी कुछ ऐसे तत्व मौजूद हैं कि प्रसाद की विचारधारा या दृष्टि से असहमत होते हुए भी वे प्रसाद की परम्परा के निकट पड़ते हैं। मुक्तिबोध ने कुँवरनारायण के कविता-संग्रह 'परिवेश-हम तुम' की समीक्षा करते हुए लिखा है—"महत्त्व की बात यह है कि आज, जबकि साधारणतः लेखक और कवि इसी व्यवहार-क्षेत्र में कार्यकुशल होकर अपने को अधिकाधिक सफल और प्रभावशाली बनाने के प्रयत्न में लीन रहते हैं और इसके लिए बिक तक जाते हैं, कुँवरनारायण ऐसा कवि है जो उसी व्यवहार-क्षेत्र के विरुद्ध *तीव्र संवदेनात्मक प्रतिक्रियाएँ* करता हुआ, जीवन के *क्षण-क्षण* को *तड़िन्मय* और संवेदनमय बनाने के लिए अकुलाता हुआ, *पीड़ित अन्तरात्मा* के स्वर को उभारता है। उसे वास्तविक मानवीय सार्थकता की तलाश है। वह वास्तविक मानवीय सार्थकता उसे कहीं नहीं मिल पाती। इसलिए उसका चित्त खिन्न हो जाता है। पर वह केवल दुख के काले रंगों में घिरकर डूब नहीं जाता, वरन् मानव के हृदय-विस्तार की क्रिया में जो एक मूल समस्यात्मक बाधा है, उस बाधा के वस्तुगत रूप का भी स्पष्ट चित्रण करता है। उसका स्वर *उदात्त* और *नैतिक* महत्त्व धारण कर लेता है। कुँवरनारायण मूलतः *आदर्शवादी* कवि है।" (मुक्तिबोध रचनावली / पाँच, पृष्ठ 472-473) कहने की ज़रूरत नहीं कि कुँवरनारायण के 'आदर्शवाद' में अपने समय के *यथार्थ* की गहरी चेतना भी मौजूद है जो उनके काव्यात्मक विकास के साथ-साथ विकसित होती गयी है।

'नयी कविता' के आरम्भिक दौर में कुँवरनारायण की एक अधिक विचारशील सम्भावनापूर्ण कवि के रूप में पहचान बनी। तब भी कुँवरनारायण की मूल प्रकृति रोमाण्टिक भावुकता का निषेध करती थी। इसलिए आज यह कहने का कोई अर्थ नहीं कि कुँवरनारायण ने 'नयी कविता' वाले रूमानी संस्कारों का परित्याग करके नया भावबोध प्राप्त किया है। जिस 'नयी कविता' को रोमाण्टिक नवोत्थान की कविता कहा गया, वह

महज़ रोमाण्टिक भावुकताग्रस्त थी भी नहीं । सच तो यह कि उसमें कई-कई प्रवृत्तियाँ सक्रिय थीं । इसलिए 'क्षणवाद' को नयी कविता का सर्वस्व माननेवाले व्याख्याता चाहते भी तो कुँवरनारायण को अपने सम्प्रदाय में खपा पाना उनके लिए कठिन था । ऐसी कुछ काव्यरूढ़ियाँ शायद कुँवरनारायण की आरम्भिक कविताओं में दिखें पर वहाँ भी उनका काव्यतर्क भिन्न होगा, उनके उपयोग का मुख्य प्रयोजन या तात्पर्य अलग होगा । कुँवरनारायण का नया विकास उनकी अपनी ही ज़मीन पर है—अपनी बुनियादी प्रकृति या प्रतिज्ञा के अनुरूप । वे आज के जीवन की अन्तर्बाह्य जटिलताओं से परिचित कवि हैं इसलिए तात्कालिक प्रतिक्रिया या समाधान से सन्तुष्ट होने की हड़बड़ी वे नहीं दिखाते । कभी-कभी वे खटकने की हद तक शान्त और उद्वेगरहित जान पड़ते हैं, जबकि अपने समय के प्रति उनकी चिन्ता का स्वरूप भीतर-ही-भीतर उन्हें व्यग्र या बेचैन दिखाता है । कविकर्म भी कुँवरनारायण के लिए अधिक जटिल प्रदीर्घ *जीवन-प्रक्रिया* या *चिन्तन-प्रक्रिया* का हिस्सा है, इसलिए उनमें समय को पहचानने के साहस के साथ उसे अधिक गहरे स्तर पर जानने के लिए अपेक्षित धीरज भी मौजूद है । इस दृष्टि से उनके यह कहने का निश्चित अर्थ है—

> आज नहीं
> *अपने वर्षों बाद* शायद पा सकूँ
> वह *विशेष संवेदना* जिसमें उचित हूँ

'चक्रव्यूह' से 'अपने सामने' तक कुँवरनारायण के काव्यविकास को समझने के लिए कुँवरनारायण की अपनी मान्यताओं की स्मृति ज़रूरी है । कुँवरनारायण कवि होने के साथ उस गहरी आलोचना-दृष्टि का भी प्रमाण देते हैं जो समय की जटिलताओं के सन्दर्भ में अपने अभिव्यक्ति-माध्यम, अपनी भाषा की प्रकृति, सार्थकता और सीमा के निरन्तर परीक्षण से विकसित होती है । *बॉदलेयर* के शब्दों में कहा जाय, तो कुँवरनारायण *आलोचना-दृष्टि-सम्पन्न* उन कवियों में हैं जो "केवल *सहजवृत्ति* या *अन्तःप्रेरणा* (instinct) से प्रभावित या परिचालित नहीं होते ।" आज के जटिल जीवन-यथार्थ को जानने के जो भी रास्ते या माध्यम सुलभ हैं उन सबका लाभ उठाकर वे उसे समग्र जानना चाहते हैं । जीवन से सम्पर्क का अर्थ कुँवरनारायण के लिए "अनुभव मात्र नहीं, वह *अनुभूति* और *मनन-शक्ति* भी है जो अनुभव के प्रति तीव्र और विचारपूर्ण प्रतिक्रिया कर सके ।" कुँवरनारायण के लिए अनुभव की सार्थकता उसके किसी महत्त्वपूर्ण परिणाम में प्रतिफलित होने में है और यह वैज्ञानिक दृष्टि के अभाव में सम्भव नहीं । यथार्थ-सजग होने का दावा करनेवाले अनेक कवि भावुकताग्रस्त होते देखे गये हैं, मूलतः आदर्शवादी होते हुए भी कुँवरनारायण भावुकता से परे हैं, जिसके चलते कई बार उनकी कविता जीवन का एक कठोर तथ्य मात्र जान पड़ती है । यथार्थ के प्रति प्रौढ़ प्रतिक्रिया ही कुँवरनारायण की कविता का आदर्श है । दार्शनिक-नैतिक विवेक कुँवरनारायण की कविता को अर्थसघन बनाता है, जिसके तुरत पाठ से सबकुछ हासिल नहीं होता । उसकी ऊपरी कठोरता या कठोर

सामान्यता को भेदकर हम जिस विशेष अर्थ या मर्म तक पहुँचते हैं, वहीं काव्यत्व की नयी पहचान भी सम्भव होती है । काव्यानुशासन भी कुँवरनारायण के निकट एक विचार या जीवन के प्रति मौलिक संवेदनात्मक प्रतिक्रिया है । इसे हम उनके पूरे काव्य-व्यवहार में देख सकते हैं ।

कुँवरनारायण की कविता का मुख्य चरित्र है—निरन्तर और *बेचैन प्रश्नाकुलता*, जो किसी स्वतन्त्र बौद्धिक व्यक्तित्व का सहज स्वभाव होती है । 'जो सुन्दर है, वह कठिन भी है'—दार्शनिकों से मिली यह सीख कुँवरनारायण को जीवन के बारे में कठिन या बीहड़ प्रश्न पूछने की प्रेरणा देती है । तब असन्तोष ही उन्हें कला का उत्स जान पड़ता है । जीवन के प्रति तीखी जिज्ञासा, यथार्थ के जटिलतम रूपों के प्रति गहरी उत्सुकता, आस्था या विश्वास का कठोर परीक्षण इस असन्तोष के ही रूप-प्रकार हैं । इस असन्तोष को वांछित अर्थ देने के लिए कुँवरनारायण ने 'असन्तुष्ट चेतना' पद का प्रयोग किया है—"एक असन्तुष्ट चेतना है जो आवेश में पागलों की तरह / *भाषा को वस्तु* मान, *तोड़-फोड़कर / अपने एकान्त* में बिखरा लेती है / और फिर किसी सिसकते बालक की तरह कातर हो / *भाषा के उन्हीं टुकड़ों* को पुनः / अपने स्खलित मन में समेटती है, सँजोती है / और जीवन को किसी *नये अर्थ* में प्रतिष्ठित करती है ।" (माध्यम / चक्रव्यूह) उदाहरण पहले का ही सही, प्रवृत्ति कुँवरनारायण की यही है कि वे काव्याभास का ख़तरा उठाकर भी अपनी मान्यताएँ स्पष्ट करना चाहते हैं । विचारणीय यह है कि काव्याभास और काव्यात्मकता के बारे में कुँवरनारायण का अपना दृष्टिकोण क्या है और वह कहाँ तक उनके लिए उपयोगी सिद्ध हुआ है । कुँवरनारायण वक्तव्य और कविता के बीच बहुत स्पष्ट सीमा-रेखा खींचनेवाले हठीले तर्क से सन्तुष्ट नहीं हैं । दूसरे स्तर पर देखें तो कुँवरनारायण अपनी मान्यताओं के प्रति जितने सजग हैं, काव्यभाषा और कविता के संगठन के प्रति भी उतने ही जागरूक हैं । वस्तु और रूप का विभाजन उनके लिए अर्थ नहीं रखता । रूप में विस्फोटक नवीनता लाने की कोई ख़ास कोशिश भी कुँवरनारायण की नहीं है । पर काव्य-प्रक्रिया के प्रति उत्सुकता उनके यहाँ है और वह अनेक कविताओं में प्रकट है ।

ये पंक्तियाँ मेरे निकट आयी नहीं
मैं ही गया उनके निकट
उनको मनाने
ढीठ, उच्छृंखल *अबाध्य इकाइयों* को
पास लाने :

. . . . . .

··· कभी भी पास मेरे नहीं आये :
मैं गया उनके निकट उनको बुलाने,
ग़ैर को अपना बनाने
क्योंकि मुझमें पिण्डवासी

है कहीं कोई *अकेली-सी उदासी*
जोकि *ऐहिक सिलसिलों से दूर*
कुछ सम्बन्ध रखती उन परायी पंक्तियों से ।

कभी इन पंक्तियों के आधार पर कुँवरनारायण को 'सहजता के विरुद्ध' अपना काव्यपक्ष स्पष्ट करनेवाला कवि कहा गया था । आरोप की ध्वनि यह थी कि कुँवरनारायण की कविता यत्नसाधित है । कुँवरनारायण को अबोध क़िस्म की सहजता के बारे में कोई भ्रम नहीं है । कविता उनके लिए दैवी प्रेरणा न होकर सचेत मानवीय कर्म है । कविता को इसी विशेष रूप में देखने के लिए *लोर्का*-जैसे कल्पनाशील कवियों ने *स्वतःस्फूर्तता* के सिद्धान्त को चुनौती दी और *व्यवहार* में प्रमाणित किया कि जिसे काव्यात्मक सहजता कहते हैं, उसका भी अपना शिल्प होता है । नागार्जुन-जैसे कवियों को पढ़ते हुए सहजता के इस शिल्प का ख़ास अनुभव होता है । कुँवरनारायण का काव्य-शिल्प 'सरल' और 'सतही' में भेद करने का विवेक पैदा करता है । 'गम्भीरता' और 'खिलवाड़' के अन्तर्गठन से कुँवरनारायण जिस काव्यात्मक सार्थकता की पहचान कराते हैं, उसे सहज-असहज के सामान्यीकृत भेद के आधार पर समझना कठिन है । सार्थक जीवन या सार्थक कविता कुँवरनारायण का अपना कठिन चुनाव है—

मैंने अक्सर इस *ऊलजलूल दुनिया* को
दस सिरों से सोचने और *बीस हाथों* से पाने की कोशिश में
अपने लिए *बेहद मुश्किल* बना लिया है

अन्तिम ऊँचाई तक पहुँचने का कठिन चुनाव कवि का अपना है—यह वह जगह है जहाँ *सब कुछ जीत लेने में* और *अन्त तक हिम्मत न हारने में* फर्क़ नहीं रह जाता । 'अन्तिम ऊँचाई' काव्याभास से अधिक कविता है तो दृढ़ संकल्प का बयान होने के अर्थ में ही नहीं, उत्तरोत्तर कठिनाइयों के अनुभवक्रम में भी, जो हमेशा ज्ञात और सुगम नहीं होता, विषम, विडम्बनापूर्ण और चुनौती-भरा भी होता है ।

कुँवरनारायण यद्यपि मुख्य रूप से आधुनिक *समाज की जटिलताओं* और विसंगतियों के चित्रण में रुचि दिखाते हैं पर प्रकृति, प्रेम और *जीवन-राग* के दूसरे पहलू उनके काव्यसंसार से बहिष्कृत नहीं हैं । प्रकृति या जीवन के प्रति राग भी उनके यहाँ अधिक सघन विचार के रूप में प्रकट हैं । बीसवीं सदी के उत्तरार्द्ध में कहीं अधिक प्रभावी अमानवीय ताकतों के विरुद्ध कुँवरनारायण यदि कविता को नैतिक हस्तक्षेप या कारगर हथियार मानते हैं तो जीवन-राग की उपेक्षा उनके लिए असम्भव है । 'गले तक धरती में गड़े हुए भी' (आलोचना-77) कविता में कुँवरनारायण हज़ारों मुक्तियों में खुलते सुगन्धि के न जाने कितने अर्थों के प्रति उत्सुक दिखायी देते हैं—

जितना बचा हूँ
उससे भी बचाये रख सकता हूँ यह अभिमान

कि अगर नाक हूँ
तो वहाँ तक हूँ जहाँ तक हवा
मिट्टी की महक को
हलकोरकर बाँधती
फूलों की सूक्तियों में
और फिर खोल देती
सुगन्धि के न जाने कितने *अर्थों* को
हज़ारों *मुक्तियों* में

विश्वमानवता के सामने उपस्थित संकटों की पहचान ही कुँवरनारायण को खास अर्थ में पक्षधर या *प्रतिबद्ध* बनाती है। वे सबसे पहले नैतिक मनुष्य की अपराजेय जिजीविषा के पक्ष में हैं–'उसकी लटकी हुई छाती, धँसा हुआ पेट, झुके हुए कन्धे, वह / कौन है हमेशा जिसकी हिम्मत नहीं, केवल घुटने तोड़े जा सके !' कठिन समय का अहसास कुँवरनारायण की कविताओं में बार-बार उभरता है–

शायद उसी *मुश्किल वक्त* में
जब मैं एक डरे हुए जानवर की तरह
उसे अकेला छोड़कर बच निकला था ख़तरे से सुरक्षा की ओर
वह एक फँसे हुए जानवर की तरह
ख़ूँख्वार हो गया था
(जब आदमी आदमी नहीं रह जाता / अपने सामने / पृ. 18)
वक्त नाजुक है
मगर कविता की तरह नाजुक नहीं
(ताला / अपने सामने / पृ. 66)

समय की कठिनाइयों के साथ-साथ नैतिक अकेलेपन का अहसास भी निरन्तर बना हुआ है। कुँवरनारायण की 'इतिहास-सन्दर्भ' की कविताएँ भी अपने समय की कठिनाइयों का ही अहसास कराती हैं, यद्यपि अपवाद-सरीखी कुछ कविताएँ इतिहास-रस की अनुभूति तक सीमित हैं। 'दिल्ली की तरफ' कविता इस दृष्टि से उल्लेखनीय उदाहरण है कि इसकी व्याख्या आज के समय के बाहर की ही नहीं जा सकती–

जिधर घुड़सवारों का रुख़ हो
उसी ओर घिसटकर जाते हुए
मैंने उसे कई बार पहले भी देखा है।

दोनों हाथ बँधे, मजबूरी में, फिर एक बार
कौन था वह ? कह नहीं सकता

क्योंकि केवल दो बँधे हुए हाथ ही
दिल्ली पहुँचे थे ।

(अपने सामने / पृ. 87)

हमारे समय में *अतिरंजना* का सहारा लेकर भी कवियों ने मनुष्य की नियति और उसकी जटिलताओं को समझने या अभिव्यक्त करने की कोशिश की है । विचारणीय यह है कि एक स्तर पर सामान्य अतिरंजना दूसरे स्तर पर किस प्रकार सार्थक काव्य-विडम्बना का रूप ले लेती है । वह केवल भाषाई युक्ति या हिकमत है या उसका सम्बन्ध जटिलतर सम्बन्धोंवाले समाज में अर्थ खोती इकहरी एकायामी भाषा के सतहीपन के अतिक्रमण, प्रकारान्तर से भाषा के पुनर्जन्म से है । काव्यमर्म से परिचित पाठक जानते हैं कि अतार्किक कथनों के संयोजन में भी एक ऐसी तर्क-दृष्टि काम करती है जो काव्यदृष्टि का पर्याय अथवा समकक्ष होती है । 'सन्नाटा या शोर' कविता की ओर पाठकों का ध्यान जाना चाहिए–

यह रोशनी नहीं
मेरा घर जल रहा है

यह पत्थर नहीं
मेरी चकनाचूर शक्ल का एक टुकड़ा है

लगता है मेरे कानों के बीच एक पाताल है
जिसमें मैं लगातार गिरता चला जा रहा हूँ

मैं जो कुछ भी कर पा रहा हूँ
वह विष्टा है या विचार

इस क्रूर निषेधात्मक आत्मसाक्षात्कार में कुँवरनारायण का उद्देश्य समाज में व्याप्त त्रासद मूल्यहीनता का निर्मम उद्‌घाटन है । यहाँ 'मैं' या 'मेरा' जैसे शब्दों की अपनी कोई निजी सत्ता या सार्थकता नहीं–इन शब्दों का व्यंग्यार्थ वह वस्तुस्थिति है जिसमें रहने के लिए, साँस लेने (या साँस न ले पाने) के लिए हम अभिशप्त हैं । दुखद वास्तविकता यह है कि अतिरंजना-जैसी हिकमतें आधुनिकतावादियों के हाथों इस हद तक प्रदूषित हो चुकी हैं कि कुँवरनारायण जैसे संवेदनशील ईमानदार कवि भी उनका रचनात्मक उपयोग नहीं कर सकते ।

कुँवरनारायण की कठिनाई यह जानने में निहित है कि आधुनिक समाज में मानवीय रिश्तों का बुनियादी आधार इतना विचलित विपर्यस्त हो चुका है कि चीज़ों को सही नाम से पुकारना सम्भव नहीं । सीधी सचाई को कहने के लिए अक्सर एक विडम्बनापूर्ण काव्य-उक्ति का आश्रय जरूरी हो उठता है । 'इन्तिज़ाम' कविता में विपर्यय या विरोधाभास का विनोदपूर्ण अतर्क्य संयोजन एक त्रासद वास्तविकता के बयान के लिए है–'मैं *अस्पताल* गया / लेकिन वह जगह *अस्पताल नहीं* थी । वहाँ मैं डाक्टर से मिला /

लेकिन वह आदमी *डाक्टर नहीं* था / उसने *नर्स से* कुछ कहा / लेकिन वह स्त्री *नर्स नहीं* थी / फिर वे *आपरेशन रूम* में गये / लेकिन वह जगह *आपरेशन रूम नहीं* थी··· ।' विरोध विपर्यय की यह श्रृंखला दूर तक चलती है जब यह रहस्य खुलता है कि जो अधमरा बच्चा लाया गया वह बीमार नहीं, भूखा था । उपचार की परिणति हादसे के असर को और गहरा कर जाती है–

डाक्टर ने मेज़ पर से
आपरेशन का चाकू उठाया
मगर वह चाकू नहीं
जंग लगा भयानक छुरा था

छुरे को बच्चे के पेट में भोंकते हुए उसने कहा
अब यह बिल्कुल ठीक हो जायेगा

काव्यात्मक विस्मय या विपर्यय से चलकर कविता इस क्रूरतम हादसे तक पहुँचती है । काव्यात्मक विस्मय भी प्रायः कुँवरनारायण के यहाँ आनन्दप्रधान नहीं, आघातप्रद अनुभव है ।

कुँवरनारायण को जिन कारणों से प्रसाद की परम्परा में रखकर देखने की बात कही गयी है उनमें एक प्रमुख कारण *अस्तित्व जिज्ञासा* भी है । आश्चर्य है कि 'आत्मजयी' में नचिकेता के अनुभवों की व्याख्या करते हुए समीक्षकों को पश्चिमी अस्तित्ववाद की याद तो आती है, 'कामायनी' (विशेष रूप से 'चिन्ता' सर्ग) के मनु की याद नहीं आती ।

मैं किसी आदिम निर्जनता का असभ्य एकान्त

प्रत्येक जीवन
मानो किसी असफल षड्यन्त्र के बाद
पूरे संसार की निर्मम हत्या है

मैं अपनों के हठान्त सत्यों से दण्डित हूँ
उनके विमूढ़ विश्वासों से हारा हूँ
उनकी नादानी से
कुछ ऐसे अपराधी साबित हूँ
मानो अपना ही हत्यारा हूँ

पा नयी शक्ति
नचिकेता बरबस बढ़ा उधर
लेकिन उससे भी तेज़ी से जल बढ़ता था

सामने एक गूँगा प्रतीक
निर्वाक् शिला—वह मूर्ति अचल
असमर्थ रहस्य—चिह्न केवल
नीचे पूर्ववत् लहराता था प्रलयंकर जल ।

— *आत्मजयी*

'चिन्ता' सर्ग में मनु का आत्मसाक्षात्कार अन्तर्बाह्य की पीड़ित चेतना का ऐसा ही विक्षुब्ध बयान है—'एक विस्मृति का स्तूप अचेत / ज्योति का धुँधला-सा प्रतिबिम्ब / और जड़ता की जीवन-राशि / सफलता का संकलित विलम्ब / ' 'शैल निर्झर न बना हतभाग्य / गल नहीं सका जोकि हिमखण्ड / दौड़कर मिला न जलनिधि-अंक / आह वैसा ही हूँ पाखण्ड' —इस अनुभव-सादृश्य को बहुत दूर तक न खींचकर कहना हम यह चाहते हैं कि कुँवरनारायण की प्रकृति आधुनिक तथ्यों और प्रश्नों को एक व्यापक फलक पर उपस्थित करने की है—चाहे यह कार्य उन्हें छोटी कविताओं में ही क्यों न करना पड़े । *छोटी कविताओं* में भी कुँवरनारायण का भावबोध *क्लासिकी* ढंग का ही जान पड़ता है ।

कुँवरनारायण की कविता में ऐसे स्थल आते ज़रूर हैं जब कविता एक अवधारणा, एक विचार, एक प्रत्यय बनकर रह जाती है । यहाँ उनसे पूछने की इच्छा हो सकती है कि जिन विषयों पर वे स्वयं शायद विश्लेषणात्मक प्रबन्ध ही लिखना चाहें उन्हें कविता के दायरे में लाने का ख़तरा क्यों उठाते हैं । कुँवरनारायण विषयवस्तु को लेकर ऐसे विभाजन से आश्वस्त नहीं हैं । इससे भी महत्त्वपूर्ण बात यह है कि अपनी ऐसी विचारप्रधान कविता के बारे में भी वे आश्वस्त नहीं हैं और अनिश्चित-सी राय रखते हैं । वह सब जो बौद्धिक प्रतिक्रिया या नैतिक वक्तव्य जान पड़ता है, क्या कविता है । आचार्य रामचन्द्र शुक्ल की यह टिप्पणी इस दृष्टि से क्या हमारी कोई मदद कर सकती है—"यदि किसी उक्ति में *रसात्मकता* और *चमत्कार* दोनों हों तो प्रधानता का विचार करके *सूक्ति* या *काव्य* का निर्णय हो सकता है । जहाँ उक्ति में अनूठापन अधिक मात्रा में होने पर भी उसकी तह में रहनेवाला भाव आच्छन्न नहीं हो जाता, वहाँ भी काव्य ही माना जायेगा ।" कई बार कविता की स्थिति तक न पहुँचनेवाली कविताओं को देखकर यह भी लगता है कि इस प्रकार का बहुत-सा काव्याभ्यास रचनात्मक संवेदना को प्रखर और पूर्णतर बनाने के लिए एक तरह की तैयारी का हिस्सा-भर है ।

काव्यशिल्प की दृष्टि से कुँवरनारायण किसी विस्फोटक नवीनता का आभास नहीं देते, जैसा रघुवीर सहाय-जैसे कवियों के यहाँ प्रायः सम्भव होता है । रूपवादी होने का ख़तरा कुँवरनारायण के काव्यविधान में बिल्कुल नहीं है, यद्यपि छन्द में और छन्द के बाहर वे काफी वैविध्य दिखाते हैं और रूपगत रूढ़ियों के बारे में दूसरों से कहीं अधिक आत्मसजग हैं । रूप की समस्या उनके लिए काव्यानुशासन के साथ ही वैचारिक अनुशासन का हिस्सा है । प्रयोग वे करते हैं, पर प्रयोग की वैज्ञानिकता का सुसंगत तर्क देकर । इसलिए जहाँ कुँवरनारायण की कविता का ढंग अलग दिखे वहाँ उसकी *अन्तर्वस्तु* और *संगठन* पर

अवश्य ही ध्यान जाना चाहिए। *खिलवाड़* भी उनके यहाँ *अराजक स्वच्छन्दता* का लक्षण नहीं है, किसी *गम्भीर काव्यात्मक तर्क* से अनुशासित है। 'शक' कविता की बनावट अन्तर्वस्तु सहित विचारणीय है—

मैं उन्हें नहीं सुन रहा था।
मैं उन्हें नहीं देख रहा था।
मैं उन्हें नहीं बोल रहा था।
  मैं उनके लिए सो रहा था। मेरा घर मेरा सामान
  मेरे 'होने' का असली सबूत नहीं थे।
मुझे अफसोस है
कि मेरे वहाँ 'मौजूद होने' के एक बिल्कुल दूसरे मतलब को
कुछ चोरों के शक ने
  नाहक मार डाला।

इस निरुद्विग्न जान पड़नेवाली भाषा में 'कथ्य' का स्वरूप क्या एकदम निश्चित है या कवि जान-बूझकर अपने में पूर्ण स्वायत्त जान पड़नेवाली पंक्तियों के बीच सचेत अन्तराल रचना चाहता है। 'होने' या 'मौजूद होने' का एक दूसरा मतलब क्या कोई अन्य विकल्प है जो 'स्थगित' को 'घटित' स्थिति में बदलने की सम्भावना का सूचक है और इसीलिए 'होने' और 'मौजूद होने' से कहीं ज़्यादा अर्थ रखता है। कविता कई बार एक सुनिश्चित कथ्य से अधिक कथ्य की प्रस्तुति का एक ढंग मात्र होती है। इसे ही 'अर्थपूर्ण अस्पष्टता' कहा गया है और कविता का गुण माना गया है। 'शक', 'गाय'-जैसी कविताओं के पाठ से गुज़रते हुए कुँवरनारायण के इस कथन की याद आ सकती है कि कविता अधिक गहरे "भाषाई जगह" की रचना या खोज भी है। कविता में जब-तब वाक्यविन्यास की प्रकृति ही इस "भाषाई जगह" का अहसास कराती है। 'गाय' कविता का संगठन इस दृष्टि से सटीक उदाहरण है—

सबसे डरती गाय।
घास चरती गाय।
दूध देती गाय।
  दूध पीता बच्चा।
  दूध पीती बिल्ली।
  दूध पीता साँप।
माँ मुझको डर लगता।
मेरा घर
कैसे-कैसे जीवों का घर लगता।

'घर' तक आते-आते कविता अपना अर्थ वृहत्तर सन्दर्भ में फेंकने लगती है। तब एक कौतुकी जान पड़नेवाला विन्यास गहरे अर्थसंकेत में बदल जाता है। *एन्तसेंसबर्गर* ने जर्मन

कविता के सन्दर्भ में *खोयी हुई भाषा* की तलाश की चर्चा करते हुए जिस विशेष स्थिति की ओर ध्यान आकृष्ट किया है, उसका स्मरण यहाँ अप्रासंगिक न होगा । वह उस भाषाई स्थिति की चर्चा करता है जब भाषा की पहचान के समस्त ज्ञात सूत्र खो गये हों, सारे परिचित आधार ध्वस्त हो गये हों और हम टटोल-टटोलकर एक-एक आरम्भिक शब्द में मानवीय नियति की जटिलता को व्यक्त करने के प्रयत्न में लगे हों । अस्वाभाविक नहीं कि 'गाय' कविता पढ़कर पाठक को कुछ ऐसी ही स्थिति का बोध हो । रूपक-अलंकार-प्रतीक-फ़न्तासी—सारे विकल्पों से परे कविता यहाँ जिस *आरम्भिक* भाषाई जगह की खोज कर रही है वही *गहरी* भाषाई जगह की खोज भी है । इस सीधे सहज विन्यास में आख़िर क्या विशेषता पैदा हुई है कि हम यकायक इसका अर्थ जान लेने से, अर्थ निश्चित कर लेने से, पैटर्न को भी अर्थ के बाहर की चीज़ मानने की हड़बड़ी से बचते हैं । भाषा के भीतर भाषा की खोज ही गहरी भाषायी जगह की खोज है ।

कुँवरनारायण अपने समूचे काव्यबोध से प्रमाणित करना चाहते हैं कि जो सुन्दर है, कठिन भी है । मानवीय हित की कल्पना सुन्दर है पर उसके लिए कठिनतर प्रयत्न ज़रूरी हैं । सौन्दर्य की पहचान या अवधारणा बदलनेवाले कवियों में कुँवरनारायण का अपना महत्त्व है । कुँवरनारायण 'एक साधारण सचाई' तक पहुँचने के लिए 'झूठ के उलटी तरफ' दूर तक की यात्रा करते हैं । यह कठिन यात्रा कुँवरनारायण ने मानवीय सार्थकता के पक्ष में न की होती तो वे 'कवियों के कवि' ही कहे जाते, जिसका ख़तरा विष्णु खरे बताते हैं । कुँवरनारायण जीवन को अधिक सुन्दर, बेहतर बनानेवाले प्रयत्नों के साथ हैं । कविता उनके लिए अभिव्यक्ति के माध्यम के रूप में भी, और उससे अधिक भी अर्थ रखती है । वह एक कठिन समय में अमानवीय ताक़तों के विरुद्ध नैतिक हस्तक्षेप है ।

दार्शनिक चिन्ता और नैतिक विवेक जहाँ कुँवरनारायण के काव्यबोध या काव्यानुभूति का हिस्सा है, वही उनकी काव्यात्मक सार्थकता या सफलता की भूमि है । जहाँ दोनों स्थितियों के बीच अन्तराल बना रहता है वहाँ कुँवरनारायण स्वयं आश्वस्त नहीं जान पड़ते । जिन स्थितियों में दार्शनिक या नैतिक चिन्ता काव्यानुभूति का अभिन्न अंग होती है वहाँ कविता के पाठक से अधिक सतर्कता की अपेक्षा की जाती है । तब वे न केवल उस दार्शनिक चिन्ता का काव्य-मर्म जान पाते हैं बल्कि उसके सम्पर्क में भीतर से अधिक समृद्ध भी हो पाते हैं । कुँवरनारायण *जीवन* की *स्वीकृति* के ही कवि हैं—आधुनिक जीवन की *विसंगतियों* की *गहरी समझ* के बाद भी—और इस दृष्टि से भी वे *प्रसाद* और *मुक्तिबोध* की परम्परा में देखे जा सकते हैं ।

छोटी-छोटी चीज़ों से लगाव की कविता

सन् '35 - '40 के आसपास हिन्दी में एक नयी यथार्थवादी कविता-शैली जन्म ले रही थी जिसमें आधुनिक दृष्टि के साथ देसी लोक-चेतना का समावेश था। 'बेला', 'नये पत्ते' की कविताएँ इसके लिए उदाहरण हैं। '41 में 'तारसप्तक' के प्रकाशन ने और आगे इसी कड़ी में 'प्रयोगवाद' नाम से प्रचारित काव्यशैली और काव्यात्मक मतवाद ने उपर्युक्त प्रवृत्ति को न सिर्फ विचलित किया बल्कि एक ख़ास तरह की पश्चिमी काटवाली, अभिजातवर्गीय आधुनिकतावादी काव्य-दृष्टि को प्रतिष्ठा दी। यहाँ स्पष्ट करना जरूरी है कि सप्तकों में संकलित कवियों में कुछ ऐसे कवि जरूर हैं जो अपनी जड़ों के प्रति उत्सुक हैं और उपर्युक्त यथार्थवादी कविता के साथ एक विशेष प्रकार का रिश्ता भी बनाना चाहते हैं। पर 'प्रयोगवाद' के आसपास जो काव्यशास्त्र या कविता का व्याकरण बन रहा था, वह बहुत कुछ उसकी पहचान को निरस्त करने के लिए। नयी कविता की मूलधारा और उसकी अनेक धाराओं के आपसी द्वन्द्व को ठीक-ठीक समझने के लिए इस पृष्ठभूमि को ध्यान में रखना आवश्यक है।

इसमें सन्देह नहीं कि आगे चलकर नयी कविता ने *सामाजिक चेतना* और *आत्मसंघर्ष* के बीच एक *तनाव-भरा सन्तुलन* विकसित करने की कोशिश की, जिसके परिणामस्वरूप *रघुवीर सहाय, सर्वेश्वरदयाल सक्सेना, श्रीकान्त वर्मा, केदारनाथ सिंह* और *कुँवरनारायण* की कविताएँ एक विशिष्ट काव्य-मुहावरा उपलब्ध कर सकीं। इस काव्य-मुहावरे में *काव्यमुक्ति* और *काव्यानुशासन* का सार्थक संगठन मौजूद था। इन कवियों को एक-दूसरे के विरुद्ध रखकर ही इनकी अपनी पहचान स्पष्ट की जाय, यह जरूरी नहीं। पर इन कवियों के काव्य-संसार और रचना-विधान को देखते हुए यह सहज ही अनुभव किया जायेगा कि इनमें *सर्वेश्वर* सबसे पहले ('प्रयोगवाद' की पाठशाला से प्राप्त दर्द और आत्मदया के अनुभवों के बावजूद) *निराला* के ढंग की *यथार्थवादी कविता* के नजदीक आने की कोशिश कर रहे थे। इसी कोशिश का नतीजा यह है कि जब पिछले दिनों नागार्जुन-त्रिलोचन की देसी आधुनिक दृष्टिवाली यथार्थवादी कविता की नयी पहचान बनी तो सर्वेश्वर उनके

काफी निकट दिखाई देने लगे। सर्वेश्वर में आधुनिकतावादी काव्य-परिष्कार बहुत कम है। यह हमेशा कवि-प्रतिभा की कमी के कारण नहीं, दृष्टि के कारण भी है। सर्वेश्वर *वस्तुविधान* पर बल देनेवाले कवि हैं। उनकी परवर्ती कविताओं में *संघर्षचेतना* स्पष्ट है। यह चेतना उन्हें कविता के बाहर भी ले जाती है—कई बार *काव्यमूल्य* को *क्षति* पहुँचाकर भी अपना काम करती है।

'*कविता नहीं है कोई नारा* / जिसे चुपचाप इस शहर की / सड़कों पर लिखकर घोषित कर दूँ / कि क्रान्ति हो गयी'—ये पंक्तियाँ सर्वेश्वर की 'पथराव' कविता में हैं जिनका स्मरण सर्वेश्वर के महत्त्वपूर्ण कविता-संग्रह 'खूँटिया पर टँगे लोग' को पढ़ते हुए सर्वथा स्वभाविक है जिसमे कविता की सीमाएँ समझते हुए भी उसे एक विशेष अर्थ में नारा बनाने की कोशिश है। सर्वेश्वर अपने आखिरी वर्षों में (जो सम्भवतः उनके लिए सघन रचनात्मक तनाव के वर्ष भी रहे होंगे) कविता को गीत और कथा-जैसे सहज सम्प्रेषणीय शिल्पतत्वों से नया संगठन देने के प्रयास में लगे रहे। कहने की जरूरत नहीं कि सर्वेश्वर ने *जनपक्षधरता* को कविकर्म के आन्तरिक अनुशासन के रूप में स्वीकार किया। इसके अनुरूप ही उनके यहाँ *वस्तुक्षेत्र* का विस्तार हुआ और छन्द की रोचक विविधता कविता में अपने लिए जगह बना सकी। व्यापक सामाजिक चिन्ता, यथास्थिति को बदलने की तीव्र आकांक्षा, आम आदमी के संघर्ष से सीधे जुड़ने की इच्छा ने सर्वेश्वर की कविता को सहज ही जनचरित्री बनाया। यह बात ध्यान देने की है कि सर्वेश्वर ने 'खूँटियों पर टँगे लोग' संग्रह की अन्तिम दो कविताओं में लू-शुन से संवाद स्थापित करने की कोशिश की—लू-शुन जिन्होंने विशेष अर्थवाली गद्य-कविता भी लिखी और जिनकी कथाएँ भी कविदृष्टि सम्पन्न हैं। *कविदृष्टि* यहाँ सहज *यथार्थदृष्टि* का ही पर्याय है। सर्वेश्वर लू-शुन को अपने 'गाँव का सँपेरा' दिखाने निकलते हैं—इस बहाने वह सामाजिक त्रासदी दिखाने जो गाँव की जिन्दगी में घटित हो चुकी है—यह दिखाने कि यद्यपि ग्रामीण किसान को अथवा सामान्य जन को उत्पादन के मूल स्रोत से, कर्म के प्रकृत सौन्दर्य से, मूल राग-हेतुओं से विच्छिन्न करने की कोशिश की जाती रही है, कहीं-न-कहीं उसकी अदम्य जिजीविषा शेष है। कविता में सामन्तवाद और पूँजीवाद के शिकंजे में दबी हुई असहाय भारतीय ग्रामीण जनता के जीवन-संघर्ष के ब्यौरे हैं पर वे कविता में मौजूद नाटकीय कथा-लय के अनुशासन के भीतर हैं और कविता को वृहत्तर सन्दर्भ प्रदान करते हैं। *ऐतिहासिक यथार्थ* यहाँ कविता का बुनियादी आधार है पर उसे *कविता का यथार्थ* बनाने की दृष्टि भी मौजूद है।

'खूँटियों पर टँगे लोग' की पहली कविता 'जंगल की याद मुझे मत दिलाओ' सर्वेश्वर की अनुभव-प्रकृति को जानने की दृष्टि से महत्वपूर्ण कविता है। 'जंगल' एक विशेष अभिप्राय-पद है जो सर्वेश्वर के यहाँ बार-बार आता है। 'जंगल का दर्द' अलग एक संग्रह ही है। इस कविता में संकेत है कि किस तरह मूल सामाजिक जीवन-स्रोत से आदमी विच्छिन्न होता है और व्यवस्था को चलाने का निर्जीव पुर्जा होकर रह जाता है—उसकी सम्पूर्णता धीरे-धीरे खण्डित होती है—व्यक्तित्व छिन्न-भिन्न होता है और फिर अपनी ही जड़ों से उसका लगाव नहीं रह जाता। जुड़ने, न जुड़ने के द्वन्द्व की टीसती हुई पीड़ा भी

कविता के अनुभव का हिस्सा है—'*कुछ धुँआँ / कुछ लपटें / कुछ कोयले / कुछ राख छोड़ता / चूल्हे में लकड़ी की तरह मैं जल रहा हूँ / मुझे जंगल की याद मत दिलाओ !'* × × × '*जंगल* की याद / अब उन *कुल्हाड़ियों* की याद रह गयी है / जो मुझ पर चली थीं / उन आरों की जिन्होंने / मेरे टुकड़े-टुकड़े किये थे / मेरी सम्पूर्णता छीन ली थी ! / चूल्हे में लकड़ी की तरह अब मैं जल रहा हूँ / बिना यह जाने कि जो हाँडी चढ़ी है / उसकी खुदबुद झूठी है / या उससे किसी का पेट भरेगा / आत्मा तृप्त होगी / बिना यह जाने कि जो चेहरे मेरे सामने हैं / वे मेरी आँच से / तमतमा रहे हैं / या गुस्से से / वे मुझे उठाकर चल पड़ेंगे / या मुझ पर पानी डाल सो जायेंगे ।'

सर्वेश्वर की कविता यह नहीं घोषित करती या यह घोषित करने की उतावली नहीं दिखाती कि 'क्रान्ति हो गयी', पर वह क्रान्ति की ऐतिहासिक प्रक्रिया में अपनी भूमिका जरूर निभाना चाहती है । सर्वेश्वर जानते हैं कि वह तो जमीन-भर तैयार कर पायेंगे—'*क्रान्तिबीज* बोने कुछ बिरले ही आयेंगे'—'काटेंगे उसे जो, फिर वही उसे बोयेंगे / हम तो कहीं धरती के नीचे दबे सोयेंगे ।' क्रान्ति की प्रक्रिया कितनी कठिन और लम्बी है, यह जानकर ही सर्वेश्वर ने नये-नये मोर्चों के प्रति अपने को उत्सुक और सहयोगी रखा । मुक्तिबोध की मान्यता थी कि 'मुक्ति के रास्ते *अकेले में नहीं* मिलते ।' सर्वेश्वर लिखते हैं—'मुझे यह *मुक्ति नहीं चाहिए* / अपने लिए आजाद हो जाने से बेहतर है / अपनों के लिए गुलाम बने रहना ।' अन्यत्र उन्हीं के शब्द हैं : 'अन्याय की लड़ाई में / कोई भी नहीं छोड़ा जा सकता अकेला !' संघर्ष में सीधी सक्रियता—यह विशेषता ही अन्ततः सर्वेश्वर का काव्यधर्म बन गयी । सब जानते हैं कि महज़ अनुभव की ऐसी ईमानदारी कविता के लिए काफ़ी नहीं । संघर्ष के लिए जरूरी *काव्यात्मक विकलता* के साथ *काव्यसंगंठन* भी ज़रूरी होता है । उसके लिए *हुनर* भी जरूरी है और *दृष्टि* भी । मुक्तिबोध में छन्द की एकरूपता के बावजूद यह संगठन बड़े फलक पर मौजूद है । फिर भी सब मिलाकर निराला मुक्तिबोध से बड़े कवि हैं । कविता में जीवनपूर्णता का कोई सरल नियम नहीं है । यह जीवनपूर्णता सर्वेश्वर का आदर्श ज़रूर है पर उनकी कविता कहाँ तक इसे चरितार्थ कर सकी, यह बहस का विषय है ।

'खूँटियों पर टँगे लोग' यह शीर्षक अथवा प्रतीक-अभिप्राय जिस कविता से लिया गया है वह है 'कोट' । कविता शुरू ही इस सवाल से होती है : 'खूँटी पर कोट की तरह / एक अरसे से मैं टँगा हूँ / कहाँ चला गया / मुझे पहनकर सार्थक करनेवाला ।'

(अकेले न सही) अपनी मुक्ति खोजने के लिए बेचैन सर्वेश्वर एक बड़े भूकम्प, एक काली आँधी की ज़रूरत महसूस करते हैं । यह बेचैनी पूरे देश में व्याप्त जड़ता की घुटन से पैदा हुई है—पूरा देश ही सर्वेश्वर को 'चसनाला' हो गया दिखता है जहाँ सभी एक काली आँधी में बन्द हो गये हैं । इस बन्धन का गहरा असर कवि की चेतना पर है—वह बार-बार अपनी सीमा की ओर इशारा करता है : 'मोज़े की तरह मैं / एक जूते में पड़ा हूँ' । 'फुदकती चिड़ियों ! आओ / मुझे अपनी चोंच से खींच-खींचकर इस जूते से बाहर करो / मैं अब खुद / इस धरती का स्पर्श जानना चाहता हूँ ।' इन सीमाओं के अहसास के बावजूद

सर्वेश्वर अनुभव कराना चाहते हैं कि अन्याय और यातना का यह सिलसिला अनन्तकाल तक चलनेवाला नहीं है : 'लेकिन याद्द रखो / *अन्याय* और *यातना* की सीमा / जब पार हो जाती है / तो *बेजान* में ही सबसे पहले *जान* आती है।'

इस तरह के सीधे बयान में भी कविता सम्भव है, बहुतों के लिए यह आश्चर्य का विषय है पर जिनकी सचेत दृष्टि समकालीन काव्य-परिदृश्य पर है उनके लिए अब यह कविता की दुनिया का परिचित तथ्य है। विचारणीय मुद्दा यह ज़रूर है कि सीधे बयान को कविता बनानेवाला कारण तत्व क्या है ! क्योंकि वक्तव्यप्रधान, सपाट, असफल कविता के तमाम उदाहरण आज की कविता में मौजूद हैं। 'जूता' शीर्षक से चार कविताएँ इस संग्रह में हैं। प्रायः सभी विवशता का प्रत्यक्ष-परोक्ष बयान हैं। इनमें चौथी कविता अलग है—उसकी बनावट को देखें तो स्पष्ट होगा कि किस सीमा के आगे स्पष्टीकरण कविता में ग़ैरज़रूरी हो जाता है और कविता के प्रभाव को क्षीण करता है : 'तारकोल और बजरी से सना / सड़क पर पड़ा है / एक ऐंठा, दुमड़ा, बेडौल / जूता। / मैं उन पैरों के बारे में / सोचता हूँ / जिनकी इसने रक्षा की है / और / श्रद्धा से नत हो जाता हूँ।'

यों तो चौथी पंक्ति, अर्थात् 'जूता' शब्द पर कविता ख़त्म हो सकती थी पर आख़िरी पंक्ति अतिरिक्त अनावश्यक है। कभी-कभी कविता में एक स्थिति को अविकल रख देना ही काफ़ी होता है। यथार्थवादी कविता के लिए भी कहीं-कहीं अल्पकथन ही यथेष्ट रूप से कारगर हिकमत हो सकती है। आवेग पर अधिक बल देना जब-तब यथार्थ को अतिरंजित करता है, जो यथार्थ के अन्यथाकरण का रूप ले सकता है।

सर्वेश्वर अपने संघर्ष की रूपरेखा बताते हुए स्वतन्त्र दृष्टि के कायल जान पड़ते हैं। विशेष विचारधारा की पहचान बनाने के लिए वे उत्सुक नहीं हैं। उनकी दृष्टि में 'भूखे और असहाय आदमी को / किसी झण्डे की ज़रूरत भी नहीं होती।' एक यथार्थ के सदाशय बयान के लिए यह स्वतन्त्रता-प्रेरित ईमानदारी कारगर हो सकती है पर वह यथार्थ के बहुस्तरीय उलझाव को समझने में प्रायः सहायक नहीं होती बल्कि कई बार अन्यथा उलझाव का कारण बनती है। क्रान्ति-कल्पना एक भावुकतापूर्ण अभिप्राय में तब्दील हो जाती है। क्रान्तिवाद और स्वतंत्रता के बीच एक गहरा तनाव स्वाभाविक है—उसकी प्रखर अनुभूति से हमारे समय की महत्वपूर्ण कविता सम्भव हो सकती है। कई बार दोनों का साहचर्य सिद्ध करने के लिए सर्वेश्वर को सफाई देनी पड़ती है, जिसकी ज़रूरत कविता में नहीं होनी चाहिए। यहाँ और भी ख़तरे हैं। एक प्रकार का स्वतन्त्र विवेक क्रान्तिकल्पना का पोषक सहयोगी हो सकता है, दूसरे प्रकार का स्वतन्त्र विवेक क्रान्तिविरोधी और प्रतिक्रियावाद का सहयोगी भी हो सकता है।

'मंटू बाबू' और 'हंजूरी'-जैसे चरित्र सर्वेश्वर की कविता को एक ऐतिहासिक यथार्थवादी परिप्रेक्ष्य प्रदान करते हैं। मंटू बाबू के प्रति सर्वेश्वर की सहानुभूति सशस्त्र क्रान्ति के प्रति सहानुभूति जान पड़ेगी, जबकि 'हंजूरी' कविता में भूख, बेकारी, गरीबी की ओर इशारा है, सड़ी हुई व्यवस्था के प्रति आक्रोश और क्षोभ भी। 'काम न मिलने पर / अपने तीन भूखे बच्चों को लेकर / कूद पड़ी हंजूरी कुएँ में / कुएँ का पानी *ठण्डा*

था / बच्चों की लाश की साथ / निकाल ली गयी हंजूरी कुएँ से / बाहर की हवा *ठण्डी* थी / हत्या और आत्महत्या के अभियोग में / खड़ी थी हंजूरी अदालत में / अदालत की दीवारें *ठण्डी* थीं / फिर जेल में पड़ी रही हंजूरी पेट पालती / जेल का आकाश *ठण्डा* था / लेकिन आज जब वह जेल के बाहर है / तब पता चला है / कि सब कुछ *ठण्डा ही नहीं* था— / सड़ा हुआ था / सड़ा हुआ है / सड़ा हुआ रहेगा / कब तक ।' आक्रोश में फटा हुआ स्वर क्यों उस शब्दावली का मुहताज हो जाता है, जिसे समाज-सुधारकों का छद्म दुहरा-दुहराकर अर्थहीन बना चुका होता है । नागार्जुन-जैसे जनकवि इस संकट से बार-बार गुज़रते हैं पर जब-तब उससे उबरते भी हैं—वहीं महान कविता पैदा होती है । सर्वेश्वर के सामने अक्सर यह संकट बना रहता है और अक्सर वे उबर नहीं पाते ।

विकास की व्यवस्थावादी अवधारणा को चुनौती देनेवाली कविताएँ हैं—'प्रौढ़ शिक्षा-1' और 'प्रौढ़ शिक्षा-2'' । सर्वेश्वर बहुत सादगी से इस व्यवस्था को बेनकाब करते हैं : 'उसके खुरदुरे हाथों में / रख दी गयी एक चिकनी किताब / उसने उसे सिर से लगाया / और सारा घर खोज आया / पर उसके रखने के योग्य स्थान उसने नहीं पाया ।' × × ×उसने उसे बार-बार सूँघा/बार-बार सहलाया, दुलराया/ फिर एक हाँडी में रख/खूँटी पर टाँग आया / दूसरे दिन जब वह खेत से आया / तब उसने किताब को चूहों द्वारा / कुतरा हुआ पाया ।' सर्वेश्वर उन कवियों में है जो 'लड़ाई' का अमूर्तन नहीं करते—उसे दैनन्दिन जीवन-व्यवहार में प्रत्यक्ष करते हैं । वे बच्चे, औरतें भी उनकी सहानुभूति प्राप्त कर लेती हैं जो 'रोजाना ज़रूरी चीज़ों की छापामार लड़ाई में / कहीं-न-कहीं घायल होकर घर लौटती हैं ।' इस संग्रह की एक कविता 'दुख' दुख के लिए नयी भाषा, नये मुहावरे का इस्तेमाल करती है—दुख का यह काव्य-मुहावरा रोमांटिक हताशा से नहीं, गहरी जीवनी-शक्ति से उपजता है : '*दुख है मेरा / सूरज की तरह प्रखर / उसकी रोशनी में / सारे चेहरे देख लेता हूँ ।*'

सर्वेश्वर ने काव्येतर कलाओं के गहरे सम्पर्क में अपना रचनात्मक अनुभव विकसित करने की सचेत कोशिश की । स्वामीनाथन-जैसे प्रसिद्ध चित्रकार को यह कृति समर्पित है और उनके लिए चार कविताएँ भी संग्रह में हैं—'चमक', 'पहाड़', 'हरा और पीला' और 'चिड़िया' । ये शीर्षक ही स्वामीनाथन के अनुभवसमृद्ध, रूपसंगठित कला-जगत् में ले जाते हैं । एक कविता हिम्मतशाह की कृति 'हाथ' देखकर लिखी गयी है । एक और कविता श्रीमती राजम् से वायलिन पर नीलाम्बरी सुनते हुए, एक अन्य कविता कुमार गन्धर्व का गायन सुनकर । 'पूरा वन असंख्य बाँसुरियों में बज उठा / पत्तियाँ नाच-नाचकर / पेड़ों से अलग हो / हरे तोते बन उड़ गयीं / लेकिन भीतर कहीं बहुत गहरे / शाखों में फँसा / बेचैन छटपटाता रहा / एक बारासिंहा / सारा जंगल काँपता हिलता रहा / लो वह मुक्त हो / चौकड़ी भरता / शून्य में विलीन हो गया / जो धमनियों से / अनन्त तक फैला हुआ है ।' अन्य कलाओं का सम्पर्क सर्वेश्वर-जैसे कवि को समृद्ध भी करता है, विनम्र भी बनाता है । चीज़ों को नये सिरे से पहचानना और उनसे नया रिश्ता बनाना यह सार्थक कवि-दृष्टि पर निर्भर है । सर्वेश्वर की कविता 'रिश्ता' इस दृष्टि से एक स्पष्टीकरण है—'वह क्यों सहमती

है / क्यों डरती है / क्यों उसे निर्भय ज्ञान से भरती है / क्यों उसके फल कुतरती है / क्यों उसकी आत्मा में उतरती है / वह नहीं जानता / कल उसके टूट जाने पर वह कहाँ होगी / वह नहीं जानता / कितना निराला रिश्ता है / पेड़ का चिड़िया से / जिसे वह अपना मानता है / और जिसके सहारे / हर बार अपने को / नये सिरे से पहचानता है ।' विश्वास और संकल्प का स्वर सर्वेश्वर के यहाँ काफ़ी मुखर है जो *जीवन* के प्रति *स्वीकार* का सूचक है : 'अब मैं सूरज को डूबने नहीं दूँगा / × × × सूरज जायेगा भी तो कहाँ / उसे यहीं रहना होगा / यहीं-हमारी साँसों में / हमारी रगों में / हमारे संकल्पों में / हमारे रतज़गों में ।' 'मेरे भीतर की कोयल' कविता पढ़कर निराला की प्रसिद्ध कविता 'स्नेह निर्झर बह गया है' की याद आती है । ये कविताएँ एकदम समानार्थी नहीं हैं पर इनके भीतरी आशय और अर्थसंगठन में एक सूक्ष्म समानता है । निराला की कविता में 'मैं' के इर्दगिर्द जो अनुभव बुना गया है वह यहाँ 'मेरे भीतर की कोयल' के आसपास (हालाँकि 'मैं' और 'कोयल' को अभिन्न, परस्पर संक्रमित करता हुआ) : 'कुहू-कुहू / उसकी आवाज़ / वह नहीं जानती / मैं जानता हूँ / अब दिन-पर-दिन कमज़ोर होती जा रही है / कुछ दिनों बाद / इतनी शिथिल हो जायेगी / कि प्रतिध्वनियाँ बनाने की / उसकी सामर्थ्य चुक जायेगी । / वह नहीं रहेगी । / मेरे भीतर की यह पागल कोयल / तब मुझे पागल कर जायेगी / मैं बूढ़े पेड़ों की छाँह नापता रहूँगा / और पत्तियाँ गिनता रहूँगा / खामोश !'

यहाँ भी स्वर निराशा का नहीं है । एक सहज स्वीकार है कि यात्रा का एक चरण पूरा हुआ पर जीवन स्थगित नहीं हुआ । सर्वेश्वर की पहले की कविताएँ भी उन्हें उस महत्त्वाकांक्षा के विरुद्ध खड़ा करती हैं जो दूसरे को छोटा करने से ही पनपती हैं : 'सम्भावनाएँ निरन्तर हैं / *ज़िन्दगी* की खोज, जो *रचना* है / रचना—जो सार्थक करती है / महत्त्वाकांक्षा नहीं / जो दूसरों को छोटा करने से ही पनपती है / मैंने खुद को तुम्हारे हाथों में इस जंगल को छोटा करने नहीं सौंपा—कुल्हाड़ी की तरह / एक *रंगभरी कूची* की तरह / मैंने खुद को तुम्हारे हाथों में दे दिया ।' मानव-आत्मा की निर्भीकता सर्वेश्वर की कविता का एक प्रमुख अभिप्राय है । निर्भय कर्म से उन्हें नयी सौन्दर्य-दृष्टि मिलती है : 'जब भी / *भूख से लड़ने* / कोई खड़ा हो जाता है / सुन्दर दीखने लगता है ।'

रागात्मक सम्बन्ध-चेतना 'खूँटियों पर टँगे लोग' संग्रह में अनुपस्थित नहीं है । 'चलो घूम आयें' कविता में *प्रेम* का एक नाटक *चुपचाप* घटित होता है : 'उठो, कब तक बैठी रहोगी / इस तरह अनमनी / चलो घूम आयें / × × बादल / वह तो भीतर बरस रहे हैं / झींसियाँ पड़नी शुरू हो गयी हैं / जब झमाझम बरसने लगेंगे / किसी पेड़ के नीचे खड़े हो जायेंगे / पेड़ / उग नहीं रहा है तेजी से / हमारी-तुम्हारी हथेलियों के बीच / थोड़ी देर में देखना, यह एक / छतनार दरख़्त में बदल जायेगा ··· ।' इस कविता में मानवीय आत्मीयता का ताप प्रेम के सामान्य अनुभव से अलग है ।

अन्त में फिर 'गाँव का सँपेरा' कविता की ओर लौटें, जिसमें भारतीय ग्रामीण ज़िन्दगी में घटित त्रासदी के ब्यौरे अपने-आप में क्रूर ऐतिहासिक वास्तविकता का बयान हैं । इस कठोर त्रासदी के बयान में बहुत-कुछ ऐसा है जो स्तब्ध कर देनेवाला है—क्षोभ से भर

देनेवाला—कुछ ऐसा जिसके बारे में खबरें बराबर बताती हैं और ऐसा भी जिसके बारे में ख़बरें बिलकुल नहीं बतातीं : 'हमें उनको इकट्ठा करना पड़ेगा / उनके घरों में झाँकना पड़ेगा / देखना पड़ेगा कि झाँझ का पीतल / बेचकर वह खा तो नहीं गये हैं / और हुड़क संग्रहालयों के शौकीन / ख़रीदकर नहीं ले गये हैं / ....'

'और उन्हें समझा दूँगा कि / दूसरों द्वारा अपनी फ़सलें काट ले जाने की / उस समय तुमसे शिकायत न करें / और न जिस्म पर / बन्दूक के छर्रों के घाव दिखायें / और न अपने जले हुए घरों की / न बेइज्ज़त की गयी औरतों के / बाबत तुम्हें कुछ बताएँ / ....'

'वे डरे हुए हैं और जिन्दा रहना चाहते हैं / उनके बहुत-से बच्चे मारे ज़ा चुके हैं / बहुत-से जेलों में हैं / ...'

'कि हम भी उस दौर से गुज़र रहे हैं / जहाँ जो जितना *हँसाने* की क्षमता रखता है / वह भीतर उतना ही *रोता* रहता है ।'

सर्वेश्वर की विकास-यात्रा में ऐसी कविताएँ भी हैं जो हर समय नये स्वाद से पढ़ी जायेंगी और बड़ी संख्या में ऐसी भी जो लिखी जाने के साथ अपना काम पूरा कर चुकती हैं । समय के जटिल उलझाव को अथवा इतिहास के प्रत्यक्ष कठोर दबाव को प्रकट करने के लिए सर्वेश्वर अपने अनुभवों के सामाजिक आधार को ध्यान में रखते हैं इसलिए उनकी महत्त्वपूर्ण कविताएँ अक्सर *परिप्रेक्ष्य सम्पन्न* कविताएँ हैं । सर्वेश्वर का विकास इसी दिशा में हुआ है । उनकी कविताएँ विशिष्टतावाद की किसी भी ग्रन्थि से मुक्त हैं । वे किसी रूपगत अनुशासन में सीमित न रहकर अपनी सादगी को सुरक्षित रखती हैं । इस सादगी का सर्वेश्वर के यहाँ एक स्पष्ट नैतिक मूल्यगत आधार है । कहीं ऐसा भी होता है कि यह सादगी कविता की ताकत न लगकर दुर्बलता लगने लगती है । आश्चर्य नहीं कि इस स्थिति को लेकर सर्वेश्वर में एक प्रकार का आत्ममंथन भी बना रहा हो । *कविता* लिखना कठिन काम है पर *नारा* बनाना *आसान* काम नहीं है । कविता में नारे के सीधेपन को, उसकी लक्ष्यात्मकता को सुरक्षित रखना और फिर भी नारे में कविता की सम्भावना देख पाना सर्वेश्वर की ख़ूबी है ।

'प्रश्न जितने बढ़ रहे हैं घट रहे उतने जवाब / होश में भी एक पूरा देश यह बेहोश है / खूँटियों पर ही टँगा / रह जायेगा क्या आदमी / सोचता, उसका नहीं यह खूँटियों का दोष है ।'

संग्रह के शीर्षक की व्यंजना इन पंक्तियों से भी ली गयी है । छन्द में लिखी गयी कई कविताएँ संग्रह में हैं । 'रंग तरबूजे का / महक खरबूजे की' जैसे व्यंग्यधर्मी गीत-प्रयोग भी पाठक का ध्यान आकृष्ट करेंगे । *लोकतत्व* का उपयोग भी यहाँ लक्ष्य करने की चीज़ है । गीत की ही नहीं, *कथा* की *लय* भी सर्वेश्वर के अपने काव्यानुशासन का अंग है । यथार्थ के

बारे में या मनुष्य के बारे में कोई सामाजिक-राजनीतिक सरलीकरण सर्वेश्वर ने प्रायः नहीं किया है। वे क्रान्ति के पक्ष में कविता लिखते हुए भी कविता की सीमाओं से अनभिज्ञ नहीं दिखायी देते। 'पथराव' कविता की ही आख़िरी पंक्तियाँ हैं : 'मैं जानता हूँ पथराव से कुछ नहीं होगा / न कविता से ही / कुछ हो या न हो / हमें अपना होना प्रमाणित करना है।'

सर्वेश्वर के काव्यसंसार से गुज़रते हुए हम अनुभव कर सकते हैं कि उनके यहाँ कोई आश्चर्य-लोक नहीं है। परिचित-अपरिचित के तनाव से कविता में जो आश्चर्य जन्म लेता है वह महज़ चमत्कार नहीं होता। कई बार उस तनाव से ही महत्त्वपूर्ण अथवा महान् कविता पैदा होती है। यह सिर्फ़ रूपगत युक्ति हो तो मामूली चीज़ है पर जब उसका सम्बन्ध कल्पना या विचार की व्याप्ति से होता है तो उसकी सम्भावनाएँ भिन्न होती हैं। सर्वेश्वर की तनावप्रेरित कविताएँ बीच में अक्सर वह 'खाली जगह' नहीं छोड़तीं जिसे 'कथा' के दायरे में परिभाषित करते हुए *वाल्टर बेंजामिन* ने *State of relaxation* कहा है। सर्वेश्वर इन सीमाओं का हल अपनी काव्य-प्रकृति के भीतर खोज सके होते तो उनकी कविता महत्त्वपूर्ण होने के साथ महान् कविता भी होती। सर्वेश्वर के जीवनदर्शन और काव्यदर्शन के आधार पर हम कह सकते हैं कि सर्वेश्वर की कविता महानता की अवधारणा से इनकार करती है, महानता के 'मिथ' को तोड़ती है और साधारणता में ही अपनी सार्थकता प्रमाणित करती है।

समकालीन इतिहास का माया दर्पण

परवर्ती दौर में नयी कविता की (कविता के रूप में, सिर्फ़ प्रचारतन्त्र-निर्भर काव्य-आन्दोलन के रूप में नहीं) जो महत्त्वपूर्ण पहचान बनी और आगे के लम्बे काव्य-समय तक उससे सम्बद्ध जो कवि दृश्य पर अपनी पहचान निरन्तर विकास के बल पर अंकित कर सके उनमें रघुवीर सहाय, सर्वेश्वरदयाल सक्सेना, कुँवरनारायण और केदारनाथ सिंह के साथ *श्रीकान्त वर्मा* का नाम लिया जाता रहा है। संयोग यह कि इनमें अकेले श्रीकान्त ही सप्तकेतर परम्परा के कवि हैं—यद्यपि इससे उनकी अपनी स्थिति, पहचान या महत्त्व में अन्तर नहीं पड़ता। सप्तकीय परम्परा का ही शायद कोई अर्थ अब बचा नहीं रह गया है, क्योंकि सप्तकों में संकलित तीन चौथाई से अधिक कवि भुला दिये गये हैं और जो महत्त्वपूर्ण बने रहे हैं वे अपनी विशिष्ट प्रतिभा और काव्यक्षमता के बल पर ही, सप्तकों में स्वीकृति पाने के कारण नहीं। यह एक ऐतिहासिक सच्चाई है। इस स्पष्टीकरण के पीछे, सप्तकीय परम्परा-जैसी कोई मान्यता यदि किसी के जेहन में हो, अवज्ञा का भाव न माना जाय।

'तारसप्तक' (सं. अज्ञेय / 1943) के प्रकाशन के ऐतिहासिक महत्त्व को नकारा नहीं जा सकता पर इस परम्परा को आगे जहाँ तक खींचने की कोशिश की गयी है, उससे आश्चर्य नहीं, सम्पादक को भी सार्थकता की प्रतीति न हुई हो। जहाँ तक श्रीकान्त वर्मा की स्थिति का प्रश्न है, उन्हें किसी पारम्परिक चौखटे में रख पाना कठिन है। महत्त्वाकांक्षी कवि श्रीकान्त वर्मा ने, वास्तविकता यही है, किसी भी चौखटे में रखे जाने से इनकार किया। रोमाण्टिक नवोत्थान के रूप में परिभाषित नयी कविता के मुहावरे को छिन्न-भिन्न करते हुए जिस कवि ने कविता के ढाँचे और अन्तर्वस्तु में लगभग *अराजक* या *विस्फोटक संगठन* चरितार्थ कर दिखाया, वह कवि श्रीकान्त वर्मा ही थे। इस संगठन से साठोत्तरी युवा कविता के विन्यास और मुहावरे को अवश्य नयी स्फूर्ति और उत्तेजना मिली विचारधारात्मक और अनेक साहित्यिक मुद्दों पर श्रीकान्त से तीव्र असहमति रखनेवाले कवि और पाठक भी कवि के रूप में श्रीकान्त वर्मा की महत्त्वपूर्ण भूमिका से इनकार नहीं कर सकते।

कहने की ज़रूरत नहीं कि श्रीकान्त वर्मा के अराजक दिखनेवाले काव्य-तन्त्र का सतही और भोंडा अनुकरण प्रदर्शनप्रियता, आत्यन्तिक मुखरता, क्रूर निषेधात्मकता को कविता का सर्वस्व माननेवाले अनेक छद्म कवियों या अकवियों ने करना चाहा पर न तो वे अपने *अस्त-व्यस्त स्फीति-प्रधान* काव्यतन्त्र में वह अन्तर्गठन उपलब्ध कर सके, न अपने क्रूर हिंस्र *अमानवीय आक्रामक* प्रतीत होनेवाले अनुभव को कोई *गहरा नैतिक कारण-विवेक* दे सके जो अराजक काव्यतन्त्र को भी शिल्पगत संगठन, सजगता और अनुभव की सघनता और मार्मिकता दे पाता है। अनुभव की मार्मिकता की सीमा हर हालत में भावुकताग्रस्त विषाद या कातर विलाप नहीं है, यह दृष्टिसम्पन्न कवि और कविता के संवेदनशील पाठक जानते हैं। *बौद्धिक संयम* और *तटस्थता* के बावजूद महत्त्वपूर्ण कवियों में *अनुभवमर्म* की झलक मिल ही जाती है। एक महत्त्वाकांक्षी पर व्यक्तित्वसम्पन्न कवि के रूप में श्रीकान्त वर्मा एक के बाद एक नयी दिशा, नये रूप-प्रकार और नये काव्य-मुहावरे की खोज करते रहे जो उनका सर्वथा अपना हो। उन्होंने आग्रहपूर्वक कहा भी था कि *विशिष्टता* के बग़ैर किसी कलाकृति का जन्म असम्भव है। श्रीकान्त वर्मा को कविताएँ पढ़ते हुए जिन्होंने देखा या सुना होगा, गोष्ठियों में जिन्होंने उनकी हिस्सेदारी देखी होगी या उनकी वक्तृताएँ सुनी होंगी, वे उनकी चुस्ती, चौकन्नेपन, व्यंग्यपूर्ण आक्रामकता, *चमत्कारपूर्ण तर्कशीलता* (जो ज़रूरी नहीं, 'कुतर्क' या 'अतर्क्य' से वंचित ही हो) धैर्य, शान्त किस्म की उत्तेजना और अद्भुत साहस और आत्मविश्वास (जो विशेष पूर्वाग्रहों के क्षण में मिथ्या आत्मविश्वास का आभास भी लग सकता था) से प्रभावित, या प्रसन्न, या क्षुब्ध-विचलित ज़रूर हुए होंगे। इधर मार्क्सवाद और मार्क्सवादियों पर आक्रमण कम-से-कम उनके वक्तव्यों का स्थायी भाव हो चला था। वे *मार्क्सवाद* और *आधुनिकता* को इधर एक दूसरे के विरुद्ध रखकर देखने लगे थे। कविता की स्वतन्त्रता और चरम स्वायत्तता के पक्ष में एक ओर उनके वक्तव्य देखें, दूसरी ओर उनकी रचनात्मकता के विकास पर ग़ौर करें, तो दोनों में दिलचस्प विरोधाभास दिखायी देगा। जब से वे सत्ता-राजनीति की विचारधारा, आदर्शों और नीतियों के व्याख्याता या प्रवक्ता के रूप में माने जाने लगे, उनके विभक्त व्यक्तित्व और स्वभाव की और भी कई फाँकें दिखने लगीं—कहना न होगा कि इस परिस्थिति के चलते उनके *रचनात्मक जीवन* में निश्चय ही बड़ा *संकट* पैदा हुआ था। विपरीत ध्रुवान्तों को साधते हुए अपनी *बुनियादी सृजनशीलता* को अक्षुण्ण रख पाना प्रायः असम्भव होता है पर श्रीकान्त के ज़ीवनकाल में प्रकाशित अन्तिम काव्यकृति 'मगध' के पाठक देखेंगे कि उन्होंने इतिहास में गहरे जाकर और इतिहास का अतिक्रमण करके इस कठिनाई का एक हल ढूँढ ही निकाला था। इस दृष्टि से देखें तो उन्हें इस बात के लिए श्रेय दिया जाना चाहिए कि उन्होंने अपनी मूल रचनात्मकता को अनेक झूठे दबावों से, ग्रन्थियों से मुक्त रखने में बहुत दूर तक सफलता प्राप्त की।

यह श्रीकान्त वर्मा का कवि-स्वभाव ही था कि वे हमेशा असहमति का रास्ता या माध्यम खोजते थे और उसी में सर्जनात्मक उत्तेजक धार पैदा करते थे। इसलिए *समर्थन* वे किसी का कर रहे हों, व्यक्ति का या विचारधारा का, कविता हमेशा अलग जा छिटकती

थी। राजनीतिक दुनिया में सक्रिय या सफल माने जा रहे कवि श्रीकान्त वर्मा कई बार मोहभंग के शिकार हुए। 'मगध' अनिवार्य रूप से इसी *मोहभंग* की मार्मिक गाथा है। गाथा इस अर्थ में कि उसका एक साथ समग्र पाठ एक कविता के अकेले पाठ अथवा स्वाद से अलग ऐतिहासिक मोहभंग-जैसे अनुभवों की एक पूरी दुनिया का पता देता है जिसमें अपने ही जीवन की थकान, हताशा, प्रश्नाकुलता, भय और सन्देह, समय और परिवेश की व्यंग्यात्मक स्थितियों, विपर्ययों, विसंगतियों पर बार-बार टिप्पणी की गयी है। श्रीकान्त ने कुछ बहुत *ठोस सच्चाइयों* पर एक *काव्यात्मक परदा* डालने के लिए इतिहास-पुरुषों से जुड़ी *स्मृतियों, स्थलों,* उपलब्धियों, *खंडहरों,* डगमगाते विश्वासों, *जरा-मृत्यु-काल* की *मिथकीय सांकेतिकता* का आश्रय लिया है। इन अनुभवों को धैर्य के साथ पढ़ने की आवश्यकता है।

'मगध' की कविताएँ पढ़ते हुए 'मार्या दर्पण' और 'जलसाघर' की कुछ कविताओं की स्मृति स्वाभाविक है।. 'जलसाघर' की अन्तिम कविता 'कलिंग' का स्मरण सबसे पहले ज़रूरी है जिसकी ऊपरी सादगी में गहरी विकलता छिपी है—('मगध' की ये पंक्तियाँ बार-बार जिसके सन्दर्भ में ध्यान आकृष्ट करती हैं—'कल की बात है—मगधवासियों ने / अशोक को देखा था / कलिंग को जाते / कलिंग से आते / ····')

केवल अशोक लौट रहा है
और सब
कलिंग का पता पूछ रहे हैं
केवल अशोक सिर झुकाये हुए है
और सब
विजेता की तरह चल रहे हैं
केवल अशोक के कानों में चीख़
गूँज रही है
और सब हँसते-हँसते दोहरे हो रहे हैं
केवल अशोक ने शस्त्र रख दिये हैं
केवल अशोक
लड़ रहा था

(जलसाघर / पृ. 104)

'मगध' की कविताओं में ऐतिहासिक स्मृति-प्रसंगों का विलक्षण *मायावी* संसार निर्मित है, जिसमें *ऐतिहासिक* और एक अर्थ में *इतिहासातीत* यथार्थ के काल्पनिक सटीकपन और इतिहासग्रस्तता से सचेत मुक्ति के बीच अनिवार्य आवाजाही बनी रहती है। घटनाएँ, संज्ञाएँ, सन्दर्भ, सत्ताएँ कौंधती हैं और यकायक धुँधली पड़ जाती हैं। उनके कई ज्ञात-अज्ञात स्थानापन्न या विकल्प झिलमिलाने लगते हैं। यह केवल बौद्धिक या काव्यात्मक कौतुक या *क्रीड़ावृत्ति* नहीं है, गहरे आत्ममंथन, *अन्तःसंघर्ष,* गहरी

आत्मपीड़ा की उपज है। यहाँ अक्सर बलाघात *शब्द* पर नहीं, *वाक्य* पर है, *प्रसंग* और *प्रसंगान्तर* के, *विषय* और *विषयान्तर* के द्वन्द्व पर है। यहाँ क्रोध, आवेग, पश्चाताप, तनाव का रूप इकहरा नहीं–इसीलिए वह सब यकायक आकस्मिक रूप से फट नहीं पड़ता– धीरे-धीरे प्रकट होता है और फिर अनेक स्तरों पर व्यक्त या प्रतिफलित होता जाता है।

आरम्भिक कविताओं में भी श्रीकान्त वर्मा की एक वह पहचान ज़रूर बनी थी जिसमें चीज़ों को उनके नाम से पुकारना ज़रूरी होता है–'मेरे सामने समस्या है / किसको किस नाम से / पुकारूँ / आईने को आईना कहूँ / या इतिहास' (हेर फेर / माया दर्पण / पृ. 66-67), पर अधिक रस वे चीज़ों के *गड्डमड्ड* में लेते रहे हैं जहाँ आधुनिक जीवन की *विसंगतियों* का जटिलतर अहसास जगाना ही अभीष्ट होता है। हिम्मतशाह की भयावह प्रतीतियों की चित्र-कल्पना को लक्ष्य कर श्रीकान्त ने जो 'मत्स्यवेध' शीर्षक कविता लिखी थी उसमें उनके अपने व्यक्तित्व और स्वभाव में निहित जटिल मनोविज्ञान की भी झलक है–'पैरों पर चढ़ती हैं चीटियाँ / कन्धे पर पंजे गड़ाता है / रीछ / भुजा पर प्रेमिका / करती है कै / –बची रह गयी हैं / मुद्राएँ / सर्प / हाथ, धनुष / और उरोज।' (माया दर्पण, पृ. 22) विपर्यय ही जहाँ यथार्थ लगने लगता है, प्रेम और प्रतिहिंसा में, प्रेम और प्रेमहीनता में जहाँ फ़र्क नहीं रह जाता, भाषा जहाँ *त्रासद अन्तराल* रचती जाती है–ऐसी काव्य-भंगिमाएँ श्रीकान्त ने प्रतिभा से, परिश्रम से, अस्तित्ववाद-जैसे नकारमूलक चिन्तन सम्प्रदायों के अध्ययन-आस्वाद-सम्पर्क से अर्जित की थीं, नये कला-आन्दोलनों से भी उन्हें ऐसे ही उत्तेजन और उद्वेग मिले थे–इन तमाम सीढ़ियों को पार कर श्रीकान्त वर्मा 'मगध' तक पहुँचे थे, जहाँ उनका अकेलापन अधिक अर्थ-सघनता लेकर व्यक्त हुआ और जहाँ वे *वैयक्तिक* अकेलेपन के समानान्तर *सामूहिक* अकेलेपन की मर्म-पीड़ा से भी परिचित हो चले थे। महत्त्वाकांक्षा और सीमा के द्वन्द्व से उपजी पीड़ा का बोध श्रीकान्त की पूरी काव्ययात्रा में व्यक्त हुआ है–'मगध' में भी–पर यहाँ यह पीड़ा अन्तर्मानसिकता का अंग है–पहले यही अनुभव पीड़ा से अधिक निरर्थकता के क्रुद्ध या हिंस्रबोध के रूप में प्रकट होता था–

मगर सिकुड़ूँ तो कहाँ तक सिकुड़ूँ
क्या मैं पड़ा रहा हूँ अपनी स्त्री की जाँघ की
दराज़ में

(माया दर्पण / पृ. 24)

ऐसी अनेक *चौंकानेवाली* उक्तियों के पीछे कभी-कभी वह सहज आधुनिक बोध भी प्रकट होता था जो *प्रेम* और *प्रेमहीनता* के साहचर्य में आधुनिक मानव-नियति के सीधे, पर भयावह बयान का रूप ले लेता है–

बाध्य हैं हम दोनों
एक दूसरे से घृणा

करते हुए
करने को प्यार

(बंद पृथ्वी का प्रेम / माया दर्पण / पृ. 70)

श्रीकान्त वर्मा की इन पहले की कविताओं से होकर हम 'मगध' की ओर बढ़ें तो प्रस्थान-भेद अधिक स्पष्ट रूप में प्रकट होगा। आत्ममोह, प्रकृति के प्रति उत्सुक राग का सम्पूर्ण बहिष्कार श्रीकान्त के यहाँ नहीं रहा है। पर जहाँ श्रीकान्त के मुहावरे में निहित *उग्रता, आक्रामकता, विडम्बनापूर्ण* अथवा *सपाट उत्तेजना* को अतिशय महत्त्व दिया गया है या इनके आधार पर उनके निषेधभाव की भर्त्सना की गयी है, वहाँ उनकी *सहज रागात्मकता* या *जीवनोन्मुखता* को उन्हीं की बनी-बनायी पहचान के भीतर असंगत सरलीकरण मान लिया गया है। इसके पीछे एक ख़ास काव्यसमय का पूर्वग्रह भी काम करता रहा है, जिसके लिए जटिल बौद्धिक ऊहापोह और भयावह प्रतीतियाँ ही आधुनिक भावबोध का साक्ष्य बन जाती हैं। 'माया दर्पण' की जिन छोटी कविताओं को भावात्मक सरलीकरण कहा गया है, उनमें से दो चित्र इस प्रकार हैं—

(क) सुबह
खुलती हुई पृथ्वी है
खुलता हुआ यह आकाश है
सब कुछ
मेरे होने का अहसास है

(सब कुछ / माया दर्पण / पृ. 86)

(ख) धुलते कन्धों पर सोने के केश खोलकर
एक मुलायम युवती देख रही है
कविताएँ कैसे घर की बहुएँ बन
प्रातः फूट रही हैं

(उषा / माया दर्पण / पृ. 89)

इन कविताओं के साथ किसी सहज रूप से प्रगतिशील कवि का नाम जुड़ा होता तो इनकी व्याख्या भिन्न रूप से की जाती, पर क्योंकि श्रीकान्त असामान्य तनाव या सन्ताप-प्रधान अनुभवों के कवि-रूप में प्रसिद्ध हुए और ऐसा ही वे दिखना भी चाहते थे तो वही कविताएँ जहाँ प्रश्न गुर्राते हैं, शहर झपटता है, सड़कें चाबुक-सी उछलती हैं, मैदान पैण्ट झाड़कर उठ खड़े होते हैं, स्त्रियाँ सुडौल जंघाओं पर पुरुषों को बिठाती हैं—श्रीकान्त के आधुनिक काव्यबोध का प्रमाण मानी जाती हैं। सन्तापजन्य, क्रूर, हास्यास्पद, निष्करुण जैसे ये अनुभव महानगरीय सभ्यता के हाहाकार की उपज हैं। 'मगध' में इससे भिन्न रूप में गरिमामण्डित उत्सवप्रधान घटनाबहुल गूँज के बाद का अवसाद है, शान्ति है, विगत ऐश्वर्य के ध्वंस का शान्त विडम्बना-समृद्ध बयान है। मगध साम्राज्य की गौरव-गाथाएँ

जहाँ खो गयी हैं, धूसर शान्त मलिन पड़ गयी हैं और फिर भी अनजानी टीस पैदा करती हैं, वहाँ विगत के पुनरावलोकन के साथ वर्तमान की चिन्ताएँ भी उजागर होती हैं। *अतीत* से *वर्तमान* की इस *मुठभेड़* के बिना श्रीकान्त वर्मा के 'मगध' का अनुभव-संसार अकल्पनीय है।

व्यक्तित्व की *द्वैधता* का संक़ट 'माया दर्पण' से 'मगध' तक लक्ष्य किया जा सकता है पर इस संकट से निपटने का रास्ता सर्वत्र एक ही नहीं है। एक तरह की *व्यर्थता, रिक्तता,* या शून्यता का अहसास 'जलसाघर' में था—जहाँ 'लिखने का मतलब' था *नरक से गुजरना*। 'आध घण्टे की बहस' कविता में श्रीकान्त वर्मा लिखते हैं—

किसको दूँ अपना बयान ? हलफ़नामा
उठाऊँ
किसके सामने ? कोई है ? या केवल
बियाबान है ?

(जलसाघर / पृ. 18)

इतिहास और समकालीन जीवन की अनन्त टकराहटों का बखान करते हुए तब श्रीकान्त एक बार इस नतीजे पर भी पहुँचे थे—'यह कहकर मैंने अवकाश लिया, अब मुझसे पढ़ा नहीं जाता / इतिहास / मुझे भुला दिया जाय ···।' अन्तर्बाह्य वास्तविकता का व्यंग्यपूर्ण तनाव तब भी अलक्ष्य नहीं था—"मैं क्या कर रहा था / जब / सब जयकार कर रहे थे ? / मैं भी जयकार कर रहा था— / डर रहा था / जिस तरह / सब डर रहे थे।" (जलसाघर / पृ. 79)'जलसाघर' की दो कविताएँ—'दुश्मन-1', 'दुश्मन-2' एक साथ मिलाकर पढ़ी जायँ (हालाँकि सावधानीवश उन्हें अलग-अलग प्रकाशित किया गया है) तो श्रीकान्त के आधुनिक मानस की जटिल ग्रन्थियों, संकटों, संशयों का, सत्ता-परिवेश से हो रही टकराहटों का अनुभव किया जा सकता है। 'दुश्मन-1' की इन पंक्तियों पर ध्यान दें—

वह मेरा दुश्मन है। वह नहीं
जो मुझ-सा नहीं दीखता। *वह* जो
मुझी-सा दीखता है।

(जलसाघर / पृ. 83)

फिर 'दुश्मन-2' के इन विडम्बनापूर्ण कथनों, आवृत्तियों, संकट-सूचक रहस्यों की बनावट देखें—

जहाँपनाह !
दुश्मनों ने शहर को घेर लिया है
जहाँपनाह !
दुश्मन शहर में घुस आये हैं

जहाँपनाह !
शहर पर दुश्मनों का कब्जा हो गया
× × × ×

× × × ×

जहाँपनाह !
दुश्मन थके हुए हैं
जहाँपनाह !
दुश्मनों को नींद आ रही है
जहाँपनाह !
दुश्मन सो रहे हैं

(जलसाघर / पृ. 102-103)

ये वे कविताएँ हैं जो श्रीकान्त वर्मा को शिखर-राजनीति के चरम अन्तर्विरोध दिखाती हैं, उसका चरम खोखलापन प्रकट करती हैं जिसके समर्थन में उन्हें अक्सर बयान जारी करने पड़ते थे । इस समकालीन मायावी रहस्यलोक की घुटन और त्रासदी को अधिक वयस्क गम्भीरता के साथ और अधिक संयत काव्यविवेक के साथ श्रीकान्त 'मगध' में ही देख और दिखा सके । *यथार्थ* को और गहरे जीकर, जानकर और उससे एक प्रकार की *काव्यात्मक दूरी* बनाकर ही ऐसा किया जा सकता था । आत्मव्यथा की झलक 'जलसाघर' में भी मिल सकती थी पर क्रोध या आवेश की प्रकट (अक्सर अत्यन्त मुखर) उत्तेजना के साथ—'इतना कह हमसफ़र / अपने थैले में से ज़ीन निकाल / मेरी पीठ पर कसता है / चीख़ता हूँ मैं / जूझता हूँ मैं / गुत्थमगुत्था हाँफता हूँ मैं ।' 'मगध' में उपर्युक्त काव्यात्मक दूरी के चलते आत्मव्यथा का स्वर मद्धिम है और प्रकारान्तर से अधिक गहरा अर्थवान भी । 'कहाँ है इन सारी कविताओं में वह चेहरा / जो जितना मेरा है / उतना ही दूसरे का ।'—'जलसाघर' में पूछा गया यह प्रश्न 'मगध' के सन्दर्भ में प्रसंगहीन नहीं हो गया है, बल्कि एक अर्थ में अधिक प्रासंगिक हो उठा है ।

'मगध' के अनुभव-संसार से गुज़रते हुए यह साफ़-साफ़ दिखायी देता है कि छठी शताब्दी ईसा पूर्व से चौथी-तीसरी शताब्दी ईसा पूर्व तक के इतिहास के प्रति श्रीकान्त में एक तरह की गहरी आसक्ति रही है । कभी वे महाकाव्यों के काल-सन्दर्भ की ओर आकृष्ट होते हैं, कभी परवर्ती ऐतिहासिक स्मृतियों की ओर । यह विडम्बनापूर्ण है कि जब वे वक्तव्यों में सुदूर ऐतिहासिक अतीत की व्याख्या करते थे तो कई बार भ्रामक परिणतियों या नतीजों तक भी जाकर एक तरह के हठाग्रह का प्रमाण देते थे । समकालीन यथार्थ के गहरे दबावों से जुड़कर जब वे दो भिन्न संसारों के बीच का सम्बन्ध बनाते हैं तो अधिक बदले हुए ढंग का (जहाँ काव्यात्मक विनम्रता भी एक प्रकार का काव्य-विवेक बनती है) रचनात्मक संगठन उपस्थित करते हैं । इतिहास का मायालोक ही सही—इस मायालोक में

यथार्थ से मुठभेड़ विलीन नहीं हो जाती । यहाँ ऐश्वर्य है, स्वप्न है, मृत्यु है, भय है, सन्नाटा है, अकेलापन और आत्ममन्थन है, अतीत का रागात्मक स्मरण है, वर्तमान से बौद्धिक टकराहट है और भविष्य के अकल्पनीय अन्धकार का अहसास भी है—कुछ भावात्मक और कुछ बौद्धिक समझ से सम्पन्न ।

'मगध' कवि की आत्मा में रची-बसी और उलझी भी एक *कठिन गाँठ* है जो कभी हताशा को स्वर देती है कभी आत्महत्या को और कभी व्यापक करुणा को भी । एक तरह की करुणा वह भी होती है जो प्रतिरोध की चेतना से प्रगाढ़ता प्राप्त करती है जिसके उदाहरण 'मगध' में शायद ढूँढने से ही मिलेंगे । कुछ आश्चर्य नहीं कि श्रीकान्त वर्मा-जैसे लेखकों के सन्दर्भ में इधर 'आध्यात्मिक अकेलेपन' की चर्चा बहुत हुई है । एक प्रतिरोधी चेतना भी उसके साथ (यदि वह अपने समय के यथार्थ से पलायन की चतुर युक्ति-भर नहीं है) काव्यात्मक संगति बिठा सकती है—इसका उदाहरण 'हस्तक्षेप'-जैसी कविता है जिसमें *विगत* और *वर्तमान* का भेद मिट जाता है—सत्ता में सत्ता के निकट रहकर भी श्रीकान्त की कवि-दृष्टि यहाँ *हस्तक्षेप* के पक्ष में है—

> कोई *छींकता तक नहीं*
> इस डर से
> कि मगध की शान्ति
> भंग न हो जाय
> मगध को बनाये रखना है, तो
> मगध में शान्ति रहनी ही चाहिए
>
> × × × ×
>
> कोई *टोकता तक नहीं*
> इस डर से
> कि मगध में
> टोकने का रिवाज़ न बन जाय

आगे की पंक्तियाँ हैं—'एक बार शुरू होने पर कहीं नहीं रुकता हस्तक्षेप / वैसे तो मगध निवासियों कितना भी कतराओ / तुम बच नहीं सकते हस्तक्षेप से / —जब कोई नहीं करता / तब नगर के बीच से गुज़रता हुआ / मुर्दा / यह प्रश्न कर हस्तक्षेप करता है / मनुष्य क्यों मरता है ।' जो कविता के राजनीतिक अर्थ से बचना चाहते हैं उन्हें अन्तिम पंक्तियाँ राहत देती हैं—वे उन्हीं पंक्तियों को काव्यार्थ की कुंजी या समाहार, सार, निष्पत्ति मानकर चलते हैं । हमारी दृष्टि में एक सार्थक प्रश्न पूछनेवाली कविता का लचर अन्त है । कविता की शुरू की पंक्तियाँ सीधा प्रश्न भी पूछती हैं और व्यवस्था में सीधे दख़ल भी देती हैं : सार्थक कविता वहाँ भी है जहाँ—कवि हस्तिनापुर के निवासियों को सावधान करना चाहता है—'सावधान' विशेष व्यंजनात्मक अर्थ में—

हस्तिनापुर के निवासियो ! होशियार !
तुम्हारा एक *शत्रु* पल रहा है *विचार*
और याद रखो
आजकल *महामारी* की तरह फैल जाता है *विचार*

क्या विडम्बना है कि श्रीकान्त ख़तरनाक विचार के पक्ष में हैं और किन्हीं दबावों के चलते उन्हें फैलाने से रोकने के लिए बाध्य होते हैं । आत्मसंघर्ष का क्षण यही है जब सच की फिजूलखर्ची रोकने के तर्क से श्रीकान्त संयमित और सरल काव्यात्मक विडम्बना का उपयोग करते हैं–

ज़रा सोचो
उस व्यक्ति के बारे में
जो हस्तिनापुर आता है
और कहता है
नहीं, नहीं, यह हस्तिनापुर नहीं हो सकता

'वापसी' कविता को भी राजनीतिक सन्दर्भ या अर्थ से सम्बद्ध करके देख पाना कठिन न होगा । शुरू में बीस साल पहले का कालखण्ड है जब सेना, हाथी, घोड़े, तामझाम से युक्त वह एक घोड़े पर गुज़रता है जैसे बागडोर उसके हाथ हो, सब अनुगमन कर रहे हों । अन्त में बीस साल बाद का दृश्य है जब उसी तरह सेना, हाथी, घोड़े, तामझाम से लैस वह एक घोड़े पर गुज़रता है जैसे बागडोर किसी और के हाथ हो, वह केवल अनुगमन कर रहा हो ।

'कपिलवस्तु' और 'चिल्लाता कपिलवस्तु' *मगध* संग्रह में साथ-साथ रखी गयी कविताएँ हैं । पहली कविता की शुरूआत ही कपिलवस्तु के विरोधाभास या अन्तर्विरोध को प्रकट करती है–'कपिलवस्तु में दिन में आँखें कड़ुआती हैं / रातें / रंगमहल में डूबी रह जाती हैं ।' यह कपिलवस्तु ही है जिसमें वृद्ध वृद्ध होने के कारण देशनिकाला पाता है, बहुएँ सपने देखती हैं और चिहुँक जाती हैं, जहाँ युवा होने का इतना ही आशय है कि वृद्ध न हों । कुल मिलाकर पूरी कविता एक *साधारण कथ्य* तक सीमित है जिसका *व्यंग्यार्थ* भी इकहरा सपाट है । पर 'चिल्लाता कपिलवस्तु' में कथ्य का फलक अधिक *विस्तृत* है और *व्यंग्यार्थ* भी तीखा है । यहाँ उज्जयिनी, मगध, काशी, मिथिला-जैसे अनेक सन्दर्भ आते हैं और व्यंग्यार्थ के तीखेपन में सहायक होते हैं । एकदम शुरू की पंक्तियों (महाराज ! लौट चलें– / उज्जयिनी पर शासन की इच्छा / मेरी समझ में / व्यर्थ है–) के साथ अन्तिम पंक्तियों (चलना ही है तो कपिलवस्तु चलिए / जो जाता है कपिलवस्तु / लौटकर नहीं आता / जो नहीं जाता कपिलवस्तु / जीवन गुज़ारता है / कपिलवस्तु ! कपिलवस्तु चिल्लाता) को मिलाकर देखें तो कविता में निहित मूल व्यंग्य को सहज ही पकड़ सकेंगे । 'मगध' में एक वह पाटलिपुत्र है जिसके लिए अजातशत्रु, बिम्बिसार, चन्द्रगुप्त सभी लड़ रहे हैं और एक वह पाटलिपुत्र है जिसमें रात गहरा रही है । रात किस-किस *पाटलिपुत्र* में

गहरा रही थी, यह श्रीकान्त अच्छी तरह जानते थे । यह *आत्मविषाद* का भी विषय बन सकता था और *आत्मपरीक्षण* का भी । श्रीकान्त के कई कथनों में दोनों तरह के स्वर उभरते हैं—ये पंक्तियाँ 'मगध' के पाठकों के मन में देर तक टिकी रहेंगी—सिर्फ़ सूक्तिप्रियता के आकर्षण से नहीं, अतीत और वर्तमान के द्वन्द्व के मार्मिक अनुभव के तर्क से भी—'कोसल अधिक दिन नहीं टिक सकता / कोसल में विचारों की कमी है', 'अश्वारोही / जो कलिंग को जाता / क्या वह कलिंग से वैसा का वैसा आता है / × अश्वारोही / यह रास्ता किधर जाता है', 'चाहता तो बच सकता था / मगर कैसे बच सकता था / जो बचेगा / कैसे रचेगा ।' 'कभी-कभी / मगध को न जाने क्या हो जाता है / × न कोई बोलता है / न मुँह खोलता है / सिर्फ शकटार / जड़ को छू / पेड़ की कल्पना करता है / सोचकर सिहरता है मित्रो / जो सोचेगा / सिहरेगा ।' पाठक यह ज़रूर अनुभव करेंगे कि श्रीकान्त के ऐसे *अर्थगर्भ व्यंग्य* में अक्सर *निर्लिप्तता* या तटस्थता है और जब-तब *प्रतिरोधमूलक तनाव* और हस्तक्षेप भी । इतिहास-वस्तु के *मायावी रूपान्तरण* में न उज्जयिनी-उज्जयिनी रह जाती है, न मगध मगध रह जाता है, न अवन्ती अवन्ती रह जाती है, न कोसल कोसल रह जाता है । जो है और जो नहीं है, जो होना चाहता है और जो नहीं हो पाता है उसके बीच एक *ट्रैजिक विडम्बनापूर्ण अन्तराल* है, जिसे भरने के लिए श्रीकान्त को दूसरे रास्ते खोजने पड़ते हैं—जैसे डायरी का वह पन्ना जो आख़िरी पन्ना बनकर ही उनके जीवन में आया—जिस पन्ने पर उन्हें निराला या मुक्तिबोध याद आये । तीसरे रास्ते की खोज़ श्रीकान्त वर्मा ज़रूर करते रहे होंगे जो मगध, कोसल, अवन्ती या विदर्भ होकर नहीं जाता । पर यह दुखद विडम्बना है कि मगध, कोसल, अवन्ती या विदर्भ के सारे रास्ते श्रीकान्त से होकर जाते थे और वे लगभग उन रास्तों से घिरे हुए थे—उनसे निकलने की कोशिशों के बावजूद । एक तरह से देखें तो कवि-कर्म ही उनके लिए तीसरा रास्ता था । इतिहास के रहस्यों में गहरे जाकर इतिहास का अतिक्रमण करने की विकलता 'मगध' की काव्यात्मकता को नये अर्थ से आलोकित कर जाती है, इसमें सन्देह नहीं ।

प्रसिद्ध रूसी कवि आन्द्रे वोज़्नेसेंस्की के काव्यानुवाद 'फैसले का दिन' की प्रस्तावना में श्रीकान्त वर्मा ने स्पष्ट रूप से लिखा था—"*सभ्यताएँ* और *सत्ता-प्रतिष्ठान* उन व्यक्तियों की गणना नहीं करते जो उनके विरोध में अपना होशो-हवास खो बैठते हैं : लेकिन उस व्यक्ति को वे अपना विरोधी मानते हैं जो उनसे *जिरह* करता है ।" 'मगध' के पाठक जहाँ-तहाँ अनुभव करेंगे कि स्वयं श्रीकान्त ने ऐसी जिरह की, कवि-कर्म के स्तर पर ही सही, शुरुआत की थी—उसे वे सार्थक सामाजिक परिप्रेक्ष्य दे पाते, इसके लिए, अब यही कहना पड़ता है, बहुत देर हो चुकी थी । *मानवीय स्थिति* या *नियति की भयावहता* के बयान के लिए भी सामाजिक ढाँचे को, उसके अन्तर्विरोधों और जटिल सच्चाइयों को नज़दीक से तथा गहरे जाकर जानना ज़रूरी होता है । समस्त ज्ञान अथवा यह सारा अनुभव-प्रत्यक्ष ज़रूरी नहीं, कवि-कर्म में ही प्रकट हो पर इस प्रक्रिया में समस्त काव्य-व्यापार परिप्रेक्ष्य-सम्पन्न हो उठता है । *परिप्रेक्ष्य-सम्पन्नता* की माँग का अर्थ *काव्यात्मक कल्पना* की अस्वीकृति नहीं है, पर इस माँग से कल्पना को ऐतिहासिक मूर्त्तता

देने का काव्य-विवेक ज़रूर विकसित होता है । श्रीकान्त वर्मा की कविताओं के पाठक 'मगध' तक आते-आते यह अवश्य अनुभव करेंगे कि शापग्रस्त आधुनिक सभ्यता के जटिल अन्तर्विरोधों, संकट की परछाइयों, भयावह प्रतीतियों को असम्बद्ध खण्ड-खण्ड अनुभवों के रूप में देखनेवाले कवि ने इतिहास (या मिथकीय इतिहास) में जाकर उसका अतिक्रमण करने के बहाने इतिहास के यथार्थ और समकालीन यथार्थ के जटिल पीड़ाजन्य द्वन्द्व या तनाव को समग्र संगठन देने की कोशिश की और एक सीमित अर्थ में ही सही, अपने अनुभवों को महाकाव्योचित परिप्रेक्ष्य देने की सार्थकता का भी अनुभव किया । कवि के काव्य-विधान में इस प्रकार का प्रस्थान आंशिक सफलता को भी उल्लेखनीय बना जाता है ।

कविता में संवेदना और विचार की घुलावट

केदारनाथ सिंह का काव्यसंसार आज के भारतीय समाज के प्रति गहरी संवदेनात्मक उन्मुखता या लगाव प्रमाणित करनेवाला संसार है। इस संसार में पहले की अपेक्षा अधिक सहज यथार्थ-दर्शन का साक्ष्य मिलेगा—वह *सहजता* मिलेगी जो *चीज़ों की तह तक* पाठक को ले जाने में अर्थ ग्रहण करती हो और वह आधुनिक ऐतिहासिक विवेक भी मिलेगा जो सामाजिक संघर्ष-जैसी वास्तविकता को अधिक स्पष्ट देखने में सक्षम प्रतीत हो। अनुभव और शिल्प की कुछ खास रूढ़ियों में फँसी आज की कविता को नया मोड़ देने की कोशिश में केदारनाथ सिंह-जैसे कवि एक बार स्वयं अपनी अब तक की रचना-प्रक्रिया का पुन: परीक्षण करते दिखायी देते हैं। यों ही नहीं है कि एक समय के बदनाम अस्तित्ववादी शब्द 'आस्था' को केदारनाथ सिंह उसके विशिष्ट *भारतीय अर्थ* में मूल्य सरीखी प्रतिष्ठा देते हैं और हताशा, कुण्ठा, परायापन, अलगाव, आत्मदया, अजनबीपन-जैसे मुहावरों में ही आधुनिक बोध या काव्यानुभव की सीमा बनानेवाले काव्य-दर्शन या विचार-दर्शन के प्रति अपनी असहमति प्रकट करते हैं। काव्यात्मकता के प्रति केदारनाथ सिंह की अतिरिक्त सजगता कभी-कभी उनके पाठकों को उलझन में डालती रही है। आकस्मिक नये विशेषणों, सादृश्य बिम्बों का आकर्षण कभी उनके लिए ज्यादा ही महत्वपूर्ण रहा है जिसके चलते *मूल अनुभव-वस्तु* का ऐसा सम्मोहक *काव्यात्मक रूपान्तरण* हो जाता था कि वह अनुभव ही जीवित यथार्थ से कटकर धुँधला पड़ जाय। *जमीन पक रही है* संग्रह में ही केदार ने इस प्रवृत्ति से अपने को अलग कर लिया था और अपने ही लिए नहीं, अपने समकालीनों के लिए भी एक नये प्रकार के *काव्यात्मक यथार्थवाद* की पहचान स्पष्ट करने की कोशिश की थी। सीधे बयान के रूप में भी कविता कितनी अर्थपूर्ण हो सकती है, यह अनुभव करने के लिए क़ेदारनाथ सिंह का यह नया संग्रह एक अच्छा उदाहरण है जिसे सचेत ढंग से *यहाँ से देखो* -जैसा नाम दिया गया है।

'यहाँ से देखो' शीर्षक ही संकेत है कि कवि कविता को समकालीन इतिहास के ठोस परिदृश्य में रखकर देखना चाहता है। वह परिप्रेक्ष्यविहीन कविता के पक्ष में नहीं है। संग्रह

की पहली ही कविता 'कविता क्या है' आचार्य रामचन्द्र शुक्ल के उस निबन्ध की याद दिलाती है जिसमें कविता की परिभाषा वृहत्तर जीवन के प्रति रागात्मक, संवेदनात्मक शब्द-विधान के रूप में की गयी है : "कविता ही मनुष्य के हृदय को *स्वार्थ-सम्बन्धों* के *संकुचित मण्डल* से ऊपर उठाकर *लोकसामान्य भावभूमि* पर ले जाती है जहाँ जगत् की *नाना गतियों* के *मार्मिक स्वरूप* का साक्षात्कार और शुद्ध अनुभूतियों का संचार होता है ।" (कविता क्या है) इलियट के दिखाये हुए रास्ते पर न चलकर रामचन्द्र शुक्ल की परिभाषा के रास्ते से कविता को ले जाने की इस नयी पहल को सिर्फ चौंकाने की कोशिश नहीं कहा जा सकता । हिन्दी की *ठेठ जातीय* काव्य-परम्परा, *देसी, स्वच्छन्दतावाद* और *आधुनिक यथार्थबोध* से जुड़ने के लिए केदारनाथ सिंह के पास उपयुक्त ऐतिहासिक समझ और काव्यविवेक भी है और अपने निजी अनुभव-मार्ग से उपलब्ध की हुई (तथा सामाजिक सम्बन्धों के जड़मूलों की थाह लेती) संवदेनात्मक विचार-पूँजी भी । केदार छन्द या लय के प्रति उदासीन तो शायद कभी नहीं रहे हैं पर 'यहाँ से देखो'-जैसे संग्रह में पाठक देखेंगे कि वे एकदम छन्द के अनुशासन को स्वीकृति देनेवाली कविताएँ भी लिख रहे हैं—जिनमें कहीं *सरलता* है, कहीं सरलता के विन्यास में *अर्थपूर्ण विडम्बना* का रचाव प्रदर्शित करने की समझ । केदार के इस बदले हुए काव्यानुशासन को, काव्य-व्यवहार को कविता के पाठक एक नयी उत्सुकता से देखना चाहेंगे । यह नयी उत्सुकता इन कविताओं की ज़रूरी माँग भी है ।

इस संग्रह की कुछ महत्वपूर्ण कविताओं के आधार पर केदारनाथ सिंह के जीवित भारतीय अनुभव-संसार की पहचान की जा सकती है । पहले 'एक ठेठ देहाती कार्यकर्ता के प्रति', 'टूटा हुआ ट्रक', 'पानी में घिरे हुए लोग', 'सन् 47 को याद करते हुए', 'सुई और तागे के बीच में' जैसी कविताओं को देखें । *एक ठेठ देहाती कार्यकर्ता के प्रति* कविता एक जीवित चरित्र के बयान के बहाने उस व्यवस्था की जड़ता को भी व्यंजित करती है जिसे ईमानदार राजनीतिक प्रतिपक्ष का दबाव तनिक विचलित नहीं कर पाता, पर 'ठेठ देहाती कार्यकर्ता' है कि जब भी आता है 'हमेशा उसकी बगल में होता है / *एक और कोई चेहरा* / जिसे थाने पर बुलाया गया है' । उसके सवालों और उसके तम्बाकू पर, उसकी ग़लत-सलत भाषा और शब्दों से गिरती धूल पर, उसकी भूकम्प सरीखी चुप्पी पर 'कवि' की प्रतिक्रियाएँ 'नोट' की जा सकती हैं—उसकी उपस्थिति ही जैसे असुविधा में डालनेवाली है, पर वह आता है और उस कठोर स्थिर *व्यवस्था* के साथ अपने *उलझावभरे, द्वन्द्वभरे रिश्ते* को प्रकट कर जाता है जिसे वह विचलित नहीं कर पाता । उसकी उपस्थिति ही सबूत है कि व्यवस्था की धज्जियाँ उड़ाने का क्रान्तिकारी संकल्प कितना अपर्याप्त है—*मुझे थाने से चिढ़ है / मैं थाने की धज्जियाँ उड़ाता हूँ / मैं उस तरफ इशारा करता हूँ / जिधर थाना नहीं है / जिधर पुलिस, कभी नहीं जाती / मैं उस तरफ इशारा करता हूँ* । इस संकल्प के विरुद्ध उसकी 'हँसी' बहुत कुछ कहने में समर्थ है—'वह धीरे से हँसता है / और मेरी मेज़ हिलने लगती है / ...' । व्यवस्था के परिवर्तन का कोई तुरत-फुरत क्रान्तिकारी विकल्प कवि के पास नहीं है जिसे वह विश्वास के साथ प्रस्तावित कर सके । वह इतिहास और समय के अवरोधों को जानता

है—उन ताकतों को जानता है जो परिवर्तन या विकल्प के आड़े आती हैं । वह निराश नहीं है पर अबोध आशान्वित भी नहीं है, इसलिए रुकावटों से मुक्ति की सम्भावना की ओर इशारा तो करता है पर बस इशारा ही !—यह दिखाते हुए कि व्यवस्था रूपी 'टूटा हुआ ट्रक' वहीं-का-वहीं खड़ा है । प्रतीकार्थ के बग़ैर भी 'टूटा हुआ ट्रक' एक परिचित यथार्थ है जिससे *बहुअर्थमयी* कविता सम्भव हो सकी है—

वह वहाँ उसी तरह खड़ा है
टूटा हुआ और हैरान
और अब उससे अँखुए फूट रहे हैं

एक घटना कवि की कल्पना में हो रही है जबकि प्रत्यक्ष सबकुछ स्थिर है—प्रतीक्षारत—'कोई नट खोला जा रहा है / कोई तार कसा जा रहा है / ···· मेरे लिए यह सोचना कितना सुखद है / कि कल सुबह तक सब ठीक हो जायेगा / मैं उठूँगा / और अचानक सुनूँगा भोंपू की आवाज़ / और घरघराता हुआ ट्रक चल देगा / तिनसुकिया या बोकाजान ··· / '···'शाम हो रही है / टूटा हुआ ट्रक उसी तरह खड़ा है / और मुझे घूर रहा है' । *अर्थमयता* और *संगठन* या संरचना दोनों दृष्टियों से यह एक अत्यन्त महत्त्वपूर्ण कविता है । यह कविता इस दृष्टि से भी उदाहरण है कि कविता के सामाजिक सरोकार अकथित रूप में कैसी अर्थवत्ता प्राप्त करते हैं । *दुर्बोध प्रतीकात्मकता* या *मुख्यार्थ के काव्यसचेत दुराव-छिपाव* से अलग इस *सहज* प्रतीकार्थता की ओर ध्यान जाना चाहिए । 'पानी में घिरे हुए लोग' कविता साल-दर-साल बाढ़ की तबाही झेलनेवाली भारतीय ग्रामीण जनता के संकट, संघर्ष और जीवन को सामने लाती है । ऐसी ग्रामीण जनता के लिए एक प्रचलित धारणा यह भी है कि वह संकट के समय अदृश्य ईश्वर की ही गुहार लगाती है और धार्मिक विश्वास या कर्मकाण्ड में ही शरण लेती है । केदार की कविता की शुरू की पंक्तियाँ ही इस धारणा को काटकर भारतीय जन की प्रखर जिजीविषा की ओर इशारा करती हैं—

पानी से घिरे हुए लोग
प्रार्थना नहीं करते
वे पूरे विश्वास से देखते हैं पानी को
और एक दिन
बिना किसी सूचना के
खच्चर बैल या भैंस की पीठ पर
घर असबाब लादकर
चल देते हैं कहीं और

कविता इस पर बल देती है कि सारे संकट में कोई न कोई *उम्मीद* आदमी के पास बची रहती है—यह उम्मीद ही उसकी सबसे बड़ी पूँजी है । केदार को उस *जीवन* का प्रत्यक्ष अनुभव है जिसमें बाढ़ की यह त्रासदी घटित होती है—तमाम फसल और पूँजी गँवा देने के

बाद भी उसमें से आदमी जीने के लिए रास्ता निकाल लेता है–'पानी में घिरे हुए लोग / अपने साथ ले आते हैं पुआल की गन्ध / वे ले आते हैं आम की गुठलियाँ / खाली टिन / भुने हुए चने / वे ले आते हैं चिलम और आग' । यह *आग* ही जैसे जीने की उम्मीद का दूसरा नाम है । स्मृति और वर्तमान दोनों स्तरों पर 'आग' अर्थपूर्ण पद है इसलिए आगे पुनः कहा गया है–'मगर पानी में घिरे हुए लोग / शिकायत नहीं करते / वे हर कीमत पर अपनी चिलम के छेद में / कहीं न कहीं बचा रखते हैं / थोड़ी-सी *आग*' । केदार की कविता की यही जमीन है जहाँ कविता अपने आधुनिक 'फ़ार्म' में भी 'लोक-जीवन' के अनुभव-प्रत्यक्ष को उपलब्ध करती है । सन्देह, भय, निराशा के विरुद्ध *जीवन* की *स्वीकृति* का यह 'टोन' महत्वपूर्ण है । 'थोड़ी-सी आग' जीने की तमाम उत्कट इच्छा, लगाव के लिए संकेत है ।

केदारनाथ सिंह 'सन् 47 को याद करते हुए' कविता में भारतीय समाज की एक बहुत दुखती रग 'साम्प्रदायिकता' के विरुद्ध टिप्पणी करते जान पड़ते हैं । 'नूर मियाँ' को कविता में रख देना हमारे स्वातन्त्र्योत्तर इतिहास की ट्रैजिक वास्तविकता का सामना करने-जैसा प्रसंग है । देशविभाजन के हादसे के परिप्रेक्ष्य में यह कविता ख़ास एक चरित्र पर ही नहीं, बँटवारे की नियति पर भी रोशनी डालती है । 'नूर मियाँ' का अपना हुलिया भी कविता में है और उनका पासपड़ोस भी । 'तुम्हें *नूर मियाँ* की याद है केदारनाथ सिंह / *गेहुँए* नूर मियाँ / *ठिगने* नूर मियाँ / रामगढ़ बाजार से सुरमा बेचकर / *सबसे अन्त में लौटनेवाले* नूर मियाँ / क्या तुम्हें कुछ भी याद है केदारनाथ सिंह !' बाद की पंक्तियों में 'इमली का पेड़' 'मदरसा', 'इमामबाड़ा', 'नूर मियाँ' की छूटी हुई बस्ती के ख़ास स्मृतिस्थल हैं जिनके साथ उनका लगाव उनके जाने के बाद प्रश्न की तरह बस्ती में टँगा रह गया है–'तुम्हें याद है मदरसा / इमली का पेड़ / इमामबाड़ा / तुम्हें याद है शुरू से आखिर तक उन्नीस का पहाड़ा / क्या तुम अपनी भूली हुई स्लेट पर / जोड़-घटाकर / यह निकाल सकते हो / कि एक दिन अचानक तुम्हारी बस्ती को छोड़कर / क्यों चले गये थे नूर मियाँ !' कहने की ज़रूरत नहीं कि इस कविता में 'उन्नीस का पहाड़ा' भी अर्थपूर्ण सन्दर्भ है । केदार सरलता में भी *अर्थमय अन्तराल* छोड़ जाते हैं । मसलन पाकिस्तान की राजनीतिक-सामाजिक स्थिति न पूछकर वे पूछेंगे–

> क्या तुम्हें पता है
> इस समय वे कहाँ हैं
> ढाका
> या मुल्तान में
> क्या तुम बता सकते हो
> हर साल कितने पत्ते गिरते हैं
> पाकिस्तान में

एक ऐतिहासिक समय की त्रासदी के बयान के लिए भी ब्यौरे कविता में बहुत नहीं हैं पर

कविता की अन्तर्वस्तु में वे सर्वथा अनुपस्थित हों, ऐसा भी नहीं है। केदार जब अपने सवाल पूछते हुए एक अन्य कविता में कहते हैं, '*मैं क्यों / और किस तर्क से हिन्दू हूँ। क्या मैं कभी जान पाऊँगा*।'—तो प्रश्न पूछने की पीड़ा और उसके पीछे मौजूद दृष्टि का अनुमान किया जा सकता है। जिस (थोड़े प्रगतिशील और थोड़े पिछड़े) सामाजिक ढाँचे के भीतर आज हम रह रहे हैं उसमें 'साम्प्रदायिकता' एक विचित्र तर्क है—यह वह समाज है जिसमें हिन्दू कुछ ज़्यादा हिन्दू और मुसलमान ज़्यादा मुसलमान दिखने की कोशिश करता है। यह मानसिकता एक दुखद सचाई है जिससे टकराना हर संवेदनशील भारतीय मनुष्य की अनिवार्य नियति है।

'माँ' के सम्बन्ध में पिछले कुछ वर्षों में अनेक कविताएँ लिखी गयी हैं और अक्सर उनमें माँ के अलग तरह के चुप-चुप चलते संघर्ष को कहानी की तरह बयान किया गया है। केदारनाथ सिंह की कविता 'सुई और तागे के बीच में' माँ के संघर्षमय जीवन की पहचान को अधिक स्पष्ट करती है। यहाँ 'माँ' के चरित्र को पढ़नेवाली दृष्टि सजग संवेदनीयता का प्रमाण देती है। एक लम्बा समय इस *संघर्ष-कथा* में खिंच आया है—'पिछले *साठ बरसों से* / एक सुई और तागे के बीच / दबी हुई है माँ / हालाँकि वह खुद एक करघा है / जिस पर साठ बरस बुने गये हैं / धीरे-धीरे तह पर तह / *खूब मोटे* और *ग़झिन* और *खुरदरे* / *साठ बरस*।' माँ का ख़ास अपना चरित्र बनाने के लिए कवि को कुछ एकदम निजी जान पड़नेवाले सन्दर्भ जरूरी लगे—'यह तय है / मैं जाऊँगा तो माँ को भूल जाऊँगा / मैं भूल जाऊँगा उसकी कटोरी / उसका गिलास / वह सफेद साड़ी जिसमें काली किनारी है। ⋯ जिसे इस समूची दुनिया में माँ / और सिर्फ़ मेरी माँ पहनती है।' किसी अनुभव को सर्वजन संवेद्य बनाने के लिए उसकी निजता पर बल क्यों ज़रूरी हो जाता है, यह कविता की आलोचना का एक दिलचस्प पर ज़रूरी मुद्दा है।

केदारनाथ सिंह की एक कवि-मुद्रा यह भी रही है कि वे कई बार स्थितियों के बयान से बचकर उनका काव्यात्मक अमूर्तन करते रहे हैं। इधर उनकी रुचि और दृष्टि में निश्चित बदलाव आया है और अब वह एक 'कलाकार' को सम्बोधित करते हुए सीधे कह सकते हैं—'चट्टान को तोड़ो / वह सुन्दर हो जायेगी / उसे और तोड़ो / वह और सुन्दर होती जायेगी।' *स्पष्टता* का आग्रह केदार के यहाँ बढ़ा है पर यह भ्रम नहीं होना चाहिए कि 'यहाँ से देखो' सपाट कविताओं का संग्रह है। यहाँ स्पष्टता या सरलता के भी अर्थसघन सन्दर्भ हैं। उदाहरण के लिए 'सुबह हो रही है मैंने हवा से कहा' कविता में इस तरह की पंक्तियाँ हैं—'*मैंने दूधवाले से कहा / दूध को बचाओ / क्योंकि हो सकता है अगला महायुद्ध / उसी के लिए लड़ा जाए*।' इनसे यह सीधा अर्थ निकालने के लिए भी कि कविता जीवन के पक्ष में है, जीवन को नकारनेवाली या नुकसान पहुँचानेवाली ताकतों के विरुद्ध है—एक बार कविता के समग्र पाठ से गुज़रने की ज़रूरत हो सकती है। कविता के अन्त तक आते-जाते लगेगा कि जीवन सरल ही सरल नहीं है कि सबसे सबकुछ कहकर 'स्वीकृति' की छाप लगा दी जाय और छुट्टी पायी जाय—'इस तरह मैंने सबसे / सब-कुछ कहा / सिर्फ़ नहीं कह सका / उसी से वह / जो मुझे कहना था / सिर्फ़ उसी से।' यहाँ जो नहीं कहा जा सका है,

शायद वही पाठक को देर तक विचारमग्न रखेगा। जो नहीं कहा गया वह व्यक्तिगत मामला भी हो सकता है और समय के बारे में कोई भयानक सूचना भी। एक दूसरी कविता 'जाते हुए आदमी का बयान' में केदारनाथ सिंह घोषित करते हैं कि *पसीना* भी कवि का *निजी मामला नहीं* है। केदार का अपना ढंग यह है कि कई बार कथन या आशय को विस्तार या प्रसार देने के लिए वे ख़ाली जगह छोड़ देते हैं।

जीवन की निरन्तरता का अर्थपूर्ण संकेत देनेवाली कविताओं में 'बनारस' विशेष रूप से उल्लेखनीय कविता है। यह कविता बनारस का 'लैण्डस्केप' मात्र नहीं है—इसमें शहर का अतीत, वर्तमान सब एक मद्धिम लय की जीवित निरन्तरता में उभर आता है। इसी तरह 'रोज-रोज एक *अनन्त शव* / ले जाते हैं कन्धे / अँधेरी गली से / चमकती हुई गंगा की तरफ।'—यहाँ *अनन्त शव* का *विरोधाभास* काल की निरन्तरता को ही पुष्ट करता है। निरन्तरता की यह धारणा कविता के पूरे रचाव में है—'कि पानी *वहीं* है / कि *वहीं* पर बँधी है नाव / कि *वहीं* पर रखी है तुलसीदास की खड़ाऊँ / सैकड़ों बरस से।' बनारस में 'वसन्त' का आना एक अप्रत्याशित सनसनी या तनाव का आना है—लहरतारा या मँडुवाडीह की तरफ से उठते धूल के बवण्डर का आना! अन्यथा धीमापन बनारस का स्वभाव है—निरन्तर संस्कार! यह धीमापन समस्या नहीं, भागती बदहवास दुनिया के लिए, यन्त्र होती दुनिया के लिए चुनौती है—'इस शहर में धूल / धीरे-धीरे उड़ती है / धीरे-धीरे चलते हैं लोग / धीरे-धीरे बजते हैं घण्टे / शाम धीरे-धीरे होती है।' कविता का अन्तिम शब्द *बेख़बर* शहर के ठाठ को व्यक्त करता है—सदियों से धीमेपन में जीवित शहर की अपनी पहचान को प्रकट करता है। जातीय स्मृति में रचे-बसे इस भाषिक विधान पर भी पाठकों की दृष्टि जानी चाहिए—'अद्‌भुत है इसकी बनावट / यह आधा जल में है / आधा मन्त्र में / आधा फूल में है / आधा शव में!' केदारनाथ सिंह इन कविताओं में अनुभव कराते हैं कि नमक में, पानी में, पृथ्वी के भविष्य में और दन्त कथाओं में *यकीन* का बचा रहना, प्रकृति, समय और जीवन में मनुष्य की *आस्था* का जीवित रहना है। 'यकीन', 'उम्मीद'-जैसे शब्दों पर बार-बार लौटते हुए केदार जो कहना चाहते हैं वह यही मुख्य अभिप्राय है जो 'उस आदमी को देखो' कविता की आखिरी पंक्तियों में प्रकट है—

> मुझे आदमी का सड़क पार करना
> हमेशा अच्छा लगता है
> क्योंकि इस तरह
> एक उम्मीद-सी होती है
> कि दुनिया जो इस तरफ है
> शायद उससे कुछ बेहतर हो
> सड़क के उस तरफ।

इसी मानसिकता में केदार पाते हैं कि क़स्बे में बस से गुजरती धूल पूरे देश की सबसे ज़िन्दा और खूबसूरत चीज़ है—'सबसे बेचैन / सबसे सक्रिय / पृथ्वी की सबसे ताज़ा / और

प्राचीनतम धूल ।' (क़स्बे की धूल) यन्त्र होते जाते आधुनिक ज़ीवन में प्रकृति और वस्तुएँ किस तरह अपनी पहचान खोती जा रही हैं, बताने की ज़रूरत नहीं । 'वापसी' कविता में एक पक्षी का अचानक सामना उत्सुकता पैदा करता है—एक स्मृति को टटोलती जिज्ञासा—'क्या नाम है उसका / खंजन / टिटिहरी / नीलकण्ठ / मुझे कुछ भी याद नहीं / मैं कितनी आसानी से भूलता जा रहा हूँ / पक्षियों के नाम / मुझे सोचकर डर लगा ।' यह कवि के मन पर आघात-जैसा अनुभव है—परिचित चीज़ों की विस्मृति—कवि भीतर-ही-भीतर विचलित होता है और टिप्पणी करता है—'.... यह मेरे शहर में / एक छोटे-से पक्षी के लौट आने का विस्फोट था / जो भरी सड़क पर / मुझे देर तक हिलाता रहा ।' केदार के मन पर प्रकृति के सम्वेदनाघात से बननेवाला प्रभाव अक्सर कविता में देर तक टिकनेवाली गूँज पैदा करता है । 'कविता क्या है' निबन्ध के लेखक आचार्य शुक्ल की धारणाओं की याद हो तो पाठक उन्हीं की तरह अनुभव करेंगे कि कई बार यह देर तक टिकनेवाली *गूँज* ही कविता की उत्कृष्टता की कसौटी है । 'चुप्पी' को बगैर विचलित किये ऐसी 'अर्थपूर्ण गूँज' की सृष्टि कर पाना—अपने आप में मुश्किल काम है ।

केदारनाथ सिंह के इस संग्रह की महत्वपूर्ण कविताएँ गहरे अर्थों में *राजनीतिक* कविताएँ हैं—इस विशेषता के साथ कि वे *राजनीतिक अर्थ* को सम्प्रेषित करने के साथ ही *मानवीय समय* और रिश्तों के तनाव को भी स्पष्ट करती हैं । केदार उन कवियों में हैं जिनकी दृष्टि में कविता के *राजनीतिक आयाम* का निषेध कविता के कैनवस को छोटा करता है और कविता में *राजनीतिक स्थिति* का सरलीकृत बयान कविता को सपाट बनाता है । छन्द के अनुशासन में लिखी गयी कविताओं में 'शहर में रात' की अर्थपूर्ण बनावट को देखें । क्या इसे राजनीतिक तनाव से अछूती कविता कहेंगे—'बिजली चमकी पानी गिरने का डर है / वे क्यों भागे जाते हैं जिनके घर हैं / वे क्यों चुप हैं जिनको आती है भाषा / वह क्या है जो दिखता है धुआँ-धुआँ-सा ।' अन्तिम पंक्तियाँ इस तनाव की उत्तेजना को अचानक बढ़ा देती हैं—'जब आँख लगे तब सुनना धीरे-धीरे / जिस तरह रात-भर बजती हैं जंजीरें ।' एक शब्द *जंजीरें* समय के कितने व्यापक संघर्ष को व्यंजित कर जाता है । कम शब्दों में अधिक से अधिक कहने की यह कला 'दो मिनट का मौन'-जैसी कविता में भी लक्ष्य करने की चीज़ है—

> भाइयो और बहनो
> यह दिन डूब रहा है
> इस डूबते हुए दिन पर
> दो मिनट का मौन
>
> . . .
>
> गिरे हुए छिलके पर
> टूटी हुई घास पर

हर योजना पर
हर विकास पर
दो मिनट का मौन

आपात्काल के तनाव और भय को जो भुला नहीं सके हैं उन्हें 'बाजार' कविता की ये पंक्तियाँ विचलित करेंगी—'वहाँ पहुँचकर हमें आश्चर्य हुआ / बाजार में *न धूल थी / न जनता* / दोनों को *साफ़* कर दिया गया था।' केदारनाथ सिंह के इस संग्रह में अनुभव और शिल्प की विविधता ध्यान आकृष्ट करेगी, इसमें सन्देह नहीं। 'जनहित का काम', 'ऊँचाई', 'दन्तकथा' अलग-अलग रंगों की कविताएँ हैं—इनके काव्यार्थ के बारे में बहुत सम्भव है, पाठकों की अलग-अलग प्रतिक्रियाएँ हों। पहले 'दन्तकथा' की अर्थ-संरचना पर विचार करें जिसमें *मिथक* को *संरचनात्मक विचार* में रूपान्तरित करने की सतर्क कोशिश है। 'पुरानी हवेली', 'नंगी तलवार', 'कुसुमपुर गाँव का लोहसाँय', 'बूढ़ा लोहार', 'हवेली के अँधेरे कोने का आतंक'—ये सारे अभिप्राय मिलकर कविता में एक कथात्मक ढाँचा उपस्थित करते हैं। पर कोशिशों के बावजूद केदार इस कविता को ऐसी *स्तरबहुल* रचना नहीं बना पाते जिसे मिथक के *सर्जनात्मक काव्योपयोग* का उल्लेख्य उदाहरण माना जा सके। एक प्रयोग के रूप में कविता सुसंगठित है पर मिथक के प्रति जिज्ञासा, कल्पना, कुतूहल आदि की माँग की दृष्टि से कविता का वातावरण या अनुभववृत्त सीमित है। ऐसी थीम के प्रति झुकाव के पीछे केदार की वह रचनात्मक विकलता है जो अभिव्यक्ति के नये रूप (फ़ार्म) खोजती है। *ब्रेख़्त* की मान्यता की ओर ध्यान दिलाना यहाँ अप्रासंगिक न होगा—'सिर्फ़ *नये विषय नये रूप* के आविष्कार की अनुमति देते हैं—बल्कि *नये रूप नये विषय* की अनिवार्यता होते हैं।' केदारनाथ सिंह की यह कविता सचमुच नये विषय की माँग को उभारकर सामने रख पाती है, यह सन्दिग्ध है। उन्हीं की कविताएँ ध्यान में हों तो जिस अर्थ में 'माँझी का पुल' एक मुकम्मल रूप में नया विषय-सन्दर्भ है, क्या 'दन्तकथा' भी उसी तरह के अर्थस्तरों का आभास करा पाती है! या महज़ एक तरह का चतुर-काव्य-निर्वाह होकर रह जाती है। 'दन्तकथा' सब मिलाकर कमज़ोर कविता है। इसके विपरीत 'जनहित का काम'-जैसी प्रथम पाठ में अटपटी लगनेवाली कविता कविता के रूप में भी महत्वपूर्ण है और विचार-सघनता की दृष्टि से भी रेखांकित करने योग्य है—

वह एक अद्भुत दृश्य था
मेह बरसकर खुल चुका था
खेत जुतने को तैयार थे
एक टूटा हुआ हल मेड़ पर पड़ा था
और एक चिड़िया बार-बार बार-बार
उसे अपनी चोंच से
उठाने की कोशिश कर रही थी

मैंने देखा
और मैं लौट आया
क्योंकि मुझे लगा मेरा वहाँ होना
जनहित के उस काम में
दख़ल देना होता

व्याख्या शायद कविता का अन्यथाकरण करने लग जाय, अतः इतना ही संकेत काफी होगा कि आरम्भिक पंक्तियों में प्रकृति के खुले हुए जीवन-व्यापार में जो चिड़िया कर रही है वह सच्चे जनहित के काम की प्रकृति है। आगे की पंक्तियों में मनुष्य की सीमा की ओर इशारा है—जो वही करे तो बदले में क्या अपेक्षाएँ करेगा। एक तरह के क्रान्तिकारी बड़बोलेपन की तुलना में यह *मध्यवर्गीय साखी* भी अधिक व्यक्त करती है—एक सहज व्यंग्य के अन्दाज में—'सुबह हुई / और उसने सोचा / दुनिया बदलने से पहले / मुझे बदल डालनी चाहिए अपनी चादर / जो कि मैली हो गयी है।' *आत्मविडम्बना, आत्मव्यंग्य* का जैसा सहज इस्तेमाल यहाँ सम्भव हो सका है उसके आगे *काव्यविदग्धता* के तमाम दावे व्यर्थ हैं।

एक समय *अस्पष्टता* को काव्य-दर्शन बनानेवाले कवि केदारनाथ सिंह आज 'अस्पष्टता की काट' के लिए अधिक सजग दिखायी देते हैं। 'पानी एक रोशनी है' कविता में वे स्वीकार करते हैं कि उस 'जगह की तलाश व्यर्थ है / जहाँ पहुँचकर यह दुनिया एक पोस्ते के फूल में बदल जाती है।' 'अँधेरे' में चलते हुए 'लाखों करोड़ों पैरों' की गति को आँकते हुए वह आसपास के लोगों को अपने संघर्ष में शामिल करना चाहते हैं—जड़ व्यवस्था से जवाब तलब करने की मुद्रा में वे उन्हें उकसाते हैं—

पूछो
चाहे *जितनी बार* पूछना पड़े
चाहे पूछने में *जितनी* तकलीफ़ हो,
मगर पूछो
पूछो कि गाड़ी अभी कितनी लेट है।

'बुनने का समय', 'पृथ्वी रहेगी' और अन्तिम कविता 'घोषणा'—ये कविताएँ ख़ास उदाहरण हैं कि कवि के पास जीवन के प्रति एक निश्चित स्वीकारात्मक दृष्टिकोण है—एक निरन्तर जीवन के लिए सच्ची मानवीय ललक—जो मूलतः भारतीय है और समय तथा समाज के प्रश्नों, चुनौतियों की अवगति के कारण विशेष अर्थ में आधुनिक भी। '*उठो* कि इस दुनिया का सारा कपड़ा फिर से बुनना होगा, *उठो* मेरे टूटे हुए धागो / और मेरे उलझे हुए धागो *उठो* / *उठो* / कि *बुनने का समय* हो रहा है।' (बुनने का समय) 'मैं घोषित करता हूँ कि इस अघोष युद्ध में / जहाँ बहुत कुछ नष्ट हो चुका है / वहाँ *अब भी—अब भी* प्यार है।' (घोषणा)'मुझे विश्वास है / *यह पृथ्वी रहेगी* / यदि और कहीं नहीं तो मेरी

हड्डियों में / यह रहेगी जैसे पेड़ के तने में / रहते हैं दीमक / और दाने में रह लेता है घुन / यह रहेगी प्रलय के बाद भी मेरे अन्दर / यदि और कहीं नहीं तो मेरी ज़बान / और मेरी नश्वरता में यह रहेगी ।' (पृथ्वी रहेगी) भारतीय जीवन-आस्था को एक के बाद एक नये अनुभवों, तर्कों, टिप्पणियों से प्रत्यक्ष और पुष्ट करते हुए केदारनाथ सिंह जैसे एक नये काव्य-संसार में प्रवेश करते हैं जो उनके पिछले परिचित अनुभव-संसार का विकास भी है और जहाँ-तहाँ सजग प्रत्याख्यान भी । कविकर्म की कठिनाइयों का अहसास करानेवाले कवियों में केदारनाथ सिंह महत्त्वपूर्ण कवि हैं और अब, जब कोशिश 'सरलता' को अपना 'काव्यजीवित' बनाने की दिशा में अधिक स्पष्ट है, कहने की ज़रूरत नहीं कि सीधी सरल कविता की कठिनाइयाँ वे ख़ूब जानते हैं । वे धोखे में नहीं हैं कि सरलता को काव्यजीवित बनाने की साधना उन्होंने पूरी कर ली है । वे अपनी रचना-प्रक्रिया से निरन्तर संघर्ष करनेवाले कवि हैं, इसलिए सफलता या पूर्णता से अधिक उन्हें सम्भावना या सार्थकता की तलाश है । केदारनाथ सिंह की काव्य-प्रक्रिया में इधर ख़ास पहचान बनानेवाली 'नयी सरलता' और 'साधारण सरलता' में फ़र्क की ज़रूरत है । वस्तुतः उनका झुकाव जिस *बुनियादी* (Fundamental) सरलता की ओर है, उसके आयाम विस्तृत हैं । अब उसी बुनियादी सरलता को कविता के हित में उपलब्ध करना नया आविष्कार लगता है ।

अपनी केवल धार (धूमिल और धूमिल के बाद)

पिछले बीस वर्षों के हिन्दी काव्य-परिदृश्य की एक उल्लेखनीय विशेषता यह है कि जहाँ छठे दशक के *रघुवीर सहाय, कुँवरनारायण, केदारनाथ सिंह, श्रीकान्त वर्मा* -जैसे महत्त्वपूर्ण कवियों ने समय की जटिल वास्तविकता के बहुविध रूपों को प्रत्यक्ष करनेवाली *अधिक विकसित काव्यसंवेदना* और *शिल्पपूर्णता* का परिचय दिया, वहीं सातवें-आठवें दशक के तीखे और बहुत कुछ विस्फोटक नये यथार्थ को अनोखी मानवीय तात्कालिकता और राजनैतिक शब्दावली में अभिव्यक्त करनेवाली एक बिल्कुल *नयी कवि-पीढ़ी* ने इतिहास में लगभग हस्तक्षेप करते हुए अपनी विलक्षण पहचान बनायी। सन् *साठ के बाद* की हिन्दी कविता में (बंगला-जैसी कुछ दूसरी भारतीय भाषाओं की तरह) नये अथवा युवा कवियों की हिस्सेदारी इतनी महत्त्वपूर्ण समझी गयी कि एक लम्बे समय तक मुख्य कविता-धारा के रूप में *युवा कविता* -जैसा शब्द ही अपने आप में सार्थक और उपयुक्त समझा जाने लगा। नाम-रूपहीन जान पड़नेवाली, पर इतिहास के ख़ास मोड़ पर अचानक सार्थकता प्राप्त करनेवाली कविता को 'युवा कविता'-जैसी स्वतन्त्र संज्ञा दिलाने का श्रेय बहुत कुछ अकेलें *धूमिल* को है जिन्होंने कविता की अन्तर्वस्तु और बनावट में, और एक तरह से देखा जाय तो कविता की पूरी अवधारणा में, *क्रान्तिकारी* परिवर्तन का संकेत दिया। कविता के इतिहास में अपनी काव्यानुभूति और शैली की बिल्कुल नयी स्वायत्त पहचान बना पाना एक मुश्किल काम है। आज के काव्य-परिदृश्य में अनेक युवा कवियों की सक्रिय संवेदनशील हिस्सेदारी के बावजूद हम यही अनुभव करने के लिए बाध्य हैं कि धूमिल के बाद कोई दूसरा कवि उसी अर्थ में अपना स्वतन्त्र सम्यक काव्य-मुहावरा विकसित करने में सफल नहीं हो सका है जिस अर्थ में धूमिल *उग्रता, असहमति, आक्रोश* या *विद्रोह* को अपना स्वाभाविक अनिवार्य मुहावरा बनानेवाली *प्रतिपक्षधर्मी* अथवा *प्रतिबद्ध* युवा कविता के लगभग प्रतीक या प्रतिनिधि हो चले थे। धूमिल की सर्जनात्मक

उर्जा या क्षमता के बारे में' धूमिल के यथार्थबोध की सीमाओं के बारे में और एक हद तक धूमिल के वैचारिक अन्तर्विरोधों के बारे में बहस हो सकती है, धूमिल की काव्य-संवदेना का फलक मुक्तिबोध से अधिक सीमित हो सकता है पर धूमिल के योगदान का ऐतिहासिक महत्त्व प्रायः निर्विवाद है ।

छिटपुट कोशिशें यद्यपि पहले भी हुई थीं, पर 'आलोचना' के एक विशेष अंक में पहली बार अमूर्त जान पड़नेवाली इस युवा पीढ़ी के ऐतिहासिक काव्यात्मक हस्तक्षेप को व्यापक परिप्रेक्ष्य में परिभाषित करने की कोशिश की गयी । इस अंक में *'युवा लेखन'* पर केन्द्रित बहस के प्रारूप में *नामवर सिंह* ने युवा पीढ़ी की भिन्नता अथवा विशिष्टता को परिभाषित करते हुए लिखा, "नाम की तलाश से स्पष्ट है कि यह *युवा पीढ़ी* भी हर पीढ़ी की तरह अपनी *भिन्नता* और *विशिष्टता* के लिए आग्रहशील है । भिन्नता का आग्रह यदि पहले से अधिक है तो इसलिए कि इतिहास में उसकी स्थिति पहले की सभी पीढ़ियों से नितान्त भिन्न है । यदि औरों का एक पाँव आज़ादी के पहले के भारत में है तो युवा पीढ़ी ने एकदम आज़ादी के बाद के भारत में ही आँखें खोलीं । और मामूली मालूम होनेवाला यह अन्तर मानसिक गठन के स्तर पर बहुत बड़ा अन्तर डाल देता है । *व्यक्ति* और *इतिहास* दोनों ही स्तरों पर युवा लेखकों की *भिन्नता* स्पष्ट है । व्यक्ति के रूप में युवा लेखकों का मानस-संस्कार स्वातन्त्रयोत्तर भारत में बना तो इतिहास के रूप में झेलने को मिला साठोत्तरी युग-परिवर्तन । व्यक्तित्व भी भिन्न, परिवेश भी भिन्न । परिवेश और व्यक्तित्व का यह विशिष्ट घात-प्रतिघात ही युवा लेखन की भिन्नता का आधार है ।" (आलोचना / जनवरी-मार्च '68, पृ. 19) नामवर सिंह के इस विश्लेषण में जहाँ 'नगण्यताबोध' तथा 'बाहरीपन'-जैसी स्थितियों के भीतर युवालेखन या युवा कविता को पहचानने की कोशिश की गयी और छठे दशक के साथ घटित युगान्त को 'नेहरू-युग का अन्त' कहा गया, वहीं आलोचना के इसी अंक में केदारनाथ सिंह ने पूरे युवालेखन की व्याख्या प्रतिपक्ष के साहित्य के रूप में की । उनके अनुसार प्रतिपक्ष में होना युवा लेखक के लिए विकल्पहीन स्थिति है—एक अर्थ में उसकी नियति है ।

याद दिलाने की ज़रूरत है कि 'धर्मयुग' (4 जुलाई, 1965) में प्रकाशित अपने एक निबन्ध में *केदारनाथ सिंह* साठोत्तर कविता की दो दिशाओं का संकेत पहले ही कर चुके थे—*शुद्ध कविता* से *प्रतिबद्ध कविता* की ओर, तथा *कविता* से *अकविता* की ओर । अपने नये विश्लेषण में उन्होंने *आक्रोश* और *अस्वीकृति, आक्रोश* और *विद्रोह* की प्रकृति में भेद स्पष्ट करने की ज़रूरत महसूस की । युवा पीढ़ी के विद्रोह को उन्होंने दो परस्पर विरोधी स्तरों पर कार्यरत बताया—"एक उस सम्पूर्ण ढाँचे के विरुद्ध जिस पर आज की स्थापित सत्ता और उच्चवर्गीय संस्कृति के खोखले मूल्य टँगे हुए हैं और दो, उस कुचक्रपूर्ण दबाव के विरुद्ध जो उसे उस मूल ढाँचे के भीतर अपनी विलक्षण प्रतिभा को स्थापित करने से रोकता है ।" वास्तविकता यह है कि इस विश्लेषण में जिन्हें परस्पर विरोधी कहा गया है, वे एक ही विद्रोह-तर्क के दो पहलू हैं । युवा लेखन या युवा कविता के इस *विद्रोह-भाव* की समीक्षा

अधिक गहरे स्तर पर की जायेगी तो *स्वीकृति* और *अस्वीकृति* को मिलाकर ही उसका असली रूप सामने आयेगा । इसलिए मूल समस्या स्वीकृति-अस्वीकृति के द्वन्द्व की उतनी नहीं, जितनी *सच्ची अस्वीकृति* और *अस्वीकृति* के *छद्म* में फ़र्क करने की है और यह फ़र्क करने में समय लगता है । कविता में प्रकट निषेधात्मक रुख को, कई बार बिना फ़र्क किए हुए, नामवरसिंह-जैसे समीक्षक भी यदि प्रोत्साहन दे रहे थे तो कुछ तो युवा विद्रोह के प्रति हार्दिक सहानुभूति के कारण और कुछ यथास्थिति से पैदा हुई ऊब के कारण । धीरे-धीरे लगा कि यह चरम नकारवाद एक झूठी मुद्रा-भर है और उसकी जड़ें उस आधुनिकतावाद में हैं जो इतिहास के संक्रमण काल में कई तरह के रूपों में अपने को प्रकट करता है । दूसरे प्रकार का अस्वीकार प्रतिरोधमूलक होता है और वह परिवर्तन की विधेयात्मक स्थिति से उदासीन नहीं होता । साठोत्तरी युवा कविता में अपना स्वतन्त्र या स्वायत्त काव्यात्मक मुहावरा विकसित करनेवाले धूमिल के अन्तर्विरोधों को इसी ऐतिहासिक परिप्रेक्ष्य में देखना चाहिए ।

'आलोचना' के युवा लेखन केन्द्रित अंक में प्रकाशित धूमिल की कविता 'पटकथा' पर ध्यान दें तो यह स्पष्ट जान पड़ेगा कि यह आज़ादी के बाद के राजनीतिक माहौल में साँस लेनेवाले विक्षुब्ध और एक हद तक निराश युवा व्यक्ति का तीखा, विचलित करनेवाला स्वयमालाप है जिसके बहाने वह समूचे वातावरण की मूल्यहीनता, ढोंग, पाखण्ड और अमानवीय स्वार्थ का निर्मम भण्डाफोड़ करते हुए रहे-सहे विकल्पों का अन्त:परीक्षण करना चाहता है और अन्ततः गहरे आत्मालोचन से भी बाज़ नहीं आता । यह कहना शायद बहुतों को आश्वस्त न करे कि युवा लेखकों का साहित्य *मोहभंग* का साहित्य *नहीं है* क्योंकि उन्होंने कभी इस व्यवस्था के प्रति मोह पाले ही नहीं । कम-से-कम 'पटकथा' कविता *मोहभंग* की ही झलक देती है और उसी की अधिक तल्ख़ प्रतिक्रिया के रूप में एक पूरा राजनीतिक माहौल अपने चरम अन्तर्विरोधों के साथ मूर्त होता है । यहाँ मोहभंग की तीखी सचाई में आज़ादी से की गयी अपेक्षाओं की स्वीकृति भी है—

> मैंने कहा—आजादी
> और दौड़ता हुआ खेतों की ओर
> गया । वहाँ कतार-के-कतार
> अनाज के अँकुए फूट रहे थे
>
> मैंने कहा—जैसे कसरत करते हुए
> बच्चे । तारों पर
> चिड़ियाँ चहचहा रही थीं
>
> मैंने कहा—काँसे की बजती हुई घण्टियाँ···
> खेत की मेड़ पार करते हुए
> मैंने एक बैल की पीठ थपथपायी··· ।

सड़क पर जाते हुए आदमी से
उसका नाम पूछा
और कहा—बधाई···!

और तो और, इस कविता के आरम्भ में उस *पीड़ा भरी प्रतीक्षा* की स्वीकृति भी है जिससे युवा आक्रोश के मूल मनोविज्ञान को अलग करने की कोशिश की जाती रही है।—"मैंने इन्तज़ार किया / अब कोई बच्चा / भूखा रहकर स्कूल नहीं जायेगा / अब कोई छत बारिश में / नहीं टपकेगी / अब कोई किसी की रोटी नहीं छीनेगा!" यहाँ निराशा और आत्मदया के बीच ही शक़ और गुस्सा उभरने लगता है जब 'जनतंत्र', 'त्याग', 'स्वतन्त्रता', 'संस्कृति', 'शान्ति', 'मनुष्यता'-जैसे शब्दों की क़लई उतर जाती है। इतिहास की सबसे बड़ी ट्रेजडी झेलते हुए 'पटकथा' के काव्यनायक को, जो 'मैं' और 'हिन्दुस्तान' के juxtaposition का संश्लिष्ट बिम्ब है, ऊब, संशय, असहायता, नफ़रत, बेचैनी और ग़ुस्से का एक साथ अनुभव होता है। उसे यह बताने की ज़रूरत पड़ती है कि तमाम अन्धी चीज़ों में वह शरीक नहीं है। वह आत्मालोचन के क्रम में स्वीकार कर लेता है कि उसके भीतर की आग यदि भभककर बाहर नहीं आती, तो पूँजीवादी संस्कारों के दबाव के ही कारण। धूमिल की तटस्थता इसी अर्थ में है कि वे अपने ऊब, ग़ुस्से, अहिंसा, ईमानदारी, विवेक की भी लगातार जाँच करते रहे हैं। आश्चर्य नहीं कि तमाम हताशा के बाद कहीं उम्मीद की एक रेखा-सी दिखायी दे जाती है—

मगर समय गवाह है
कि मेरी बेचैनी के आगे भी राह है

संकल्प और सम्भावना का यह क्षीण स्वर 'पटकथा' के कथ्य का उपेक्षणीय हिस्सा नहीं—

तुम मेरी चिन्ता मत करो। उनके साथ
चलो। इससे पहले कि वे
गलत हाथों के हथियार हों
इससे पहले कि वे नारों और इश्तिहारों से
काले बाजार हों
उनसे मिलो। उन्हें बदलो।

धूमिल जब चुनाव का जिक्र एक समय के बड़े राजनीतिक झूठ के रूप में करते हैं और नक्सलवाड़ी की क्रान्ति-सम्भावना को चकित उत्साह के साथ देखते हैं तो उनकी राजनीतिक विचारधारा का संकट समझ में आता है। *रेटारिक* से लेकर *वैचारिक अनिश्चय* तक इस कविता की अपनी सीमाएँ हैं। *वर्णनस्फीति* भी कविता के प्रभाव को यहाँ बाधित करती है। फिर भी जो चीज़ इस कविता को उल्लेखनीय बनाती है—वह है 'वर्णन' और 'बिम्ब', 'काव्यात्मक' और 'नाटकीय', 'यथार्थ' और 'फ़न्तासी' का

आवेगपूर्ण अन्त:संश्लिष्ट विधान जो कभी ढीला पड़ता है और कभी आकस्मिक नाटकीय संगठन हासिल कर लेता है । इस कविता के आधार पर युवा कविता की असहमति, अनिश्चय, उग्र प्रतिरोध, निर्व्यक्तिवाद, तटस्थता को समझना चाहें तो कुछ स्पष्ट धारणाएँ बनायी जा सकती हैं–

– युवा कविता में व्यक्त *विद्रोह* के कई रूप हैं–प्रतिरोधशून्य और प्रतिरोधी आक्रामकता, इतिहास से टकराने का साहस और इतिहास से बाहर होने का पीड़ा-भरा अनुभव, यथार्थ का वस्तुमूलक आकलन और यथार्थ की अवधारणा से ही इनकार अर्थात यथार्थ का निषेध ।

– युवा कविता *जटिल मानवीय नियति* का *राजनीतिक शब्दावली* में किया गया ऐसा *बयान* है जो अन्य व्यवस्थाओं की तरह स्वयं राजनीति के बारे में सन्देह पैदा करता है । 'संसद' से 'सड़क' तक को अपनें दायरे में ले आनेवाली यह कविता संसद के बारे में भी प्रश्न करती है और सड़क के चरित्र को लेकर भी निर्द्वन्द्व नहीं है । 'अपने यहाँ संसद / तेली की वह घानी है / जिसमें आधा तेल है / और आधा पानी है ।'

– आधुनिकीकरण की प्रक्रिया में घटित तथाकथित *प्रगति* और *विकास* की अवधारणा में *सन्देह* प्रकट करनेवाली युवाकविता में *आदिमता* के प्रति *अतर्क्य रोमांचक लगाव* मौजूद है । 'जंगल के हाशिए पर जीने की तमीज़' इसी लगाव का सूचक है ।

– युवा कविता कविता की परम्परा में, साथ ही विचार की परम्परा में भी *अविश्वास* प्रकट करती है और अपने समसामयिक दबावों को कविता के लिए चुनौती मानती है । कविता की भूमिका को एकदम नये सिरे से परिभाषित करने की माँग इसी दबाव का फल है ।

– युवा कविता में आदमी का जो *बिम्ब* निर्मित हुआ है वह अन्तर्विरोधों से घिरा, गुस्से और नफ़रत के बावजूद *असहाय* है । उसका गुस्सा 'आग' और 'आँसू' का एक 'तथ्यहीन मिश्रण' है ।

इन कुछेक धारणाओं में ही धूमिल की शक्ति और सीमाओं के संकेत छिपे हैं । धूमिल की कविता वर्तमान की भयावह वर्तमानता का गहरा, ऐतिहासिक, तनावभरा अहसास करानेवाली कविता है । वह एक *असह्य समय* की अनिवार्य जटिलताओं को अनुभववृत्त में लानेवाली कविता है जो एक आघातपूर्ण प्रतिक्रिया के रूप में ही अपनी पहचान बनाती है । एक समय की क्रूर त्रासदी को *हास्यास्पद* परिणतियों तक ले जाने के बावजूद यह कविता *परिहास* और *व्यंग्यविनोद* से *प्राय: वंचित है* । वस्तुपरक यथार्थ तथा उसकी अनेक विसंगतियों का तीखा निर्मम बयान धूमिल की कविता की ताक़त है, यद्यपि इस बयान में बहुत कुछ ऐसा है जिसे प्रतिबद्ध कवि की दृष्टि से तर्कसंगत ठहराना मुश्किल होगा । जंगल के लिए कवि के मन में जो रोमाण्टिक आकर्षण है, वह अपने ही मन की संस्कारशीलता की गाँठ खोल पाने में असमर्थ है । धूमिल को क्या नहीं लगता कि 'जंगल' और 'तमीज़' में जो

अन्तर्विरोध है वह उनके क्रान्तिकारी विचारों के अनिश्चय और काव्यात्मक रुझान के अन्तर्विरोध का ही आभास कराता है—

> और सुनो ! नफ़रत और रोशनी
> सिर्फ़ उसके हिस्से की चीज़ है
> जिसे जंगल के हाशिए पर
> जीने की तमीज है

एक ओर धूमिल को ज़िन्दा रहने के लिए पालतू होना ज़रूरी (शहर का व्याकरण) जान पड़ता है, दूसरी ओर वे पालतूपन के विरुद्ध जंगल और वहशत का समर्थन करते जान पड़ते हैं (कुत्ता)। धूमिल की कविता का रूप या विन्यास लगभग एक प्रकार का आविष्कार है, लेकिन वह धूमिल के कथ्य की ही भाँति उन्हीं तक अपनी समूची ताकत का क्षय कर चुका होता है।

'प्रौढ़ शिक्षा', 'मोचीराम', 'भाषा की रात' धूमिल की वे कविताएँ हैं जिनमें उनकी *सर्जनात्मक ऊर्जा* और *साहस* को उपयुक्त काव्यात्मक संगठन भी प्राप्त है। भ्रष्ट व्यवस्था की कुटिल चालाकियों से सावधान करती धूमिल की भाषा में जो सीधा उद्‌बोधनात्म आवेग है वह यहाँ 'प्रौढ़ शिक्षा' में अतर्क्य स्फीति से बचने के लिए आत्मसजग या तर्कशील विवेक से नियन्त्रित जान पड़ता है। 'मोचीराम' में *चुस्त कथन* या *सूक्तिप्रियता* का ही नहीं, *कथ्य* की प्रकृति का भी आकर्षण है। मोची का एकालाप उसके अपने *पेशे के संस्कारसूचक* शब्दों तथा उपकरणों के जरिए एक पूरे समाज के *अन्तर्बाह्य संकटों* तथा अन्तर्विरोधों पर टिप्पणी है। "सच कहूँ—मेरी निगाह में / न कोई छोटा है / न कोई बड़ा है / मेरे लिए हर आदमी एक जोड़ी जूता है / जो मेरे सामने / मरम्मत के लिए खड़ा है।" × × × "कि पेशेवर हाथों और फटे हुए जूतों के बीच / कहीं-न-कहीं एक अदद आदमी है / जिस पर टाँके पड़ते हैं।" प्रसंगवश इस कविता में भी धूमिल जीने के सही तर्क को अपना काव्यात्मक समर्थन देते हैं। जीने का तर्क सही हो तो पेशा प्रकृति से मनुष्य के जीवित सम्पर्क के लिए बाधा नहीं बनता। मोची के *पेशेवर* अनुभव में *प्रकृति* का *दख़ल* मानों मुक्ति का मार्मिक संकेत है—

> अब आप इस वसन्त को ही लो
> यह दिन को ताँत की तरह तानता है
> पेड़ों पर लाल-लाल पत्तों के हज़ारों सुखतल्ले
> धूप में, सीझने के लिए
> लटकाता है

एक पेशे में सीमित जीवन-व्यापार और प्रकृति-जीवन में परस्पर जो अन्तक्रिया (interaction) हो रही है उसकी अर्थसघनता के पीछे धूमिल का काव्यविवेक है। यहाँ तक धूमिल इस सचाई से परिचित हो चले हैं कि 'इनकार से भरी हुई एक चीख' और 'एक

समझदार चुप' दोनों का मतलब एक है । धूमिल की कविताओं में सचाई को जानना विरोध में होता है । पर धूमिल जानते हैं कि इस कठिन समय में सचाई को जानने के क्षण भी विरल हैं । अधिकतर तो सचाई का अर्थ है कायरता की आत्मस्वीकृति । इसी कायरता के विरुद्ध धूमिल को अपनी कविताओं में दूसरे प्रजातन्त्र की तलाश है । धूमिल अपनी कविता के प्रतिपक्षी चरित्र की घोषणा बार-बार करते हैं–"और *विपक्ष* में– / सिर्फ़ *कविता* है ।" (नक्सलबाड़ी)–पर कविता की बुनियादी प्रकृति में 'हाँ' और 'ना' का, स्वीकृति और अस्वीकृति का जो द्वन्द्व है उसके चलते उनकी कविता-सम्बन्धी अवधारणा के अन्तर्विरोध भी सामने आते हैं–

कविता
शब्दों की अदालत में
मुजरिम के कटघरे में खड़े बेकसूर आदमी का
हलफनामा है
कविता
भाषा में
आदमी होने की तमीज़ है

धूमिल जिन नैतिक मूल्यों के पक्षधर हैं उन्हीं नैतिक मूल्यों का कभी-कभी अपनी अतर्क्य सूक्तिप्रियता या आक्रामकता के जरिए उपहास करते जान पड़ते हैं । एक अर्थ में *स्त्रीविहीन* कहे जानेवाले उनके काव्य-संसार में *स्त्री* का बिम्ब जब भी उभरता है उसके प्रति पुरुष-दम्भ की हिकारत-जैसी मनोग्रन्थि भी सामने आ जाती है । प्रेमचन्द, निराला और मुक्तिबोध-सरीखे लेखकों से धूमिल ने यह समझ हासिल नहीं की कि स्त्री हिन्दुस्तान में शोषित की ही कोटि में आती है । अकवितावादियों के स्त्रीविरोधी तर्क और यौन-ग्रन्थि का इतना गहरा असर धूमिल पर क्यों है, उनकी कविता के समग्र चरित्र को देखते हुए यह समझ पाना कठिन है । 'उसने जाना कि हर लड़की / तीसरे गर्भपात के बाद / धर्मशाला हो जाती है और कविता / हर तीसरे पाठ के बाद ।' (कविता); 'और मासिक धर्म में डूबे हुए लत्ते-सा / खड़खड़ाता हुआ दिन' (बसन्त); 'गर्भ-गद्‌गद् औरतों में अजवाइन का सत और मिस्सी / बाँट रहा हूँ' (शान्तिपाठ)-जैसी उक्तियाँ धूमिल की इस सात्विक भाषाई विनम्रता के आगे प्रश्नचिह्न लगाती हैं–

ओ देश के पोर-पोर में दुखते हुए गूँगे जनून !
क्रोध की अकेली मुद्रा में
उफनते हुए सात्विक खून !

आ बाहर आ,
मैं एक अदना कवि–तेरी भाषा का मोहताज
मुझे अपनी बोली में शरीक कर

(भाषा की रात)

धूमिल अपने युवा समकालीनों के लिए आदर्श रहे हैं, अतः कुछ आश्चर्य नहीं कि प्रतिबद्ध कविता के *जगूड़ी* -सरीखे समर्थ संवेदनशील कवि भी यौन-ग्रन्थि से मुक्त नहीं हो पाये हैं–'इक्कीसवीं शताब्दी को / इस बेरौनक गोचर लोकतन्त्र में जब जीना है तो / *वेश्या* की *सार्वजनिक योनि* से सम्भव करना है ।' कवि का सात्विक सदाशय क्रोध भी इस भाषाई ग्रन्थि में पड़कर कितना दयनीय लगने लगता है, बताने की ज़रूरत नहीं । धूमिल को अपनी ही बनायी काव्य-रूढ़ियों की जाँच करने के लिए अधिक समय नहीं मिला पर उनकी परम्परा के कवियों ने बाद के वर्षों में विरोध की कविता लिखते हुए भी अधिक *संवेदना*, अधिक *धैर्य*, अधिक *काव्यसंयम* का प्रमाण दिया है । *कुमार विकल*- जैसे प्रतिबद्ध कवि उपर्युक्त अनेक काव्य-रूढ़ियों से मुक्त हैं और अपनी कविता के लिए अधिक प्रकृत, अधिक ठोस भूमि पा सके हैं । धूमिल 'ऐसा वक्त आ गया है' जैसा वाक्य-पद या मुहावरा बाद के वर्षों में भी इस्तेमाल करते हैं पर 'खेवली'-जैसी कविताओं तक वे यह ज़रूर जान गये हैं कि 'सच को भी सबूत के बिना / बचा पाना मुश्किल है ।' (कल सुनना मुझे / पृष्ठ 58) धूमिल की मनोरचना में *राजकमल चौधरी* की भूमिका कम महत्त्वपूर्ण नहीं रही है जो पराजित पीढ़ी और बंगला की भूखी पीढ़ी के असर में अपनी मूल काव्य-संवेदना को तनावपूर्ण संगठन देने की ज़रूरत महसूस करते हैं । 'मुक्तिप्रसंग' से कम महत्त्व 'कंकावती' का नहीं है जिसमें घटनाओं, तथ्यों, सन्दर्भों की ऊपरी सतह पर यथार्थ का निरूपण करने के स्थान पर कवि *अन्तर्यात्रा* को महत्त्व देता जान पड़ता है । 'कंकावती' में बिम्ब और विचार को काव्यात्मक नियम के अन्तर्गत संगठित करनेवाली काव्य-ऊर्जा राजकमल चौधरी की नयी सम्भावनाओं का पता देती है, जिसका विकास दुर्भाग्यवश कविता में सम्भव नहीं हुआ ।

'खून के बारे में कविता' धूमिल के विकास-क्रम में एक नये प्रस्थान की सूचना है । यह अपनी ही काव्य-रूढ़ियों से मुक्त होने की छटपटाहट का भी संकेत है । एक तरह से यह उस नयी ज़मीन का संकेत है जो धूमिल की काव्य-ऊर्जा, जीवन के गहरे लगाव, सक्रिय शब्दावली, शिल्प-नियन्त्रण के बावजूद असमय मृत्यु के कारण अविकसित रह गयी । एक स्पष्ट अवधारणात्मक सीधे-सादे बयान के रूप में जो कविता ख़त्म होती है उसके पहले के *ऐन्द्रिक मानवीय स्पर्श* धूमिल की जीवनासक्ति का ही आभास कराते हैं–'उसने मुझसे बुदबुदाकर कहा– / कवि हो ! इस फौरी धावे में साथ दो । / और सुनो । कविता मारती नहीं / जानें बचाने की कोशिश में / पहल करती है ।' (कल सुनना मुझे / पृ. 61)'घर में वापसी' कविता में धूमिल को इसका पीड़ा-भरा अहसास है कि 'हम अपने खून में इतना भी लोहा / नहीं पाते / कि हम उससे एक ताली बनाते / और भाषा के *भुन्नासी ताले* को खोलते ।' धूमिल के पाठक शायद इससे भिन्न अनुभव करेंगे कि धूमिल में भाषा को मुक्त करने की जो उत्कट बेचैनी थी उसके उपयुक्त काव्यफल से खड़ी बोली-हिन्दी कविता-भाषा वंचित नहीं रही ।

वैचारिक अन्तर्विरोधों और *शिल्पगत सीमाओं* के बावजूद धूमिल की भाषा में अपनी एक ख़ास ताक़त मौजूद है जो युवा कवि अरुणकमल के शब्दों में *अपनी केवल धार* कही

जा सकती है । *काव्य-बाह्य शब्दावली* का इतना ताज़ा, इतना जीवन्त उपयोग कम कवियों के यहाँ दिखायी देता है । धूमिल के अनियन्त्रित आवेग में कभी-कभी उनकी शब्द-सक्रियता अलक्ष्य रह जाती है पर जब भी धूमिल के योगदान का मूल्यांकन किया जायेगा उनकी कविता में मौजूद *जीवनव्यापार-सूचक* अर्थात् कामकाजी दुनिया के असंख्य शब्द हमारे लिए अनिवार्य रूप से विचारणीय हो उठेंगे । *भाषा के जबड़े में कैंसर की गाँठ* का तनाव-भरा, यातना-भरा अहसास भी भाषा की नयी मुक्ति की सम्भावना से कवि को उदासीन नहीं कर सका, यह एक बड़ी बात है । इससे धूमिल की बड़ी काव्य-ऊर्जा में हमारा विश्वास गहरा होता है । *खेत, खलिहान, डाँड़ मेड़, चूल्हा-चक्की, तवा, बटलोही, रोटी, कठवत, लोहसाँय, आँगड़-बाँगड़,*- जैसे शब्दों में कहीं अधिक सक्रिय मानवीय उपस्थिति है—उनकी तुलना में जो फूल-पत्ती, माँ, बच्चा, चिड़िया-जैसे शब्दों में मानवीय उपस्थिति का तर्क रचने के लिए काव्यात्मक परिष्कार को लगभग नये रीतिवाद में खपा लेने के आकांक्षी हैं ।

अन्त में यह तथ्य महत्त्वपूर्ण है कि धूमिल द्वारा प्रवर्त्तित प्रतिबद्ध युवा कविता *प्रगतिशील यथार्थवादी* काव्यधारा का ही नयी दिशा में विकास है । *धूमिल* ने स्वयं किसी टिप्पणी में स्वीकार किया है—"सही अर्थों में *नयी कविता प्रगतिवाद* की *परिष्कृति* के रूप में सामने आयी और अपनी *सामाजिक जटिलता* के प्रतीक भी लायी ।" 'परिष्कृति' शायद उपयुक्त शब्द नहीं है पर अन्ततः धूमिल स्वीकार यही करना चाहते हैं कि एक नये यथार्थ को नयी काव्यभूमि देने की कोशिश के पीछे प्रगतिशील परम्परा की ही प्रेरणा है । साथ ही सामाजिक वास्तविकता की जटिलता और विषमरूपता का बोध भी उसके साथ जुड़ गया है ।

प्रतिबद्ध कविता धारा को विकसित करनेवालों में कुछ महत्त्वपूर्ण कवि हैं—*लीलाधर जगूड़ी, कुमार विकल* और *विनोदकुमार शुक्ल । चन्द्रकान्त देवताले, ऋतुराज, देवेन्द्रकुमार, वेणु गोपाल* के नाम भी इसी क्रम में महत्त्वपूर्ण हैं । वास्तविकता यह है कि इनमें *कुमार विकल* ही एक ऐसे कवि हैं जो *आधुनिकतावाद के नये-नये रूपों* की *आहट* से विचलित नहीं हुए और जिन्होंने अपनी कविता की *प्रकृतभूमि* में स्थित रहकर ज़्यादा स्थायी, प्रामाणिक और सहज पहचान बनाने की कोशिश की । नये-नये काव्य-आन्दोलनों से विचलित न होनेवालों में *देवेन्द्रकुमार* भी हैं जिनके भावयन्त्र और एकरस रूप-विधान की सीमाएँ भिन्न प्रकार की हैं । देवेन्द्रकुमार की कुल अनुभवपूँजी उतनी ही है जिसे उन्होंने ज़िन्दगी के या परिवेश के पहले सम्पर्क या सीधे तनाव में प्राप्त किया है । *जगूड़ी* इनमें एक ऐसे कवि हैं जो अपनी समस्त सम्भावनाओं के बावजूद आगे चलकर ज़बर्दस्त शिलाग्रस्तता के शिकार हुए, ठीक वैसे ही, जैसे *देवताले* मुक्तिबोध के शिखरत्व को छूने की कोशिश में घातक अतिरंजना और अतर्क्य शब्द-स्फीति से अपनी स्वाभाविक पहचान बनाये न रख सके । अनुभवों की बड़ी पूँजी और यथार्थ रूपों के वैविध्य को *काव्यात्मक एकाग्रता* देने के लिए एक प्रकार की *सहजता* भी जरूरी है, जिसका देवताले के यहाँ अभाव दिखायी देता है । देवताले जितनी कोशिश अपने समय की सच्चाइयों के

निरूपण में करते हैं उतनी ही कविता को कविता बनाने की भी । 'धनुष पर चिड़िया' (रोशनी के मैदान की तरफ) कविता इसके लिए उदाहरण है । देवताले की कल्पना रेटारिक जैसे रचाव में खासी दिलचस्पी दिखाती है । कभी विशेषण-विधान में, कुछ ख़ास क्रिया-रूपों में, कभी पूरी वाक्य-रचना में अथवा वाक्य-बिम्ब में यह रुझान स्पष्ट है । *स्मृतियों की देहहीन नदी, चीज़ों के अदृश्य दाँत, दिन के इतिहास का तड़कता हुआ आइना, खतरनाक मौसम की खिड़की, बचपन का बादामी पत्थर*— इस तरह के प्रयोग देवताले के यहाँ बार-बार आते हैं । अपनी ही भाषा के बलाघातों के प्रति ख़ास तरह का मोह देवताले की सीमा है । 'सभ्यता के इस उफनाते हुए उजाले में / *भूमिगत कैंसर के ख़िलाफ़* / अपनी एक *निहत्थी कविता* को लेकर / मैं भी कीचड़ की दीवार पर / कुछ छाप देना चाहता हूँ ।'

'भूखण्ड तप रहा है'-जैसी लम्बी कविता में देवताले की सीमाओं के बावजूद कहीं वह *करुणा* भी लक्ष्य की जा सकती है जो आत्मकथ्य के शिथिल प्रसार को नियन्त्रित और एकाग्र करती है । देवताले से भिन्न *ऋतुराज* की ताक़त इसी अर्थ में रेखांकित करने योग्य है कि वे कविता को भी अपनी *नैतिक संवेदना* को दृढ़तर बनाने के साधन के रूप में देखते हैं, चरम साध्य के रूप में नहीं । आधुनिक कलात्मकता से बेअसर न रहकर भी वे मूलतः कविता को एक राजनीतिक या नैतिक हस्तक्षेप का दर्जा देने में एक हद तक सफल हुए हैं । जहाँ *वेणु गोपाल* -जैसे अधिक विद्रोही समझे जानेवाले कवि ने कविता के सुरक्षा के तर्क बार-बार खोजे हैं, *ऋतुराज* को कविता की सुरक्षा की उतनी चिन्ता कभी नहीं रही, जिस तरह वे अपने काव्यसंयम के बाहर भी कम ही गये हैं । नये-नये आन्दोलनों से आतंकित हुए बग़ैर *कुमार विकल* ने यथार्थ की जटिलता को समझने के लिए जो साहस और धीरज दिखाया है, वह *नागार्जुन* और *त्रिलोचन*-जैसे कवियों की याद दिलाता है । कुमार विकल की कविताएँ काव्यात्मकता के लिए अतिरिक्त सजगता नहीं दिखातीं, जिसका अहसास जगूड़ी-जैसे कवि अक्सर कराते हैं । उनसे भिन्न *विनोदकुमार शुक्ल* की अपनी सहज काव्य-संवेदना कहीं ज़्यादा भरोसे की चीज़ है । जीवन की साधारणता में प्रवेश कर वे अचानक जो काव्यात्मक सम्भावना पैदा करते हैं उसके पीछे *चीजों* के प्रति उनका *शान्त प्रकृत लगाव* काम करता है । इस धारा के कई अन्य कवि दृश्य पर होने-भर से अधिक अर्थ नहीं रखते । यथार्थ की बढ़ती हुई समझ और संवेदना के साथ, उसके वैविध्य के प्रति निरन्तर उत्सुक खुलेपन के साथ, कुछ और भी ज़रूरी है जो अभिव्यक्ति के माध्यम को नया, प्रासंगिक और उत्तेजक बनाये रख सके । कुछ कवि (उदाहरण के लिए रघुवीर सहाय-जैसे बड़े कवि) अपनी मूल रचनात्मकता या रचनात्मक माध्यम के साथ एक प्रकार की निरन्तर छेड़छाड़ के ज़रिए यही काम करते रहे हैं ।

लीलाधर जगूड़ी की आरम्भिक कविताओं पर धूमिल का असर ज़्यादा गहरा रहा है । धूमिल के यहाँ जो रूढ़ियाँ बनीं वे जगूड़ी के यहाँ भी बख़ूबी देखी जा सकती हैं । जगूड़ी क्रमशः इस प्रभाव से मुक्त हुए और *बची हुई पृथ्वी* में अपनी स्वतन्त्र पहचान बनाने की कोशिश की । *घबराए हुए शब्द* में पुनः वे एक अर्थ में काव्यात्मकता की ही नयी रूढ़ि या ग्रन्थि से प्रभावित जान पड़ते हैं, जिसे सम्भव बनाने के लिए विसंगति, विडम्बना, तनाव,

फन्तासी, अमूर्तन का अतिशय आलंकारिक इस्तेमाल ज़रूरी हो उठे। इन काव्यगुणों का उपयोग कविता में वर्ज्य नहीं है। 'नयी समीक्षा' आन्दोलन ने इन शब्दों को काव्य-प्रतिष्ठा दी जिसका बल कविता की स्वायत्तता की धारणा पर था, बाहर के सामाजिक संघर्ष पर नहीं—केवल इसलिए इन शब्दों के उपयोग-भर से कोई कविता आधुनिकतावाद के प्रदूषण से ग्रस्त नहीं मान ली जायेगी। समर्थ कवि अनजाने भी अपने भाषायी विवेक में इन गुणों की पहचान प्रमाणित करते आये हैं। यह कवि की संवेदनात्मक क्षमता पर निर्भर है कि किस प्रकार बाहर और भीतर के यथार्थ की द्वन्द्वसमृद्ध समझ के भीतर अपने भावयन्त्र और अभिव्यक्ति-माध्यम को विकसित होने दे। जगूड़ी की संवेदनशीलता कभी भी सन्दिग्ध नहीं रही है। कठिनाई तब पैदा होती है जब इस संवेदनशीलता पर अन्यथा दबाव कुछ ज़्यादा ही पड़ने लगते हैं। एक महत्त्वपूर्ण संवेदनशील कवि का काव्यविधान व्यर्थता का आडम्बरपूर्ण आख्यान होकर रह जाये, यह प्रतिबद्ध कविता के इतिहास की एक बड़ी दुर्घटना है। विष्णु खरे ने जगूड़ी के आरम्भिक काव्यांशों की व्यर्थता की ओर इशारा किया है—कई बार यह व्यर्थताबोध कविता में आद्यन्त बना रहता है। विडम्बना यह है कि यह व्यर्थता अर्थसघनता के लालच या महत्त्वाकांक्षा से जन्म लेती है। 'रोज़ाना' कविता का आरम्भिक अंश यहाँ बतौर उदाहरण विचारणीय है—

> इससे पहले कि वे सारी-की-सारी जाग जायें
> और जंगल किसी पुरानी मशीन की तरह
> चिंचियाने लगे
> इससे पहले कि जाती हुई रात
> अस्पताल की बड़ी-बड़ी खिड़कियों में से
> किसी काली, धुँधली मिल की तरह लगे
> और सुबह आटे-सी बाहर जाती दिखायी दे
> रोज़ाना की एक सबसे पहली चिड़िया
> जंगल और बस्ती के बीच का वीराना तोड़ती है
>
> और आख़िरी पहर के गाढ़े अँधेरे में
> अस्पताल के लम्बे दरख़्तों से आसमान में जाकर
> फुनगियों तक डुबकी लगाती है

(घबराये हुए शब्द / पृ. 57)

कविता के इस पाठ-क्रम में आगे बढ़ते जायँ तो दूर तक पता नहीं लगेगा कि कवि का मुख्य अभिप्रेत क्या है। इससे अच्छे तो छायावादी कवि पन्त थे कि पहली ही पंक्ति में कह देते थे—'प्रथम रश्मि का आना रंगिणी! तूने कैसे पहचाना!' जगूड़ी-जैसे सक्षम संवेदनशील कवि को इतने *कठिन काव्यानुमान* या काव्याभ्यास या अतर्क्य काव्यवक्रता की ज़रूरत नहीं जिसका कष्टप्रद आभास वे 'घबराये हुए शब्द' की अनेक (प्रायः लम्बी) कविताओं में

कराते हैं । प्रमाण है जगूड़ी की ही अपेक्षाकृत छोटी कविता 'हमारे शरीर' जो *विडम्बनासमृद्ध सहजता* की दृष्टि से अधिक प्रभावपूर्ण और सार्थक है । 'देखते ही हरेक से कोई खूशबू उठती है / देखते ही चली आती है हर चीज़ अपनी जगह से / बहुत-सी जो खड़ी हैं मन में / याद आते ही चल पड़ेंगी / जैसे अड्डे से टैक्सियाँ / हमारे शरीर कितने कामयाब और सुन्दर हैं / यह कहना कितना सरल है / मगर यह होना कितना मुश्किल है ।' (घबराये हुए शब्द, पृ. 56) जगूड़ी की कविता *सहजता* बनाम *दुरूहतावाली* पुरानी बहस को फिर एक बार नये सन्दर्भ में प्रासंगिक बना जाती है । यहाँ हम जगूड़ी की कविता से स्वतः स्फूर्त अनुभूति की माँग नहीं कर रहे हैं, वे यथार्थ को गहरे जाकर समझने और उससे संवेदित होने के लिए किसी भी बड़े कवि की तरह स्वतन्त्र हैं पर उन्हीं की कविता से प्रमाणित होना चाहिए कि यथार्थ की संवेदना ही उनका प्रमुख सरोकार है, काव्यात्मकता की प्रदर्शनप्रिय पेचीदगी नहीं । मानवीय अस्तित्व को समूची विकलता से अनुभव करने के लिए यथार्थ से जिन अनेक रूपों में या अनेक स्तरों पर मुठभेड़ आज संवेदनशील आदमी की नियति हो चली है उसे देखते हुए स्वतः स्फूर्त या तत्पर सरल अनुभूति से कवि के संतुष्ट हो जाने की माँग नहीं की जा सकती । कविता में अनुभववाद का दौर गुज़रे बहुत दिन नहीं हुए हैं । आज के कवि को इसकी चेतना कहीं अधिक है कि अनुभव के पीछे एक *सम्पूर्ण जीवनयथार्थ* होता है जिसे कविता में लाने के लिए *विचार, संवेदंना, कल्पना* और *भाषायी विवेक* अपेक्षित होता है । जगूड़ी इस सम्यक् चेतना का आभास कराते आये हैं इसलिए उनके रचनात्मक संकट की स्थितियों और कारणों पर अलग से विचार करना और उन्हें सहानुभूतिपूर्वक समझना ज़रूरी जान पड़ता है ।

प्रतिबद्ध कवियों में धूमिल-जैसी काव्यऊर्जा, अक्खड़पन, साहसपूर्ण जीवनविवेक शायद सबसे प्रकट रूप में *कुमार विकल* में ही मौजूद है । कुमार विकल की शक्ति मानी जाय या सीमा, उन्होंने अनुभवों के *कच्चे माल* को ही कविता का स्थानापन्न बना दिया । कविता के कठिन समय की पहचान और समझ लेकर वे वस्तुतः कविता के नज़दीक नहीं, जीवन के ही नज़दीक जाना चाहते हैं । जीवन के सीधे अनुभवप्रत्यक्ष में जिस *निश्छल ईमानदारी, सरलता* का परिचय कुमार विकल देते हैं, वह एक विलक्षण चीज़ है । निपुणता और कौशल, हिकमत और हुनरवाली साहित्यिक दुनिया में यह अनुभव बहुत कुछ अकल्पनीय भी है । राजनीतिक आवेश या उत्तेजना की कविता भी इतने उत्कट मानवीय लगाव के साथ लिखी जा सकती है, कुमार विकल इसके लिए हमारे समय के बहुत-से संवेदनशील और चौकन्ने सुकवियों के बीच अपने ढंग के अकेले उदाहरण हैं । कुमार विकल प्रगतिशील यथार्थवादी धारा के उन कवियों में हैं जिनके लिए जीवन के प्रति *आस्था* एक बड़ा मूल्य है—

> जब तक बहता है झरना
> और मँडराती है
> मेरे जिस्म के आसपास

एक पहाड़ी क़स्बे की गन्ध
मैं नहीं अकेला
मैं नहीं निस्संग

(एक छोटी-सी लड़ाई / पृ. 12)

जीवन-आस्था *जीवन-मूल्य* होने के साथ ही किस तरह *काव्य-मूल्य* भी बने यह कुमार विकल-जैसे कवियों की एक ज़रूरी चिन्ता होनी चाहिए। कुमार विकल स्वीकार करते हैं कि जीवन के खुले विस्तार को देखने में एक प्रकार की आत्मविभोरता भी शामिल है। अपेक्षा यह की जाती है कि वह आत्ममुग्धता से अलग एक जीवनधर्मी लगाव के रूप में हो। कुमार विकल संघर्ष में धँसे होकर भी अपने संघर्ष को अतिरंजित करके नहीं देखते। 'मुझे लड़नी है एक *छोटी-सी* लड़ाई' कहकर वे अपने संघर्ष की सीमा और दिशा भी बताते हैं—'छोटे लोगों के लिए', 'छोटी बातों के लिए'। मामूली ज़िन्दगी के छोटे-छोटे दुखों को नज़रअन्दाज़ करके जो क्रान्तिकारी कविता लिखी जाती है वह अवधारणात्मक ही नहीं होती, एक अर्थ में रोमानी भी होती है। कुमार विकल *सपाट* अवधारणात्मक कविताएँ लिखकर भी कई बार उस *गहरे जीवन-मर्म* से परिचित कराते हैं जिस पर बड़े कवियों की ही दृष्टि जाती है। अवधारणात्मक कथनों की काव्यात्मक सीमा कुमार विकल के यहाँ इतनी जानी-पहचानी चीज़ है कि उसे किसी बचावतर्क की ज़रूरत नहीं। 'वह रंग / जो दर्शन से कर्म तक की यात्रा में / एक मजबूत हथियार बन जाता है / अँधेरी सुरंगें तोड़ने के काम आता है' (रंग ख़तरे में है / पृ. 11); 'दु:ख से लड़कर कविता लिखना / गुरिल्ला शुरुआत है' (वही, पृ. 21); 'मैं जानता हूँ कविता में आदमी की मुक्ति नहीं / लेकिन जब आदमी / कविता को शराब के अँधेरे से निकालकर / श्रम की रोशनी में लाता है / तब वह आदमी की मुक्ति के नये अर्थ पाता है' (वही, पृ. 72)। इन उदाहरणों में वक्तव्य का सपाटपन सर्वथा प्रकट है। इस कोटि का सामान्यीकरण करनेवाले कवि से वे बड़ी अपेक्षाएँ नहीं की जातीं, जो कुमार विकल की कविता से की जाती हैं। इसके पीछे कारण है वही साक्षात जीवन से कुमार विकल का सीधा सम्पर्क—जिसके अभाव में 'जगीरों', 'खिड़कियाँ', 'फ़र्क', 'रंगभेद', 'खुदा का चेहरा', 'पुनरारम्भ' और 'स्वप्नघर'- जैसी कविताएँ लिखी नहीं जा सकतीं। कुमार विकल की अवधारणात्मक शब्दावली से बौद्धिकता की गन्ध जरूर मिलती है पर कुमार विकल के यहाँ एक प्रकार की अकाव्यात्मक कल्पना या संवेदना पर इतना अधिक बल दिया गया है कि कई बार वही अवधारणात्मकता की सीधी काट है। 'खिड़कियाँ' कविता अपनी सादगी में ही एक महत्त्वपूर्ण कविता है। वर्ग-चेतना के साथ लिखी गयी कविता में भी यहाँ जो अबोध किस्म की निश्छलता दिखायी देती है, ध्यान देने योग्य है—

जिन घरों में खिड़कियाँ नहीं होतीं
वहाँ के बच्चों को रोशनी की प्रतीक्षा—
कुछ इस तरह से होती है

जिस तरह राखी के कुछ दिनों के बाद
घर के सामने से
पोस्टमैन के गुजर जाने के बाद
माँ पहले पोस्टमैन को कोसती है
बाद में रसोई में जाकर
अपने भाई की मजबूरी को समझकर
बहुत रोती है

(रंग खतरे में हैं / पृ. 28)

जिन घरों में खिड़कियाँ नहीं होतीं उनमें रहनेवाले बच्चों का सूरज और चाँद के साथ रिश्ता बतानेवाली इस कविता का 'अण्डरटोन' महत्त्वपूर्ण है। मुखर आक्रामकता से अलग यह भाषा अपनी अन्तर्निहित सच्चाई के कारण एक गहरा असर पैदा करती है। विचारधारा जहाँ अवधारणामूलक कथनों में प्रकट है वहाँ कविता प्रायः तथ्यनिरूपण या संकल्पात्मक ज्ञान तक सीमित होती है। जहाँ वह मानवीय संवेदना के पीछे छिपा हुआ काव्यतर्क है वहाँ प्रभाव देर तक टिकनेवाला है। 'स्वप्नघर' कविता में मानवीय त्रासदी का ऐसा विचलित करनेवाला बयान है कि अतर्क्य शब्द-स्फीति या काव्यात्मक अतिरंजना के लिए गुंजाइश नहीं बचती। 'नहीं चाहिए मुझे कोई देश / कोई धर्मस्थल / किसी धर्म का कोई पवित्र परिवेश / मुझे लौटा दो बस / इस विशाल पृथ्वी पर / मैंने जो बसाया था / एक छोटा-सा स्वप्न-घर।' (आलोचना-77, पृ. 90)

कुमार विकल जानते हैं कि बहुतों के लिए विचारधारा एक आरोपित जीवनपद्धति हो सकती है। ज़रूरी नहीं कि प्रत्यक्ष कर्म, आचरण या संवेदना के स्तर पर वह वैसी ही हो, जैसी कोरे सैद्धान्तिक शब्दों के द्वारा निरूपित होती है। कुमार विकल में विचारधारा के प्रति यह आलोचनात्मक विवेक न होता तो वे 'क्रान्ति' और 'क्वार्टर' में चुनाव करते हुए सीधे 'क्वार्टर' के पक्ष में न जाते। संशोधन या भटकाव के आरोप का ख़तरा उठाकर भी कुमार विकल 'खुदा का चेहरा'-जैसी अटपटी, एक अर्थ में 'सिनिकल'-जैसी कविता लिख पाते हैं। क्रान्तिकारी आशय व्यक्त करनेवाले कवियों को ऐसी शरारती कविताएँ कभी-कभी लिखनी चाहिए जैसी 'खुदा का चेहरा'। जिनके पास इतनी परिहासप्रियता या विनोदवृत्ति बची रहेगी वही आगे की महान क्रान्तिकारी कविता भी लिख पायेंगे। कुमार विकल के बारे में जिनका ख्याल हो कि वे व्यंग्य-विडम्बना के काव्योपयोग से अपरिचित हैं, उन्हें 'एक प्रेम कविता' (रंग ख़तरे में हैं, पृ. 50) पढ़नी चाहिए और विचार करना चाहिए कि यह किस अर्थ में प्रेम कविता है। 'कविता' और 'लतीफे' की जगह 'ज़ख्म' और 'नमक' किस तरह ले लेते हैं, यह ध्यान दिये बग़ैर प्रेम या प्रेमहीनता की विडम्बना समझ में आनेवाली नहीं है—

लेकिन तुम यह भी जानती हो
कि ज़ख्म कैसे बनाया जाता है

और नमक कहाँ लगाया जाता है

वैसे मैं, अमृतसर भी चल सकता हूँ
वहाँ की नमक मण्डी का नमक मुझे ख़ासतौर से अच्छा लगता है ।

आधुनिकतावादियों ने कलात्मकता के जो प्रतिमान निर्धारित किये हैं उनके प्रति पूरी तरह बेपरवाह कुमार विकल की कविता में ऐसे भी अनुभव हैं जिनका नामकरण करने में आलोचनात्मक पाण्डित्य के सामने बड़ी अड़चनें आयेंगी । दूसरी ओर *विनोद कुमार शुक्ल*-जैसे कवि हैं जिनका काव्यविवेक नये काव्य-मूल्यों की सम्भावना को यद्यपि पहले ही पाठ में रेखांकित करनेवाला नहीं है पर जिन्हें पढ़ने की शर्त है—नये आस्वाद, नयी मूल्यवत्ता के लिए सहज पर्युत्सुकता । कविता या विचारधारा—सभी प्रकार की रूढ़ियों को छोड़कर विनोदकुमार शुक्ल ने अपने अनुभव-समृद्ध काव्यसंसार को सर्वथा नया संगठन देने की कोशिश की है जो बहुत कुछ *अप्रत्याशित* और अभ्यस्त रुचि को विचलित करनेवाला जान पड़ता है । विनोदकुमार शुक्ल के अनुभवों का *अन्तर्जीवन* इतना निजी और समृद्ध है कि न तो उसे किसी का अनुकरण कहा जा सकता है न यही कल्पना की जा सकती है कि वे दूसरों के लिए सहज अनुकरणीय बनेंगे । विनोदकुमार शुक्ल अप्रतिबद्ध कवि नहीं हैं पर उनकी *प्रतिबद्धता* उनके काव्यात्मक आशयों में प्रायः *छिपी* रहती है । वह उन आशयों की प्रेरकशक्ति तो होती है पर खुद किसी स्थूल आशय में घटाये जाने योग्य नहीं होती या स्पष्ट शब्दों में कहा जाय, वह ऐसी छूट किसी को नहीं देती । *रूढ़ काव्यात्मक सौन्दर्यवाद* से हटकर विनोदकुमार शुक्ल की कविता काव्यात्मकता की एक सर्वथा *नयी सम्भावना* की ओर इशारा करती है जिसके पीछे मानवीय विडम्बनाओं तथा अनुभव-वैविध्य का वह *अक्षय स्रोत* काम करता है जिसे स्वयं *जीवन* कहते हैं । विनोदकुमार शुक्ल की कविता का यथार्थ वर्गीकृत विभावनों और कोटियों का अतिक्रमण करता है । उसे 'निजी' और 'सार्वजनिक'-जैसे ख़ाने बनाकर समझ या सराह पाना भी कठिन है । साधारणता में, पासपड़ोस के मामूली ब्यौरों में, बेतरतीब या असंगत घटनाओं और स्थितियों में काव्यात्मकता की औसत पहचान से अलग कविता को सम्भव करने और सार्थक बनाने की जो कला विनोदकुमार शुक्ल ने विकसित की है उसे देखते हुए कभी-कभी एक नये ख़तरे का आभास मिलता है । आधुनिकतावाद या आधुनिक कलावाद के उस छद्म का ख़तरा उनके यहाँ कभी-कभी ज़्यादा ही उभरकर आता है जिसके अन्तर्गत शब्द को अन्ततः अर्थ से अलग करके देखने की चमत्कारप्रियता काम करती है । इस समय के साहित्यिक वातावरण में नये कलावाद या रूपवाद को प्रतिष्ठित करने की जो कोशिशें योजनाबद्ध ढंग से की जा रही हैं, वे विनोदकुमार शुक्ल-जैसे समर्थ संवेदनशील तथा अपनी निश्चित पहचान बनानेवाले कवि को भटकाव की ओर ले जाती हैं तो इसे साठोत्तरी कविता के इतिहास की दुर्घटना ही कहा जायेगा ।

विनोदकुमार शुक्ल की कविताएँ समकालीन कविता का 'काव्यशास्त्र' बनानेवालों के लिए अवश्य ही चुनौती हैं । प्रेम, प्रकृति, मानवीय संघर्ष का चित्रण करने के लिए

विनोदकुमार शुक्ल ने जो नयी पद्धति विकसित की है वह एक बदले हुए अपेक्षाकृत कठिन समय और उसकी जटिल अन्तर्विरोधी सच्चाइयों से गहरे अर्थ में प्रतिकृत होने का ही परिणाम है। कविता के प्रचलित रूप का अतिक्रमण बहुत कुछ यहाँ यथार्थ के नये रूपों से अपनी पहचान बनाने की प्रक्रिया में ही सम्भव हुआ है। 'नाके के पास', 'प्यारे नन्हे बेटे को', 'प्रकृति में', 'बराबर दूर होती वह', 'पाँच साल की सबसे छोटी लड़की', 'टहलने के वक्त', 'काम पर जाती हुई औरत'-जैसी कविताएँ विनोदकुमार शुक्ल की अपनी नयी पहचान के अन्तर्गत एक ही तरह के अनुभव का एक ही ढंग से बयान नहीं करतीं। इन्हें मिलाकर देखें तो विनोदकुमार शुक्ल की एक बड़ी खूबी है उनका *वस्तु-पर्यवेक्षण*। यथार्थ की चेतना भी वस्तु-पर्यवेक्षण को समृद्धतर बनाती है और कवि-दृष्टि भी। *लघुता के प्रति साहित्यिक दृष्टिपात* कहकर जब *प्रसादजी* ने *यथार्थवाद* की व्याख्या की थी तो उन्होंने आदमी के छोटे साधारण दुखों के आकलन के महत्त्व पर बल दिया था। दैवीशक्ति तथा महत्त्व से हटकर *क्षुद्रता* में *विश्वास* की सार्थकता बताते समय उन्हें याद भी आयी तो भारतेन्दु हिरश्चन्द्र की—जो 'अन्धेर नगरी'-जैसी कृतियों के लिए विशेष रूप से जाने गये। विनोदकुमार शुक्ल में काव्यरूप की दृष्टि से जहाँ बहुत कुछ अपना आविष्कार है, वहीं बहुत कुछ ऐसा भी है जो *भारतेन्दु, नागार्जुन, रघुवीर सहाय* की याद दिलानेवाला है।

सीमेंट के कारखाने में
काम करनेवाली औरत की
सीमेंट से खाल भूरी दिखती है
खाल में गहरी दरारें
प्रदेश और पड़ोस की जुड़ाई
कैसी फालतू उखड़ी है
औरत की जात दिखती है।

(काम पर जाती हुई औरत)

अकवितावादियों ने और उनके असर में कभी-कभी प्रतिबद्ध कवियों ने भी स्त्री के निरूपण में जिस चिन्त्य सामान्यीकरण का सहारा लिया है उससे अलग विनोदकुमार शुक्ल अधिक गहरी समझ और अधिक गहरी मानवीय करुणा के साथ स्त्री के अनेक रूप देख पाते हैं। यह और बात है कि उनमें स्त्री के निरूपण को लेकर कोई मनोग्रन्थि या obsession नहीं है। प्रेम और प्रकृति की संवेदना के उपयोग में भी स्त्री के प्रति यह गहरी करुणा (जो लिजलिजी दया और कातरता से भिन्न चीज़ है) अलक्ष्य नहीं है। 'बराबर दूर होती वह / चल भी नहीं रही है / बस खड़ी है सामने पास आने के लिए / दौड़कर या चलकर वह दूर नहीं जा सकती / तब भी बराबर दूर होती हुई है / जब मैं उसके गाल को / उँगलियों से छूता रहा / उसके ओझल होते हुए भी / मैं उसके हाथ को पकड़े रहा / कुछ दूर तक साथ-साथ / उससे दूर चला।' यह है आज के आधुनिक कहे जानेवाले समाज में स्त्री की स्थिति, उसकी सीमा या विवशता का संकेत—कि वह दूर होती हुई भी चल नहीं रही है, कि

वह दिखने के लिए भी छिपती रही है। (बराबर दूर होती वह) विनोदपूर्ण ढंग से किसी घटना का बयान करते हुए विनोदकुमार शुक्ल जो Anticlimax ले आते हैं उसके पीछे औसत सम्बन्ध भावना को चुनौती देनेवाले कठोर यथार्थ की अधिक गहरी समझ काम करती है, जिसे हम कवि-दृष्टि का ही पर्याय मान सकते हैं। 'पाँच साल की सबसे छोटी लड़की' कविता के आरम्भ में ही एक हास्यास्पद स्थिति सामने आती है—

> पाँच साल की सबसे छोटी लड़की
> दौड़ते हुए मेरे पास आयी
> —दादा आपकी प्रेमिका आयी

'प्रेमिका' शब्द से जुड़ी सारी भावुकता या रूमानियत इस हास्यास्पद उल्लेख में ही ग़ायब हो जाती है। यहाँ चीज़ों के प्रति एक *विनोदपूर्ण* रवैया कवि के किस दृष्टिकोण की सूचना देता है, इसके बारे में हड़बड़ी में निष्कर्ष निकालने की कोशिश नहीं की जानी चाहिए। सरल दिखनेवाली कविता से सरल दो टूक निष्कर्ष निकालना घातक और मूलतः *काव्यविरोधी* सरलीकरण ही माना जायेगा। कविता का अर्थ कविता के सम्पूर्ण संगठन में ही मौजूद होता है, अलग खण्ड या वाक्यांश में नहीं। यह और बात है कि हम खण्ड-खण्ड करके कविता के समग्र अर्थ तक पहुँचने की कोशिश करें और आलोचना के प्रचलित ढाँचे में यही तरीका सुविधाजनक माना जाय। 'पाँच साल की सबसे छोटी लड़की' कविता के हास्यास्पद आरम्भ के बाद आघातप्रद स्थिति सामने आती है—'पत्नी ने प्रेमिका से कहा / कि गुज़र हो जाती है / अब ऐसा लगता है / कि प्रान्त में नहीं / बस किराये के मकान में रहते हैं / × × × दुनिया से कोई मतलब नहीं है।' इसके प्रत्याख्यान में यह कहने का निश्चित अर्थ है (जैसे कि विगत को पुनः पा लेने का एक क्रम शुरू करना हो)—'मैंने कहा कि मतलब है / पलस्तर घर का नहीं / प्रान्त का झरता है···।' सम्बन्धों की निजता में *सार्वजनिक* और *सामान्य* का दख़ल कितना असह्य हो सकता है इसे फिर एक हास्यास्पद संकेत से ही प्रत्यक्ष किया गया है—'प्रेमिका *उदास* हो गयी / गोया उसे *भूख* लग रही थी।' विनोदकुमार शुक्ल ने मानवीय यथार्थ के विडम्बनापूर्ण रूपों अथवा स्थितियों में कविता को सम्भव करने के लिए जो नयी काव्यविधि खोजी है, वह अपनी सम्भावना के चरमबिन्दु पर 'यथास्थिति' बनकर न रह जाय, इस बारे में उन्हें सतर्क या सावधान रहने की ज़रूरत है।

युवा समकालीन कविता के पहले चरण में यदि धूमिल के बाद लीलाधर जगूड़ी, कुमार विकल और विनोदकुमार शुक्ल-जैसे कवियों ने अपनी महत्त्वपूर्ण स्वायत्त पहचान बनायी तो उसके अगले चरण में मंगलेश डबराल, ज्ञानेन्द्रपति, असद ज़ैदी, अरुणकमल, राजेश जोशी और उदयप्रकाश-जैसे कवियों ने मानवीय यथार्थ को काव्यात्मक यथार्थ में बदलने की सार्थक कोशिश की और कविता के उपकरणों से कम महत्त्व कविता में निहित जीवनमर्म या नैतिक संवेदना को नहीं दिया। इनके यहाँ काव्यात्मकता की समस्याएँ भी भिन्न रूप में सामने आती हैं। राजनीतिक दृष्टि या विचारधारा का आग्रह इनके यहाँ कम

नहीं है पर वह कविता में निहित दृष्टि या विचारधारा के रूप में ही पाठकों के लिए विचारणीय बनता है।

मंगलेश डबराल ने *पहाड़ पर लालटेन* संग्रह के आधार पर जो महत्त्वपूर्ण पहचान बनायी है वह प्रतिबद्धता, विचारधारा, सामाजिक संलग्नता, संघर्ष की चेतना के साथ गहरे और उत्तरदायी काव्यविवेक का स्पष्ट संकेत है। मंगलेश की कविताएँ अपने समय और परिवेश के *राग-दुःख, संक्रमण* और *तनाव* से गहरे जुड़ी हुई हैं और वे अनुभव-वस्तु के साथ ही अनुभव के *विन्यास* के लिए भी पाठकों का ध्यान आकृष्ट करती हैं। मंगलेश डबराल की कविता में दुख और थकान के, उदासी और निराशा के अनुभव अनेक रूपों में मौजूद हैं पर वे उन कवियों में नहीं हैं जो एक प्रकार की आत्मदया या आत्ममोह के रंग में इन अनुभवों को ग्रहण करते हैं।

मंगलेश की कविता का लक्ष्य कोई सरल सपाट आशावाद न हो, यथास्थिति के टूटने की सम्भावना उनकी कविता के समग्र प्रभाव के ऊपर अर्थ रखती है—'इस खिड़की के बाहर / *मेरा इन्तजार हो रहा है* / रात के स्याह पानी से उभरते / घरों की *खिड़कियाँ खुल रही हैं* / आँखों की तरह / *मुझे यह खिड़की खोलनी चाहिए* / जो तमाम खिड़कियों के / खुलने की शुरुआत है।' मंगलेश की कविता दरअसल यही काम करती है—*खिड़की खोलने की कोशिश*— जिसमें से उनके अनुभवों की एक पूरी जीवित सचाई, ऐन्द्रिक अनुभव, प्रकृति-रूपों के मार्मिक स्पर्श, अतीत, स्मृतियाँ, अपने समय का संघर्ष एक तीखी चमक के साथ दिखायी देते हैं। ऊपर-ऊपर से *शान्त* दिखती मंगलेश की कविता के भीतर अनेक *टकराहटें* मौजूद हैं। प्रकृति और मानवीय स्थिति के *साहचर्य* और *तनाब* में जो अनुभव यहाँ रूप लेता है उसे सिर्फ़ रमणीयार्थ-प्रतिपादक नहीं कहा जा सकता—'चारों ओर पत्थरों में दबा हुआ मुख / फिर उभरेगा झाँकेगा कभी / किसी दरार से अचानक / पिघल जायेगा जैसे बीते साल की बर्फ़ / शिखरों से टूटते आयेंगे फूल / अन्तहीन आलिंगनों के बीच एक आवाज़ / छटपटाती रहेगी / चिड़िया की तरह लहूलुहान।' मंगलेश की कविता के शान्त विनम्र ढंग के पीछे एक हल्का तनाव या कम्पन है जो शिल्प को संगठित भी करता है और भयानक होती दुनिया के बारे में चेतावनी भी देता है।

मंगलेश की कविप्रकृति को ठीक-ठीक समझने के लिए 'घर' कविता की अन्तर्वस्तु और बनावट को देखें। यहाँ पहली ही पंक्ति एक निम्नमध्यवर्गीय व्यक्ति की असहायता और अकेलेपन को खोलती है पर आगे बढ़ते ही हम पाते हैं कि 'घर' के इस अनुभव के पीछे एक पूरे परिवेश के सम्पर्कों, यादों, आर्थिक तंगी, अभावों, यातनाओं के स्पर्श हैं। एक बड़ी दुर्घटना के बयान के लिए असाधारण रूपों से सादे शब्दों का इस्तेमाल—यही मंगलेश की कला है।

> कई बच्चे बड़े हुए इस घर में
> गिरते-पड़ते आख़िरकार
> खाने-कमाने की खोज में तितर-बितर होते हुए

यहाँ कुछ मौतें हुईं
कुछ स्त्रियाँ रोयीं इस तरह
कि बस उनका सुबकना सुनायी दे

'स्त्री' का मंगलेश की कविता में आना सिर्फ़ समकालीन काव्यरूढ़ि का निर्वाह नहीं है जैसे 'चिड़िया' भी मंगलेश की कविता में निरी रूढ़ि नहीं है। 'अगले दिन' कविता में भी स्त्री की यातना का अनुभव है जो करुणा और क्षोभ के तनाव में विशेष अर्थ प्राप्त करता है—'अगले दिन उसके भीतर / मिलेंगे *झड़े हुए* कितने *पत्ते* / अगले दिन मिलेगी *खुरों की छाप* / अगले दिन अपनी देह लगेगी *बेकार* / आत्मा हो जायेगी असमर्थ / कितने कीचड़ कितने खून से भरी / रात होगी उसके भीतर *अगले दिन* ।' यातना के ब्यौरों में जाकर मंगलेश *बिखराव* और *संगठन* की मिली-जुली कोशिश से, *बिम्ब* और *वस्तु* के काव्यात्मक रचाव में जो ख़ास तरह का प्रभाव पैदा करना चाहते हैं वही अब शायद मंगलेश की कविता में रूढ़ि बनने की स्थिति में है। एक लगभग अपरिचित परिवेश की संवेदना से गहरे अर्थ में सम्बद्ध होने के कारण जो कविताएँ पहले एक नया आवेग पैदा करती थीं, दुहराव के कारण वही एकरसता का आभास कराने लगती हैं। 'तानाशाह कहता है'-जैसी कविता में व्यंग्य और सीधे कथन के बीच जो नया रिश्ता बन सका है वह मंगलेश की कविता-यात्रा में एक प्रस्थान की तरह है।

मंगलेश की *प्रेम* और *प्रकृति-सम्बन्धी* कविताएँ भी अधिक सक्षम काव्यविवेक का आभास कराती हैं। उनके यहाँ 'मेरे हिस्से के प्रेम सम्बन्ध' के साथ 'राशन के *खाली कनस्तर*' भी हैं, 'रेल की *पटरियाँ*' भी, 'किताबें' और 'नौकरियाँ' भी। *प्रकृति* की कविताओं में *आधुनिक समय का तनाव* भी मौजूद है। पाठक यह शायद देख सकें, कि कुछ शब्द मंगलेश के यहाँ बार-बार आते हैं—जैसे 'थकान', 'नींद', 'भूख'। प्रकृति-व्यापार से लेकर समस्त जीवन-राग और संघर्ष के अनुभवों तक ये शब्द खास अर्थ देते हैं। 'यहाँ आते-आते मैंने / *भूख* के बारे में सोचा / जो दिन में तीन बार लगती थी।' × × 'काले रंग की *थकान* / बिस्तर पर चढ़ती है।' × × 'अकेला आदमी बुदबुदाता है / अपनी आख़िरी *थकान* ।' × × × 'ये वर्ष ख़ामोशी की तरह खड़े हैं / धुन्धभरे इन कमरों में *नींद* है।'

मंगलेश का गुण सादी भाषा में व्याप्त यही *गूँजें* या *अन्तर्ध्वनियाँ* हैं। 'पहाड़ पर लालटेन' कविता में ये गूँजें पकड़ी जा सकती हैं—'अक्सर एक शान्त आवेग या थरथरी की तरह। दूर एक लालटेन जलती है पहाड़ पर / एक तेज़ आँख की तरह / टिमटिमाती धीरे-धीरे आग बनती हुई / देखो अपने *गिरवी रखे हुए खेत* / *बिलखती स्त्रियों के उतारे गये गहने* / देखो भूख से बाढ़ से महामारी से *मरे हुए* / सारे लोग उभर आये हैं चट्टानों से / दोनों हाथों से बेशुमार बर्फ झाड़कर / अपनी भूख को देखो / जो एक *मुस्तैद पंजे* में बदल रही है।' सकारात्मक संघर्ष की ओर कविता इशारा करती है तो यह प्रतिबद्ध कविता की पद्धति के अनुरूप ही है पर रोमाण्टिकता की रूढ़ि की तरह, क्रान्तिकारी अभिप्राय की

निष्कर्षमूलकता यहाँ रेटारिक का मोह बनकर रह जाय तो शायद क्रान्तिधर्मी कविता का मक़सद भी पूरा नहीं होगा ।

मंगलेश की महत्त्वपूर्ण उपलब्धि है उनकी सजग *ऐन्द्रिक संवेदना* जो केवल *बिम्ब* नहीं रचती, *बिम्ब* में *विचार* और *विचार* में नया *आवेग* भरती जान पड़ती है । अपनी परिचित दुनिया में झाँकने के लिए भी एक *उद्दाम* उत्सुकता मंगलेश में बनी रहती है । चाक्षुष संवेदना (*घाटी की घास, पिघलती बर्फ़, पत्तों का हिलना, काली काठ की दीवालें*) के साथ कुछ और भी है जो मंगलेश को एक साथ *आदिम अनुभवों* का ताप तथा *समकालीन यथार्थ* की उत्तेजना देने में समर्थ है । वह कुछ और क्रान्तिकारी संकल्प या परिवर्तन की सकारात्मक इच्छा भी हो सकता है—तथा उससे भिन्न और विशिष्ट भी ।

भटकते कवि ने देखा है
प्रेम अगाध प्रेम करनेवाला हृदय बार-बार
वह एक साधारण हृदय शब्दहीन हृदय
संसार की महानतम कविता से अधिक बड़ा है जिसका अमृतकोष

भटकते कवि ने देखा है
अपरिचित नगरों में उतरती हुई रात्रि को
और रात्रि के रन्ध्र-रन्ध्र से फूटता सूर्योदय

जीवन के प्रति *स्वीकार* का यह भाव *ज्ञानेन्द्रपति* की दुनिया में विशेष अर्थ रखता है, जिसमें सामान्य जन के संघर्ष के अनेक अनुभव इस रूप में प्रकट हैं कि वे अपेक्षाकृत कठिन समय का तीखा अहसास करा सकें । ज्ञानेन्द्रपति ने भी बहुत कुछ मंगलेश की ही तरह प्रकृति को एक बार फिर कविता के केंद्र में लाने की कोशिश की है । प्रतिबद्ध युवा कविता का जो मुहावरा धूमिल के यहाँ अप्रत्याशित तीखेपन और ताज़गी के साथ बन रहा था, उसे कुछेक कवियों की पहचान बनने के बाद ही स्वनिर्मित रूढ़ियों में सीमित होते हुए देखा गया । इस स्थिति-विश्लेषण को दुहराने की ज़रूरत नहीं है । इधर के युवा कवियों ने राजनीतिक प्रतिबद्धता के बावजूद कविता को *मानवीय आत्मीयता* और *रागात्मक समृद्धि* देने की कोशिश की है और परिवेश के वास्तवबोध के साथ कविता में अपने *खोये हुए बचपन, दबी हुई स्मृतियों, अटपटे स्वप्नों, जैविक* और *प्राकृतिक आसक्तियों* को पुनः उपलब्ध करने और रचने की व्यग्रता प्रमाणित की है । मंगलेश-जैसे कवि की प्रकृति, क्षमता और सीमा को समझने के लिए *विष्णु खरे* और *गिरधर राठी*-जैसे कवियों को ध्यान में रखना उपयोगी हो सकता है, जो विचारसम्पन्नता के भीतर कविता को एक क्लासिकी आधार और मूल्यदृष्टि भी देना चाहते हैं । मंगलेश की चिन्ताओं की दुनिया *प्रयाग शुक्ल* से बड़ी है पर रुझान या चीज़ों को देखने का ढंग कहीं-न-कहीं उनके निकट ही है ।

ज्ञानेन्द्रपति का प्रकृति के निकट जाना *पन्त* की तरह प्रकृति के प्रति *विस्मयविमुग्ध* होना नहीं है, न *अज्ञेय* की तरह महावृक्ष की बोध-छाया में जाना है—बल्कि प्रकृति के

निकट जाना अपनी जिजीविषा, अपने *संघर्ष*, अपनी *मूलगामी संवेदना* को जानना और पुष्ट करना है। ज्ञानेन्द्रपति की दुनिया वृक्षों से भरी है जिसमें दुर्गम अरण्यों की कथाएँ हैं, वृक्ष में उगता हुआ पृथ्वी का जीवन है, नीम और जामुन की गन्ध है, पीपल के पत्तों का स्वाद है, विस्मृत जंगलों की दूरागत गन्ध है, वृक्ष की वत्सलता और वृक्ष का अकेलापन है। वृक्ष के साथ नींद में होते हुए, वृक्ष के साथ जागना भी है—

> इस पृथ्वी पर सूर्योदय का पहला खड़का
> मेरे घर के पास के वृक्ष में होता है
> सूर्य की पहली किरण पड़ती है
> जागे हुए बच्चे की तरह दिन के लिए अधीर
> किसी पत्ते की हथेली पर
> दिन के लिए उत्सुक इसके पखेरुओं के पंखों में
> सबसे पहले भरती है और
> पृथ्वी का जीवन सबसे पहले
> इस वृक्ष में आता है

वृक्ष में जीवित कवि संवेदना में सम्भव है पाठकों को आदिम स्मृतिचेतना की आहट मिले पर यहाँ समकालीन मनुष्य का संघर्ष साहचर्य भी दृष्टि से परे नहीं है। प्रकृति के प्रति ज्ञानेन्द्रपति का लगाव मानवीय लगावों का ही हिस्सा है। माँ, बिटिया, बचपन, स्मृतियाँ—ज्ञानेन्द्रपति की कविता में गहरा आत्मीय रंग भरनेवाले विषय हैं। आत्मकथ्य यहाँ कई बार *आत्ममोह* तक सीमित लगने लगता है। इसके बावजूद *आत्मराग* कवि को प्रिय है और वह उसके बहाने अपने मूल *जीवन-राग* को ही प्रत्यक्ष करता है। 'बिटिया तुम्हारे जूते / इस काँपते मकान में / निश्चिन्त / *भीत* को *फोड़कर उगी कोंपल* की तरह / मुझे देखते हैं तुम्हारे जूते / इस दुनिया में आयी हुई एक जोड़ी आँखों की तरह।'—जब अमानवीकरण का मुहावरा आतंक की हद तक आधुनिक कलावाद पर छाया हो, ऐसी सहज स्वीकृति भी कविता के काम की चीज़ हो सकती है।

ज्ञानेन्द्रपति की कविता का मुख्य स्वर राजनीतिक-नैतिक प्रतिपक्ष का है। शोषण अन्याय के विरुद्ध नये सृजन की पक्षधरता उनका प्रमुख सरोकार है। यही कारण है कि प्रेम अकेलापन संघर्ष के अनुभव उनके यहाँ संश्लिष्टता प्राप्त करते हैं। प्रतीकों की भाषा में ही सही, ज्ञानेन्द्रपति बताना चाहते हैं कि एक दिन उपेक्षित जन उठेंगे और अधिकारों के लिए लड़ेंगे। 'चींटियों से वे घबराये हुए हैं / × × उन्हें डर लगता है कि कहीं वे सोयें और चींटियाँ / उन्हें उठाकर रातोंरात / अपनी भूमिगत बस्तियों में न ले जायँ।' *प्रतीकनिर्भरता* और *सपाट निष्कर्षमूलकता* के बीच *प्रतिबद्ध कविता* के सामने *वस्तु-रूप* को लेकर जो *समस्याएँ* सामने आती हैं उनका हल बहुत पहले *नागार्जुन* -जैसे कवि ढूँढ़ चुके हैं। कई बार लगता है युवा प्रतिबद्ध कवियों को अपने ही अग्रज कवियों के संघर्ष या खोजे हुए नये रास्तों का पता नहीं। रामखेलावन और केदार मल्लाह-जैसी चरित्रविषयक या कथात्मक

कविताओं में ज्ञानेन्द्रपति आदमी के अधिक व्यापक संघर्ष को सामने लाते हैं। उनकी तुलना में बनानी बनर्जी का चरित्र-निरूपण अकेलेपन के आत्मसंघर्ष को अधिक जटिलता और गहनता में प्रत्यक्ष करने की कोशिश है।

समकालीन काव्य-परिदृश्य में एक ओर *विष्णु नागर*-जैसे कवि हैं जो कविता की सीधी सरलता से सन्तुष्ट न होकर रूपगत भिन्नता दिखाने के प्रति अतिरिक्त सजग दिखायी देते हैं, दूसरी ओर *इब्बार रब्बी*-जैसे कवि, जो सीधे-सादे विन्यास में ही कविता को विशिष्ट अर्थमयता देने में सक्षम हैं। 'संसार बदल जायेगा' (विष्णु खरे) संग्रह की कविताओं में जीवन के प्रति एक विनोदपूर्ण प्रतिक्रिया देखी जा सकती है जो एक अर्थ में काव्योपयोगी है। पर इन हिकमतों का इस्तेमाल जब तक गहरी जीवन दृष्टि के आधार पर नहीं होगा, तब तक कविताएँ पुराने अनुभूतिवाद का ही नया संस्करण-जान पड़ेंगी जहाँ एक मानसिक प्रतिक्रिया,को ही पूर्ण काव्यानुभव मान लिया जाता है। सीधी सरल कौतुकपूर्ण दिखनेवाली रब्बी की कविताएँ साधारण जीवन के अनोखे मार्मिक पक्षों की ओर जिस अर्थ में ध्यान आकृष्ट करती हैं, वह गहरी जीवन दृष्टि का ही फल है। कविता की प्रचलित रूढ़ियों से सर्वथा मुक्त इब्बार रब्बी की कविताएँ विनोदप्रियता और जीवनमर्म के विलक्षण सम्बन्ध को अपने ढंग से जिस सहजता में प्रत्यक्ष कर सकी हैं वह सहजता रेखांकित करने योग्य है। 'वर्षा में भीगकर'-जैसी कविताएँ सहजता में ही जीवनोन्मुख हैं—

> वर्षा में भीगकर
> सहज सरल हो गया,
> गल गयीं सारी किताबें
> मैं मनुष्य हो गया।
>   खाली-खाली था
>   जीवन ही जीवन हो गया,
>   मैं भारी-भारी
>   हल्का-हल्का हो गया।

विनोद भारद्वाज का झुकाव काव्यात्मक जटिलता की ओर जरूर है पर अनुभवों का वैविध्य उनके यहाँ कभी-कभी दिलचस्प जान पड़ता है। कविता की रूढ़ियों से बचने के लिए वे दूसरी कलाओं से सम्पर्क का लाभ भी उठाते हैं, जिससे एक ओर चुस्तबयांनी को बल मिलता है दूसरी ओर जीवन के अनुभव-प्रत्यक्ष को भी।

असद ज़ैदी के पास प्रतिबद्ध कविता के नाम पर कोई चीख़ता हुआ मुहावरा न हो, मूलतः असद ज़ैदी *प्रतिबद्ध* कवि हैं जिनका विश्वास छोटे-छोटे दुखों, स्मृतियों और संघर्षों के बहुत कुछ शान्त अथवा संयमित आकलन में है। शायद इसी भाषा में वे ज़िन्दगी के यथार्थ को उसके जटिल उलझावों समेत देख सकते हैं। प्रेम और करुणा का बिल्कुल अपने ढंग का इस्तेमाल असद ज़ैदी की विशेषता है। अपार कोलाहाल में शान्त और अपार क्रोध में कसमसाते प्रेम का निरूपण उनके लिए किताबी अनुभव नहीं है। वे कविता से प्रेम की

दुनिया में बहुत दख़लन्दाज़ी की उम्मीद नहीं करते। कविता की चिन्ता छोड़कर वे प्रेम के मामूली क्षणों में उस समय को पाना चाहते हैं जो रोज़मर्रा के कष्टप्रद अनुभवों की अधिक सजीव पहचान है –

तेल मँगाने के पैसे तक चाहे न हों तुम्हारे पास
कभी हँसने का मौका आये तो झाँकी से उतरने लगे दुख
छोटी काली बच्ची को
सौदा-सुलुफ लेने भेजा जाये
और रास्ते में वह कुछ गिरा जाये

अगर अपार क्रोध में भी कसमसाता हो प्यार
तो झुँझलाना मत आयशा सुबह उठकर
बुखार में तमतमायी हुई

श्यामा, चप्पल, साइकिल, नदी और *नरक*-जैसे अनेक विषयों पर लिखते हुए असद ज़ैदी जिस चीज़ को बराबर कायम रखते हैं–वह है *करुणा,* चाहें तो उन्हीं के अन्दाज़ में *ठण्डी करुणा* कह लें। करुणा का जैसा इस्तेमाल *रघुवीर सहाय* के यहाँ है, इधर के कवियों में बहुत कुछ वैसी ही करुणा असद ज़ैदी की कविता की पहचान बनाती है। मिथकीय बिम्ब और बौद्धिक तनाव भी उनकी कविता के इस मूल चरित्र को अक्षुण्ण रखने में सहायक हैं।

मंगलेश और असद ज़ैदी-जैसे कवियों की इधर की कविताएँ देखते हुए एक स्पष्ट ख़तरा यह दिखायी देता है कि कई बार कविताएँ कविताओं की प्रेरणा हैं। *काव्यात्मकता* के पहले से प्राप्त और रूढ़ हो चुके उपकरणों से निकलकर साधारण ज़िन्दगी की गतिविधियों में समय के नये *ताप* और *तनाव* को अनुभवयोग्य बनाने के लिए जो पद्धति इन कवियों ने आविष्कृत की वह पिछले दौर की विद्रोही राजनीतिक कविता की तुलना में कहीं जल्दी रूढ़ि बन चुकी है। महत्त्वपूर्ण से महत्त्वपूर्ण नये अनुभवों की भी जब परिपाटी बन जाय, अनुभवों का अपना रीति-रिवाज़ बन जाय और अभिव्यक्ति के उपकरण भी, यहाँ तक कि शब्दावली भी सिमटती चली जाय, तो इस बड़े ख़तरे को केवल सहानुभूति और सदाशयता के चलते कम करके नहीं आँकना चाहिए। यदि साठोत्तरी कविता के पहले चरण में *कुमार विकल* समकालीन रूढ़ियों से बचने के लिए अपनी मूल काव्यभूमि को अधिक सुदृढ़ बनाने की ज़रूरत महसूस करते हैं तो दूसरे चरण में *अरुण कमल* ही एक ऐसे कवि दिखायी देते हैं जिन पर समकालीनता के दायरे में प्रचलित काव्यरूढ़ियों का दबाव कम से कम, या नहीं के बराबर हो। आज ख़तरा *कलावाद* का उतना नहीं है जितना *सामाजिक वास्तविकता* की हमारी *पहचान* के सिकुड़ते जाने का है। आश्चर्य यह है कि इस स्थिति के बारे में विचारों के स्तर पर जो नये कवि अधिक जागरूक और चौकन्ने हैं, कविता में वे इस स्थिति के सामने प्रायः असहाय दिखायी देते हैं। इस ख़तरे के विरुद्ध अरुण कमल की जागरूकता कविताओं में भी प्रकट है। 'जो आदमी दुख में है' और 'जो सुखी सम्पन्न है' के बीच जो सचेत फ़र्क़

अरुण कमल कर पाते हैं वह प्रचलित समकालीन काव्यात्मकता के मुहावरे से सन्तुष्ट कवियों से अक्सर अनदेखा रह जाता है । 'बोलना' (आलोचना-77, पृ. 91) कविता की आख़िरी पंक्तियाँ आज के यथार्थ के अधिक महत्त्वपूर्ण, सतह पर अन्तर्विरोधयुक्त जान पड़नेवाले, पक्ष को सामने लाती हैं–

जिसके चलते चल रहा है युद्ध कह रहे हैं लोग
उसने कभी किसी बन्दूक की घोड़ी नहीं दाबी

अरुण कमल की कविताएँ प्रमाण हैं कि उनका जीवन-विवेक कहीं अधिक समृद्ध है और कविता को बहुत कुछ एक सामाजिक ज़िम्मेदारी मानने के पीछे उनकी एक सुचिन्तित अवधारणा भी है कि वह एक परिचित जीवन में हर बार एक *नये जीवन* का *आरम्भ* है । एक अर्थ में भारतीय किसान की ज़िन्दगी का परिचित जीवट कविकर्म के लिए भी प्रेरणा बनता है–

धीरे धीरे उतरी है बाढ़
फिर उभरी आ रही हैं मेड़ें
खुले आ रहे खेत घर द्वार
फिर से मसूड़ों में उग रही है दाँत की पाँत

पता नहीं कौन-सी कोख में
बचा हुआ जीवन
फिर से फेंकता है कंछा
फिर से अपनी ज़मीन पर लौट रहे हैं लोग-बाग
लौट रहे हैं पशु-पक्षी
लौट रहा है सूर्य
लौटा आ रहा है सारा संसार
इस प्रलय के बाद ।

(अपनी केवल धार / पृ 67)

अरुण कमल की प्रसिद्ध कविता 'उर्वर प्रदेश' उनकी काव्य-संवेदना का प्रकृत ठोस उदाहरण है । आधुनिकतावाद के दौर में जिस *हताशा, अजनबीपन, अनास्था, सन्त्रास* और *निस्सारता* को कविता में नयी संवेदना की शर्त या मुख्य आधार माना गया, उससे मुक्ति के जो कुछ प्रयत्न इधर की कविता में दिखायी देते हैं उनका अत्यन्त सटीक पक्ष लेनेवाली यह कविता सार्थक *वक्तव्य* और *कविता* दोनों रूपों में महत्त्वपूर्ण है । अरुण कमल की यह कविता उदाहरण है कि गहरे अर्थ में राजनीतिक कविता जीवन के प्रति नैतिक, मानवीय, अर्थसमृद्ध तथा उत्तेजक वक्तव्य होती है–

जीवन की कितनी यात्राएँ करता रहा यह निर्जन मकान मेरे साथ
तट की तरह स्थिर, पर गतियों से भरा
सहता जल का समस्त कोलाहल—
सूख गये हैं नीम के दातौन
और पोटली में बँधे हुए बूँटों ने फेंके हैं अंकुर
निर्जन घर में जीवन की जड़ों को
　पोसते रहे हैं ये अंकुर

खोलता हूँ खिड़की
और चारों ओर से दौड़ती है हवा
मानो इसी इन्तज़ार में खड़ी थी पल्लों से सट के
पूरे घर को जलभरी तसली-सा हिलाती
मुझसे बाहर मुझसे अनजान
जारी है जीवन की यात्रा अनवरत
बदल रहा है संसार

(अपनी केवल धार / पृ. 68, 69)

अजब नहीं कि एक प्रखर युवा कवि का यह स्वर कतिपय अग्रज कवियों से प्रेरणा लेता जान पड़ता है और साथ ही उन्हें तथा अपने समकालीनों को अपने जीवनधर्मी लगावों के प्रति उत्सुक भी बनाता है। अपनी प्रखर संवेदना में एक युवा प्रगतिशील कवि परम्परा के दाय को किस अर्थ में ग्रहण करता है और किस अर्थ में आगे ले जाता है—इसके महत्त्वपूर्ण तथा उल्लेखनीय उदाहरण अरुण कमल हैं, जिन्हें धूमिल के बाद अपना निजी-मुहावरा विकसित करने का श्रेय सहज ही दिया जा सकता है। अरुण कमल की काव्य ऊर्जा के निरन्तर विकसित होने का रहस्य भी उन्हीं की कविता में मौजूद है—'कौन बचा है जिसके आगे / इन हाथों को नहीं पसारा / यह अनाज जो बदल रक्त में / टहल रहा है तन के कोने कोने / यह कमीज जो ढाल बनी है / बारिश सरदी लू में / सब उधार का माँगा चाहा / नमक तेल, हींग-हल्दी तक / सब कर्जे का / यह शरीर भी उनका बन्धक / अपना क्या है इस जीवन में / सब तो लिया उधार / सारा लोहा उन लोगों का / अपनी केवल धार।' अरुण कमल सिद्धान्त कथन के रूप में ही नहीं, काव्यात्मक व्यवहार में भी अपनी यह मान्यता पुष्ट और प्रमाणित कर सके हैं—कि "राजनैतिक कविता के लिए वही सूक्ष्म दृष्टि, संवेदना और किसी भी घटना को उसके समस्त मानवीय प्रसार में देखने की क्षमता और कलाशक्ति दरकार है जो अन्य कविताओं के लिए।"[H] *जीवन-संघर्ष* का गहरा विवेक अरुण कमल के *काव्यात्मक संघर्ष* में भी दिखायी देता है। यह विवेक भी अरुण कमल में निरन्तर सक्रिय है कि जीवन के प्रति हमारे मूलराग, हमारी गहरी लालसा और संसक्ति ही हमें दुनिया को बेहतर बनाने के लिए ज़रूरी संघर्ष में सक्रिय बनाती है, इसलिए संघर्षोन्मुख जनपक्षधर कविता को भी जीवनधर्मी आवेगों से, गहरे मानवीय सम्पर्कों से विमुख ""

उदासीन नहीं होना चाहिए। 'करमा का गीत', 'पृथ्वी किसलिए घूमती रही', 'धरती और भार' कविताओं को इन्हीं जीवनधर्मी आवेगों के परिप्रेक्ष्य में देखना चाहिए । *धरती की नाभि खोल* बाहर आते *झरने* के प्रति, *खुशबू रचते हाथों* के प्रति, *चौहट पारती* टोले की *लड़कियों* के प्रति यही *जीवनधर्मी लगाव* या उत्सुकता प्रकट करते अरुण कमल उन *ख़तरों* को भी पहचानते हैं जो कठिन होते जाते समय में मानवमुक्ति की कल्पना के समक्ष उपस्थित हैं । जीवन-राग का अर्थ महज़ खुशफहमी नहीं है, कठिनतम संघर्ष की प्रारम्भिक तैयारी है । 'अमरफल' कविता में *जीवन-राग* की अर्थव्यंजना अधिक गहरी है । 'अमरफल' की *अनेकार्थ व्यंजना* के ज़रिये जीवनराग से जुड़ा अदृश्य संघर्ष भी सामने आ जाता है—

मुझे छप्पन व्यंजन नहीं
बस एक फल दो
सूर्य का लाल फल
अन्धकार का काला फल
जिसे बस एक बार काटूँ और
और अमर हो जाऊँ
वही अमरफल

पहले खण्ड में जो संघर्ष संकेत के रूप में है, दूसरे में वही मुख्यार्थ बनता है—'*सबसे अच्छे फल* वे थे / जो ऋतु में आये / जब पौधा था / पूरे *उठान* पर / लेकिन सबसे *अन्तिम फल* ही / *टेढ़े बाँगुर* / *अगली ऋतु* के लिए सहेजे हमने / वही *अमरफल* ।' जीवन-राग को अतिशय महत्त्व देनेवाले अरुण कमल दूसरी ओर क्षेत्रीय राजनीति में प्रचलित और व्यापक अर्थ में सम्पूर्ण भारतीय परिवेश में व्याप्त हिंसा के वर्चस्व को लेकर आहत और विचलित हुए हैं । यह वह मुद्दा है जिसको कविता का विषय बनाने के लिए न रोमानी कल्पना के लिए छूट है न भावुक होने की स्वतन्त्रता । जो एक जैसे मुहावरे में कविताएँ लिख रहे हैं वे 'नींद' और 'थकान', 'जंगल' और 'पहाड़', 'पेड़' और 'चिड़िया' को कुछ तो आसानी के लिए चुनते हैं और कुछ एक तरह की दिलचस्प काव्य-विडम्बना के सन्तोष के लिए । 'सबसे आसान काम'-जैसी *भयावह सचाई* पर कविता लिखना मुश्किल काम है : '*शीशम काटना* बहुत मुश्किल है / गिरह हो कहीं / तब तो और *भी मुश्किल* / × × × / और *आसान क्या* / सबसे आसान है आदमी के *बच्चों को काटना* / उन्हें रोको / रोको और पूछो / बोलो, *कौन जात हो ?—यादव धानुक राजपूत दुसाध* ? / बोलो *सिक्ख* हो कि *हिन्दू* / हिन्दू कि मुसलमान ? उन्हें जात भी पता नहीं / पता करो / धानुक हैं तो काटो / यादव हैं तो काटो / काटो / काटो सोचते क्या हो ? / काटो और हाथ धोवो / सूँघो ज़रा भी गन्ध नहीं / काटते काटते घिस गयी है मेरे छुरे की फली / दूसरा खरीदेंगे अगले बाज़ार में ।'

अरुण कमल उसी प्रगतिशील यथार्थवादी धारा को आगे बढ़ानेवाले कवि हैं जिसमें *नागार्जुन, त्रिलोचन, केदारनाथ अग्रवाल* आते हैं और यह बात अलक्ष्य नहीं की जायेगी कि

उन्हीं कवियों की तरह अरुण कमल को आधुनिक दृष्टि का प्रमाण देने के लिए आधुनिकतावाद के दायरे में प्रचलित *विशिष्टता-विधायक* कलात्मक उपकरणों की ज़रूरत नहीं पड़ी। इस महत्त्वपूर्ण परम्परा में अपनी निजी स्वायत्त पहचान बनाने के लिए अरुण कमल को आज के जीवन-यथार्थ पर ही अपनी पकड़ मज़बूत करने की ज़रूरत महसूस हुई है।

'सुनो कारीगर' और 'अबूतर-कबूतर' संग्रहों के आधार पर *उदय प्रकाश* की काव्यक्षमता और सामाजिक चिन्ता का कुछ *उल्लेखनीय साक्ष्य* आज के काव्यपरिदृश्य पर मौजूद है, उनकी *चूक* या *विफलता* का भी। उदय प्रकाश की राजनीतिक पक्षधरता जीवनयथार्थ के राजनैतिक निरूपण में ही नहीं, मानवीय सहानुभूति और करुणा के उपयोग में भी प्रकट है। '*मैं एक अकेला / थका हारा कवि / कुछ भी नहीं हूँ अकेला*'—यह अच्छी तरह जानकर उदय प्रकाश अपने एक काव्यचरित्र जीवनदास से कहना चाहते हैं—

ये अकेले का सफर नहीं है
जीवनदास
तुम अपनी साइकिल के
अकेले अनोखे सवार नहीं हो

(हालचाल / सुनो कारीगर)

कुमार विकल की तरह अपनी लड़ाई को मामूली और साधारण कहते हुए उदय प्रकाश जानते हैं कि वह कई रूपों में कई स्तरों पर लड़ी जाती है। मानवीय सम्बन्धों की थाह लेते हुए इस लड़ाई के अनेक प्रकट प्रच्छन्न रूपों का पता चलता है। 'पिता' पर बहुतों ने कविताएँ लिखी हैं। समकालीन कहानियों और कविताओं में पिता के चरित्र-निरूपण की जो कोशिशें हुई हैं, यदि कोई उनका शोधपूर्ण आलोचनात्मक इतिहास लिखे तो बहुत-से नये तथ्य सामने आयेंगे। रघुवीर सहाय की एक ख़ास कविता पाठकों के ध्यान में होगी जिसमें पिता से शक्ति या बल की माँग की गयी है जबकि पिता की थकी चाल दहशत पैदा करती है। उदय प्रकाश के यहाँ भी पिता के जटिल चरित्र का आकलन अतीत के जीवन-व्यापार का शान्त, पर पीड़ायुक्त आकलन है—

पिता पहाड़ की तरह
चलते भीड़ के बीच
उनके कंधे पर मैं
जंगली तोते की तरह बैठा रहता

बाद में पिता
गायब हो गये
कहते हैं खेत कुदाल
बैल इमारतें ईंट दरवाजे बाजार
उन्हें पचा गये

(पिता / सुनो कारीगर)

'अबूतर-कबूतर' में संकलित कविता 'नींव की ईंट हो तुम दीदी' *मानवीय लगाव* की सहज कविता के रूप में उदय प्रकाश की काव्यक्षमता और संवेदना का सार्थक उदाहरण है। यहाँ दीदी की चरित्रकथा के भीतर से एक पूरा समय गुज़र जाता है। '*ढिबरी थीं दीदी तुम / हमारे बचपन की / अचार का तलछँट तेल /* अपनी *कपास की बाती में सोखकर चलती रहीं*।'—यह बिम्ब ही चरित्र के रूप में अविस्मरणीय अनुभव या सन्दर्भ बन जाता है। उदय प्रकाश के यहाँ अतीत के स्मरणचिह्न बहुत हैं पर स्वस्थ जीवनप्रद लगाव के साथ—रुग्ण स्मरण की तरह नहीं। 'स्त्री' को लेकर जो रूढ़ि बीमार मानसिकतावाले अकवितावादी दौर में बनी थी और जिसे छद्म विद्रोहवाद के एक लक्षण के रूप में भी थोड़ी मान्यता मिली, *उससे भिन्न* 'स्त्री' की *उपस्थिति* का अर्थ यहाँ तमाम संघर्ष के बीच एक सजीव मानवीय उपस्थिति है।

उदय प्रकाश की शोषण विरोधी कविताओं में कहीं प्रतिरोध या गुस्से का स्वर है, कहीं क्रान्तिकारी संकल्प का, और कहीं आक्रामक व्यंग्य का। शोषण बहुरूपात्मक है, अतः उसकी अभिव्यक्ति में भी रूप-प्रकार-भिन्नता स्वाभाविक मानी जायेगी। 'तिब्बत'-जैसी गहरे अर्थ में राजनीतिक कविता लिखकर उदय प्रकाश ने अपनी ही कविता का जो एक प्रतिमान या आदर्श बनाया, कई बार उनकी कविताएँ उस आदर्श के नीचे ही रह जाती हैं। इसका एक कारण *महत्त्वपूर्ण* कविता और *प्रयोजनबद्ध* कविता का *अवधारणामूलक* भेद है जिसके बारे में कई तरह का अनिश्चय या द्वन्द्व कवियों के मन में बना हुआ है। सम्भवतः वे तय नहीं कर पा रहे हैं कि कितनी *स्पष्टता* और कितनी *अस्पष्टता*, कितनी *जानकारी* (जिसे मुक्तिबोध सकर्मक ज्ञानात्मक संवेदन कहते हैं) और कितनी *अबोधता* के उपयोग से कविता में काव्यमूलक जैसी सार्थक पहचान बनती है। इस उलझन की दृष्टि से 'एक दिन जलूँगा मैं' कविता पर ध्यान जाना चाहिए —

एक दिन जलूँगा मैं
दिन दहाड़े
मेरी किताबें और जेब के सिक्के तक
जलेंगे

सबसे पहले जलेगा मेरा घर
फिर पड़ोस की छत
फिर पत्नी के हाथ

आओ सारी दुनिया के अच्छे
परदुखकातर मनुष्यो
अपने हृदय में भरकर पानी

आओ कि इस बार
जलनेवाला मैं हूँ

अगर यह व्यंग्य है तो यह बात भूलने की नहीं है कि व्यंग्य हमेशा *दुहरी* मार करता है—*प्रतीकवाद* के ढाँचे में, *और भी* —और अगर व्यंग्य नहीं है तो इसे एक समय के बच्चन-सरीखे रोमानी *आत्महन्ता कवियों* के अनेक वक्तव्यों से कैसे अलग करेंगे। काव्यात्मक विडम्बना के आकर्षण से क्या उदय प्रकाश परदुखकातरता मात्र के विरुद्ध हैं—उनकी ही कविताओं के आधार पर यह धारणा बनाने में तो कठिनाई होगी। मुख्य बात यह है कि एक प्रतिबद्ध कवि को *काव्यचातुर्य* के बारे में भी *जवाबदेह* होना पड़ता है। इसी तरह एक पूरी कविता 'दरवाज़ा' काव्यात्मक चातुर्य की गिरफ्त में है। रेटारिक पर इतना भरोसा नहीं किया जाना चाहिए कि असल कथ्य ही गुम हो जाय। *फ़न्तासी* जब *काव्यार्थ* को सघन *एकाग्रता* देती हो, कविता के लिए उपयोगी होती है। अस्पष्टता किसी बड़े सच को कहने की हिकमत-भर हो तो कविता में बेशक इसके लिए जगह दी जाय, पर वह कविता का सर्वस्व बनना चाहे तो कम-से-कम एक प्रतिबद्ध कवि उसे इतनी असीमित छूट नहीं देना चाहेगा।

'अबूतर-कबूतर' में ऐसी कविताएँ भी कम नहीं हैं जो राज्यसत्ता या व्यवस्था के विरोध में, दमन और हिंसा के विरोध में, कला के स्वायत्ततावाद के विरोध में प्रतिक्रिया से आगे नहीं जातीं और यह फ़र्क भी नहीं कर पातीं कि जो काम अखबार बेहतर कर रहे हैं, उनसे अलग एक सार्थक समर्थ राजनीतिक आशयोंवाली कविता कहाँ अपना औचित्य प्रमाणित करती है। यह बात भी भूलने की नहीं है कि गहरी अन्तर्निष्ठा के स्पर्श से एक सरल *आत्मीय* इतिवृत्त के आशय कविता में *विस्तृत* हो सकते हैं, जबकि उसी के अभाव में ऊपर-ऊपर खरी दिखनेवाली देशकाल पर क्षुब्ध टिप्पणी करती कविता भी सपाट इकहरे प्रतिक्रियामूलक *अनुभूतिवाद* तक सीमित रह सकती है।

अपने समय की सामाजिक चिन्ताओं में केन्द्रित आज की कविता समाज के संकटग्रस्त होने का आभास-भर कराती है या संकट से मुक्ति अथवा मुक्ति के प्रयत्नों का रास्ता भी दिखाती है? *राजेश जोशी* की कविता यह प्रश्न पूछने की प्रेरणा भी देती है और इनका समाधान खोजनेवालों के लिए उपयुक्त आधार भी बनती है। *जीवन* में गहरी *आस्था* —राजेश जोशी की कविता का केन्द्रीय अभिप्राय यही है—इस विशेषता के साथ कि उन्हें उस पर पड़नेवाले *अन्यथा दबावों* का भी गहरा अहसास है। मानव-विरोधी ताक़तों के प्रति सजग करती राजेश की कविताएँ सबसे अधिक युद्ध या विनाश के विरुद्ध प्रखर साहसपूर्ण वक्तव्य हैं। *एक दिन बोलेंगे पेड़* के बाद प्रकाशित संग्रह *मिट्टी का चेहरा* में उन कविताओं की बड़ी संख्या है जो संकट के दौर में भी एक गहरी जीवन-आस्था से सम्पन्न नज़र आती हैं। दुनिया के नष्ट होने का ख़तरा राजेश जोशी को जितना प्रबल दिखायी देता है उतना ही वे जीवन की रचनात्मक सम्भावनाओं को विकसित करने, उन्हें उभारकर सामने रखने का साहस दिखाते हैं। *स्थानीयता* का रंग राजेश जोशी की कविताओं में ख़ासा गहरा है जो महज़ शिल्पगत आकर्षण नहीं पैदा करता, बल्कि एक *प्रतिबद्ध* कवि के *जीवन्त मानवीय लगाव* का साक्ष्य भी देता है। प्रतिबद्धता राजेश जोशी का सहज काव्यसंस्कार है। वे प्रगतिशील जनवादी दृष्टि का लाभ तो उठाते हैं पर उसे

सायास प्रकट करने के लिए कविता की अपनी सत्ता पर अतिरिक्त दबाव नहीं डालते। *कल्पना* का बल राजेश जोशी के पास है पर उनकी काल्पनिक उड़ानें भी विनाशकारी ताकतों के विरुद्ध कारगर हस्तक्षेप हैं—

मैं सारे स्वप्नों को गूँथ-गूँथकर
एक खूब लम्बी नसैनी बनाऊँगा
और सारे भले लोगों को ऊपर चढ़ाकर
हटा लूँगा नसैनी

ऊपर किसी ग्रह पर बैठकर
ठेंगा दिखाऊँगा मैं सारे दुष्टों को
कर डालो कर डालो जैसे करना हो नष्ट
इस दुनिया को

मैं वहीं उगाऊँगा हरी *सब्जियाँ* और
तन्दूर लगाऊँगा

(मैं उड़ जाऊँगा / मिट्टी का चेहरा)

विडम्बना आधुनिक कविता की एक ऐसी हिकमत है जो *दृष्टि* या *विचारधारा* से निरपेक्ष होते ही *सिनिसिज़्म* की ओर प्रस्थान करने लगती है। यहाँ *दृष्टि* ही राजेश जोशी की काव्यविडम्बना को ख़ास अर्थ में अन्तर्गठित करती है। इसी आशय की दूसरी कविता है—'रंगरेजों का कमाल'। '*बजट* पर चलेगी बहस और *महँगी* हो जायेगी यात्रा / सावधान! कवियो सावधान / और कर लो विस्तृत अपने अनुभव का संसार! / देखो उस *लड़के* को देखो / जो हण्डे में बैठकर *उड़ गया*।' एक हिकमत के रूप में देखें तो यहाँ विडम्बना भी मानवविरोधी सत्ता या व्यवस्था से लड़ने का एक सार्थक औज़ार है। क्रान्तिकारी स्वच्छन्दतावाद के प्रति एक तरह का खिंचाव राजेश जोशी में है पर वे उसे भी दृष्टि से नियन्त्रित रखने के पक्ष में हैं और यह *नियन्त्रण* ही कविता को किसी सकारात्मक प्रतिबद्ध सन्देश के नज़दीक लाता है।

'भयानक विचार', 'झींगुर', 'एक बार फिर'—विनाशकारी ताक़तों के विरुद्ध लिखी गयी महत्त्वपूर्ण कविताएँ हैं जिनसे राजेश जोशी की उद्विग्नता, बेचैनी और संघर्षक्षमता का पता चलता है। 'उड़ाओ गिद्ध को उड़ाओ / बचाओ हो सके तो बचाओ / इस दुनिया को! समय की खल्वाट खोपड़ी में पल रहा है एक *भयानक विचार*' (भयानक विचार); 'ख़त्म हो जायेगा सारा जीवन / तब भी *बचे रहेंगे* झींगुर / × × × बचेंगे सिर्फ़ झींगुर / जो अगली दुनिया बसने तक / तोड़ते रहेंगे सन्नाटा दिन रात!' (झींगुर); 'सारे हत्यारों की इच्छा के बावजूद / नहीं लग पायेगी फफूँद / शताब्दियों पहले / बड़ी मेहनत से जुटाये गये / अनाज पर / *शताब्दियों बाद भी* / चटनी से आ रही होगी / कैरी और ताजे पुदीने की गन्ध / बेचैन कर देगी जो / आदमी की भूख को।' (एक बार फिर)—यह

अकारण आशावाद नहीं है—इसके पीछे वह वैचारिक समझ और जीवननिष्ठा है जो कठिनतम संघर्ष में अपना पक्ष जानती है। राजेश जोशी आज के संकट को कम करके नहीं देखते। *प्रेम* की कविताएँ लिखते हुए भी वे भोपाल के *हादसे* याद रखते हैं। 'तितलियाँ', 'माँ की याद', 'शहद जब पकेगा'-जैसी गहरी मानवीय रागात्मकता को पुष्ट करनेवाली कविताएँ लिखनेवाले राजेश जोशी की संवेदना पर ये हादसे कहीं ज़्यादा गहरी छाप छोड़ गये हैं। 'कुछ दिनों बाद', कोई नहीं रोता', 'हवा', 'वसन्त-1985'—भोपाल शोकगीत खण्ड की ये कविताएँ अवश्य ही पाठक को विचलित करेंगी। इन्हें लिखने के लिए राजेश जोशी को पक्ष-प्रतिपक्ष के हाहाकार में नहीं जाना पड़ा—त्रासदी के कारण-कार्यरूपों की भयानकता बताने के लिए ये कविताएँ ही काफी हैं—'*कुछ दिनों बाद* लोग घटना पर बात करने से / बचेंगे एक दूसरे से और सोचेंगे / कि याददाश्त कमज़ोर होती है लोगों की / *कुछ दिनों बाद* बिना पहचानवाले / मृतकों का पोस्टर / कहीं नहीं दिखेगा शहर में।' (कुछ दिनों बाद); 'भागो भागो भागो / *जहाँ भी* खुला हो *थोड़ा-सा आकाश* / जहाँ भी *बची हो* / *थोड़ी-सी हवा* पवित्र / भागो भागो भागो / चीखता है / सारा शहर।' (हवा); 'इतना *थका* और *लज्जित* / किसी ने नहीं देखा होगा। / *वसन्त* को / ज़रा-सी आहट पर खड़े हो जाते हैं कान / और तपने लगती हैं लवें / कि कहीं कोई पूछ न बैठे / क्यों आये इधर।' (वसन्त-1985) कविता को कविता में सीमित माननेवालों के लिए ये कविताएँ संकट पैदा करेंगी। यहाँ कविता में निहित अर्थ को पहचानने के लिए कविता से बाहर जाना भी ज़रूरी होगा।

स्थानीय रंग राजेश के यहाँ अलंकरण नहीं है न आंचलिक क़िस्म की भावुकता। आत्मीय लगाव भरे जीवन को लयात्मक अभिव्यक्ति देने की कोशिश यहाँ *समग्र जीवननिष्ठा* का ही प्रमाण है—

> उपटे खुरचे लीपी छाबी
> भीत पोत कर
> माँडी साँझी
> सब बैठे फिर गोल बाँधकर
> सबने मिलजुल
> गाना गाया (सुख)

'तितलियाँ' कविता में प्रश्नोत्तर युक्ति के भीतर वही *लोकशैली* का स्पर्श है—'*चाँद में चरखा / चरखा में पोनी / पोनी में कतती / चाँदनी / चाँदनी में क्या ? / चाँदनी में पेड / पेड़ पर चिड़िया* / चिड़ियों की चोंच में / सँदेसा ऋतु का / *ऋतु में क्या?*' काव्यात्मकता को बातचीत या बोलचाल की आत्मीय लय में सम्भव करने का यह ढंग केवल कला का मामला नहीं है। जीवन की मर्म-छवियों के प्रति कवि के गहरे लगाव का ही सूचक है जिसकी हादसों से भरी अमानवीय होती दुनिया में कुछ ज़्यादा ही ज़रूरत है। 'तितलियाँ' विषय पर कविता लिखते हुए लीलाधर जगूड़ी सीधे आज की भयानक

वास्तविकता तक पहुँचना चाहते हैं। यहाँ तितलियों का अर्थ भी बदल जाता है और सन्दर्भ भी—'ऐसे ही किसी क्षण आती हैं सुरंग तितलियाँ / जिनमें अनेक वे स्त्रियाँ भी हैं / जो मरी हुई छपीं अखबार में / वे भी चली आती हैं काँपती थरथराती / जो अभी ठीक से स्त्रियाँ नहीं हुई थीं / और उमड़ आती हैं वे भी / जो कल के समाचारों में होंगी।' जगूड़ी की कविता प्रकृति में या प्रकृति के बहाने घटित हादसे के बयान के रूप में उल्लेखनीय है पर वह दो तरह के प्रश्न अपने पीछे छोड़ जाती है। एक, *वस्तु* को *प्रतीक* में घटाये बग़ैर क्या आज का यथार्थनिरूपण असम्भव है, दूसरे, कविता के *आलंकारिक युक्तियों* पर टिक जाने से क्या अर्थसंसार फैलने की जगह सिकुड़ नहीं जाता। युक्तिप्रियता का हाल यह है कि तितली, फूल, पत्ती विषय पर कविता लिखने के लिए भी अतिरिक्त *काव्यवक्रता* का सहारा अनिवार्य हो उठता है—'ऐसे ही किसी अब उड़ते हुए भूतपूर्व फूल आये / और कहने लगे हम तितलियाँ हैं।' जगूड़ी की तुलना में राजेश जोशी का दृष्टिकोण यथार्थ के बारे में भी अधिक साफ़ है और कविता के बारे में अधिक सही भी।

'शहद जब पकेगा' राजेश जोशी की एक महत्त्वपूर्ण कविता है जो अन्तर्वस्तु और बुनावट दोनों स्तरों पर गहरी रागात्मकता तथा लयात्मक रचाव का आभास देती है। *प्रकृति-रस* और *जीवन-रस* का अभिन्न अद्वैत संगठन यहाँ प्रेम की बड़ी ऊर्जा का साक्ष्य है। यहाँ प्रेम जीवन के प्रति गहरे स्वीकार-भाव का परिचायक है। वर्जना कुण्ठा से घिरे अतृप्त मन की अभिव्यक्ति इतनी सहज नहीं हो सकती—

> जब पृथ्वी हो जायेगा तुम्हारा पेट
> जब आकाश के कान में फुसफुसायेगी पृथ्वी
> जब वृक्ष से आँखें चुरा, चुराओगी तुम मिट्टी
>
> अनन्त तक फैली, बादलों को छूती
> हरी-हरी घास है तुम्हारा प्यार
> तुम छुट्टी ले लो कुछ दिन
> और चलो घास में लुकछिप जाएँ अपन

'असली किस्सा तबियत के हिरन हो जाने का' राजेश जोशी की इधर की सबसे लम्बी महत्वाकांक्षी कविता है—पर कहीं-न-कहीं विफलता के लिए अभिशप्त। कविता अन्त की ओर जाकर सँभलने की कोशिश करती है और मुख्य कथन एक बार तीखेपन से प्रकट भी होना चाहता है पर आरम्भिक बुनावट में ही कविता काफी कुछ अपना प्रभाव खो चुकी होती है। कविता का बौद्धिक रस या *काव्यात्मक चमत्कारवाद*—राजेश जोशी की यह दिशा नहीं।

इधर के युवा कवियों में स्वप्निल-जैसे कवि पाठकों का ध्यान इसीलिए आकृष्ट कर सके हैं कि उनका सारा बल कविता में अपनी ज़मीन पर केंद्रित है। वे अपनी मूलभूत सरलता में स्थित होकर अपने अंचल, परिवेश और प्रकृति से सम्बन्ध की प्रगाढ़ता को ही

कविता के लिए यथेष्ट मानते हैं । स्वप्निल की 'ईश्वर बाबू', 'बोरसी', 'खलिहान'-जैसी कविताएँ मूलभूत सरलता में स्थित होकर और बहुत काव्यात्मक निपुणता या परिष्कार न दिखाकर भी निश्चित विचारधारा या जीवन दृष्टि का आभास कराती हैं । आगे जब कभी युवा कविता का मुकम्मल इतिहास लिखा जायगा तो आज रचनारत अनेक युवा कवियों की उपलब्धि और सीमा का अधिक विस्तृत मूल्यांकन ज़रूरी होगा, जिसमें अनुभव-रूप की इन विभिन्नताओं को और एक-एक कवि के स्वतन्त्र विकास को भी लक्ष्य किया गया हो ।

युवा समकालीन कविता की प्रमुख दिशा अथवा रुझान के इस विश्लेषण से कुछ निष्कर्ष सामने आ सकते हैं —

☐ मुख्यतः आज की कविता प्रगतिशील विचारधारा और जीवनदृष्टि के पक्ष में अपने उपकरणों का अधिक विवेकपूर्ण संयोजन करने के बारे में पहले से कहीं अधिक जागरूक है ।

☐ कविता के सामने आज *कविता* से भी *बड़ी* चुनौतियाँ हैं, यह जानकर भी इधर के कवियों ने ज़रूरी समझा है कि कविता की *बनावट* या संगठन को यथेष्ट महत्त्व दिया जाय । प्रतिबद्ध कविता का भी अपना सौन्दर्यशास्त्र हो सकता है—इस मान्यता के साथ वे आधुनिकतावाद या आधुनिक कलावाद पर यह ज़िम्मेदारी छोड़कर मुक्त नहीं होना चाहते कि नये यथार्थदर्शन के अनुरूप कलाविवेक की युक्तियाँ वे निर्धारित करें ।

☐ आज की महत्त्वपूर्ण कविता के ख़ास *राजनीतिक* अर्थ हो सकते हैं पर आज की कविता *राजनीतिक यथार्थ* को *काव्यात्मक यथार्थ* में बदलने की प्रक्रिया और ज़रूरत के बारे में पहले की अपेक्षा अधिक जागरूक है ।

☐ आज के युवा कवि समकालीन काव्य-परिदृश्य की इस विशिष्टता को अपने लिए भी एक महत्त्वपूर्ण अवसर मानते हैं कि अकेले वे कवि-कर्म में नहीं लगे हैं बल्कि *तीन या चार पीढ़ियों* के महत्त्वपूर्ण कवि अपने कठिन समय की चुनौती-भरी कविताएँ लिख रहे हैं ।

☐ साठ के बाद युवा कविता का जो दौर शुरू हुआ था उसमें कवियों की एक प्रमुख माँग यह थी कि उनका मूल्यांकन सर्वथा *नये मानदण्डों* के आधार पर किया जाय, क्योंकि जिस *समय-विशेष* में वे लिख रहे हैं उसकी *केन्द्रीय संवेदना* के निर्माण में उनकी ही *हिस्सेदारी* है । समय-विशेष में उनके होने का विशेष अर्थ है, इसलिए उनका मुहावरा भी इतिहास के नैरन्तर्य में विस्फोट जैसा ही है । इसलिए कविता के मूल्यांकन के प्रचलित मानदण्ड उनके लिए व्यर्थ होंगे । आज दृश्य बहुत बदला हुआ है । आज के कवियों ने किसी गर्वोक्ति का सहारा लिये बग़ैर यह तो प्रमाणित किया है कि वे *यथार्थ*

को *व्यक्त* करने की *काव्यात्मक प्रणाली* में अवश्य ही *कुछ विशेष* जोड़ पाये हैं, *यथार्थ* से उनके भावयन्त्र का रिश्ता भी कुछ बदला हुआ है, पर यह माँग उनकी ओर से नहीं की जा रही है कि उनके समय विशेष में होने-भर के तर्क से उनका मूल्यांकन किन्हीं नये प्रतिमानों के आधार पर किया जाय। इसके बाद भी सम्भव है कि आज की कविता के घनिष्ठ पाठ या आस्वाद के आधार पर कविता के स्वरूप या संगठन अथवा कविता के यथार्थ के सम्बन्ध में जब हम विचार करने चलें, हमें कविता के मूल्यांकन के अब तक प्राप्त *मानदण्डों* में *ज़रूरी हेरफेर* करने की अनिवार्यता महसूस हो। वास्तविकता यह है कि नये मूल्यांकन के लिए बड़ी चुनौती आज *नागार्जुन*, *त्रिलोचन*, *रघुवीर सहाय* और *केदारनाथ सिंह* भी दे रहे हैं, केवल युवा पीढ़ी के *अरुण कमल* या *राजेश जोशी* नहीं। अरुण कमल और राजेश जोशी को भी इस विशेष काव्यस्थिति का गहरा अहसास है।

□ अन्त में, *धूमिल*, *कुमार विकल* और *अरुण कमल*- जैसे कवियों की *काव्यसंवेदना*, *काव्यरुचि*, *काव्यप्रक्रिया* और *जगूड़ी*, *विनोदकुमार शुक्ल* तथा *असद ज़ैदी* की *काव्यसंवेदना*, *काव्यरुचि* और *काव्यप्रक्रिया* में कुछ ऐसा अन्तर ज़रूर है जिसकी व्याख्या अकेले *यथार्थवाद* बनाम *आधुनिकतावाद* -जैसे स्पष्ट दो-टूक विभाजन के आधार पर नहीं की जा सकती। साथ ही समकालीन काव्य-समीक्षा इस ज़िम्मेदारी से बच नहीं सकती कि वह इस अन्तर का विश्लेषण *संवेदना* और *संगठन* दोनों स्तरों पर करे और उसके आलोक में कविता और समकालीन यथार्थ के सम्बन्धों की *बदले हुए समय* में घटित विशिष्टता को स्पष्ट करने की कोशिश करे। विशेष बात यह है कि इनमें किसी कवि को अप्रतिबद्ध नहीं कहा जा सकता, सामाजिक चिन्ता या संघर्ष के प्रति कोई भी प्रकृत्या उदासीन नहीं है। इसके बावजूद किन्हीं स्तरों पर इनमें यदि अन्तर दिखायी देता है तो उसकी पहचान समकालीन कविता की समग्र पहचान में कहीं अधिक सहायक हो सकती है।

समकालीन कविता और काव्यमूल्य

काव्यचिन्ता के लम्बे इतिहास में *प्रतिमान-निर्धारण* या *मूल्य-निर्धारण* के प्रयत्न बार-बार हुए हैं और पहले से चले आ रहे काव्य-प्रतिमानों या काव्य-मूल्यों को चुनौती देने, उनके नये विकल्प निश्चित करने की प्रवृत्ति भी नयी नहीं है। नये प्रतिमानों का प्रश्न ही तब उठता है जब कविता, काव्य समय और ऐतिहासिक या मानवीय समय में हम पाते हैं कि कुछ ऐसा *नया* घट गया है जिससे *आस्वाद-सम्बन्ध* बनाने के लिए पहले की धारणाएँ काम नहीं आ रहीं हैं, बल्कि वे रुकावट ही पैदा कर रही हैं। यह ज़रूर है कि जब हम किसी *नये काव्यमूल्य* अथवा *प्रतिमान* की संज्ञा निश्चित करने लगते हैं तो उसकी व्यापक सार्थकता प्रमाणित करने के लिए उपयोगी जान पड़ता है कि उसे हम अपेक्षाकृत लम्बे समय की कविता, साहित्य और कलाओं पर लागू करें और इस तरह उसकी *व्याप्ति* और *सटीकपन* के बारे में आवश्वस्त हो सकें।

यहाँ यह स्पष्टीकरण ज़रूरी है कि प्रतिमान अपने आपमें महत्त्वपूर्ण या साध्य नहीं हैं—वे अन्ततः *वहीं* सार्थक हैं जहाँ हम अपने *काव्यास्वाद* को *गहरा, सार्थक, प्रामाणिक* अनुभव कर पाते हैं और जहाँ हम उनके ज़रिए कविता में निहित अनेक विशेषताओं की अपनी पहचान को ऐसी संज्ञा दे पाते हैं कि वह अनेक पाठकों के लिए भी कविता से सम्पर्क या सम्बन्ध गहरा बनाने में सहायक हो सके। कठिनाई तब होती है जब वे हमारे लिए एक स्वतःपूर्ण निरपेक्ष कोटि बनने के अर्थ में चरमसाध्य बन जाते हैं और *काव्यपूर्णता* की हमारी *सहजस्फूर्त धारणा* या नये विश्वास में ही *सेंध* लगाने लगते हैं। पिछले अनेक प्रतिमानों में महत्त्वपूर्ण *रस* का सिद्धान्त ऐसी ही बड़ी रुकावट बन गया, जब उसे बरतने का शास्त्रबद्ध आग्रह *रुचि-संकीर्णता* से अधिक अपनी अर्थवत्ता प्रमाणित नहीं कर सका। हिन्दी में रस के व्याख्याताओं के चलते यह आग्रह या दुराग्रह इतना प्रबल हुआ कि साहित्यिक सृजनशीलता के अनेक संघटक उपादान रस-सिद्धान्त में ही समाहित मान लिये गये और सबसे बड़ी विडम्बना यह कि यह सारा आग्रह-दुराग्रह अत्यन्त सामान्य ढर्रे के सिद्धान्त-निरूपण या वर्गीकरण तक ही सीमित रहा। *नामवर सिंह* ने ही शायद पहली बार

आचार्य रामचन्द्र शुक्ल के रस-सम्बन्धी विचार और रस की लीक पीटनेवाले दूसरे तीसरे दर्जे के आचार्यों की *रस-विषयक* धारणा में *भेद* करके यह स्पष्ट करने की कोशिश की, कि बिना *गहरे काव्यानुशीलन* के नये काव्य-प्रतिमान तक पहुँचने की सम्भावना है ही नहीं। कोरे सिद्धान्तशास्त्रियों को सहज काव्यानुशीलन की शर्त कितनी मुश्किल में डालनेवाली है, हिन्दी की रसवादी आलोचना, आचार्य शुक्ल को छोड़कर, इसका कष्टप्रद उदाहरण हैं। कहने की ज़रूरत नहीं कि आचार्य शुक्ल ने रस की नयी व्याख्या के प्रयत्न में दर्जनों ऐसे *शब्द* दिये हैं जिनमें *प्रतिमान-सरीखी सटीकता* या *सार्थकता* मौजूद है। यह इसीलिए सम्भव हुआ कि शुक्लजी महज़ सिद्धान्तशास्त्री न थे और अपने समकालीन सर्जनात्मक प्रयत्न अर्थात् छायावादी काव्य का एक स्तर पर विरोध करते हुए भी उसके एक पक्ष से नया सम्बन्ध बनाने का यथासम्भव प्रयत्न कर रहे थे। यही कारण है कि अपने आलोचनात्मक व्यवहार में शुक्लजी जो नयी शब्दावली बनाते हैं उसमें छायावाद का प्रभाव या संस्पर्श दिखायी देता है। विशेषता यह है कि उसी शब्दावली के ज़रिए शुक्लजी *जायसी* और *तुलसी*-जैसे मध्यकालीन, पर दूसरे अर्थ में *कालजयी* कवियों का मूल्यांकन कर पाते हैं। इसमें सन्देह नहीं कि नये काव्यसृजन में घटित सर्जनात्मक विशिष्टता की सीधी घनिष्ठ पहचान से ही हम किन्हीं नये प्रतिमानों या काव्यमूल्यों की सम्भावना को उपयुक्त नाम दे सकते हैं। यह इस पर निर्भर है कि नया काव्यसृजन अपने आप में कितना नया भावोत्तेजन या बौद्धिक संवेदनात्मक स्फूर्ति देने में समर्थ है!

अकारण नहीं, समकालीन काव्य-परिदृश्य के इस अध्ययन को *निराला* से सम्बद्ध करने की कोशिश की गयी है। अधिकतर नयी या समकालीन कविता का विश्लेषण करनेवाले निराला की नवीनता को *छायावाद* का ही हिस्सा मानकर चलते हैं। अपने ही पूर्वग्रहों के कारण उनकी दृष्टि *औसत छायावाद* के *विरुद्ध* संघटित निराला की कविता पर जाती ही नहीं। निराला में *छायावाद* और *यथार्थवाद* के द्वन्द्व का जो तीखा प्रमाण है, जिस अर्थ में 'तोड़ती पत्थर' छायावाद से आगे की कविता है या जिस अर्थ में 'कुकुरमुत्ता' काव्यआभिजात्य के विरुद्ध एक नया विस्फोट है, उसे देखते हुए निराला की बदली हुई काव्यदृष्टि को आधुनिक कविता के इतिहास में आरम्भिक महत्त्वपूर्ण प्रस्थान मानना ज़रूरी और कई दृष्टियों से उपयोगी हो सकता है। परवर्ती *निराला* से *रघुवीर सहाय* तक और *रघुवीर सहाय* से युवा कवि *अरुण कमल* तक—लगभग आधी शताब्दी के इस काव्य-परिदृश्य में काव्यानुभव, काव्यवस्तु और काव्यरूप की जो भिन्नताएँ हैं, जीवनदृष्टि की जो समृद्ध विविधता है, उसे अगर कुछ लोग ऊपर-ही-ऊपर मुग्धभाव से देखते हुए, आधुनिक बहुलतावाद (Pluralism) के पक्ष में इस्तेमाल करना चाहेंगे तो यह महज़ साहित्यिक चालाकी मानी जायेगी। निराला को जो दृष्टि समकालीन कविता का हिस्सा बनाती है वह है *यथार्थदर्शन*— जो अज्ञेय को कुण्ठित करता है और निराला को वृहत्तर समाज और उसमें निहित संघर्ष से जोड़ता है। यथार्थदर्शन ने कविता की अन्तर्वस्तु, रूप और भाषा पर कितना गहरा असर डाला है यह हम क्रमशः *निराला*, *नागार्जुन*, *मुक्तिबोध*, *रघुवीर सहाय*, *केदारनाथ सिंह*, *धूमिल*, कुमार विकल, *अरुण*

कमल -जैसे कवियों के काव्यसंसार को समझने और विश्लेषित करने के क्रम में देख चुके हैं। अब यहाँ हम एक बदले हुए समय के काव्यास्वाद की दृष्टि से ऐसे प्रतिमानों या काव्यमूल्यों की कल्पना कर सकते हैं जिनके ज़रिए निराला से भी नया सम्बन्ध बनाना सम्भव हो सके और अरुण कमल तथा राजेश जोशी की कविता भी हमारे लिए एक सार्थक अनुभव के रूप में ग्राह्य अथवा आस्वाद्य हो सके। हम यहाँ जो बार-बार *नयेपन*, *नये सम्बन्ध*, *नयी पहचान* पर बल दे रहे हैं वह नवीनतावाद के प्रति केवल उत्साहप्रेरित नहीं है। हमें *आचार्य शुक्ल* की चेतावनी अच्छी तरह याद है – "*कोरी नवीनता केवल मरे हुए आन्दोलन का इतिहास छोड़ जाय* तो छोड़ जाय, *कविता नहीं खड़ी कर सकती*।" वे मरे हुए काव्यान्दोलन भी हमारे ध्यान में हैं जो दृष्टिहीन कोरी चमत्कारमूलक नवीनता के आग्रही थे। हमारी दृष्टि में यह बिल्कुल स्पष्ट है कि हर सार्थक नयेपन के पीछे एक समय और समाज के गहरे दबाव होते हैं। इन ऐतिहासिक दबावों के साथ नवीनता का सम्बन्ध कला और साहित्य के क्षेत्र में हमेशा अनुकरणात्मक या तालमेल बिठानेवाला नहीं होता – उनमें कई बार *द्वन्द्वमूलक सम्बन्ध* की विशिष्टता ही सार्थक सर्जनात्मक परिणतियों तक ले जानेवाली सिद्ध होती है।

यह केवल विनम्रता के कारण नहीं है कि *कुँवर नारायण निराला* में ही अपने समय की काव्य-समस्याओं का हल देख पाते हैं या *अरुण कमल* को लगता है कि निराला को ठीक-ठीक न समझ पाने के कारण या उनसे युग और प्रवृत्ति की अवधारणात्मक दूरी मान लेने के कारण कई बार आज की कविता *इकहरी*, *एकायामी* लगने लगती है और उसका भाषायी विन्यास लगभग जड़हीन जान पड़ता है। पर आज यदि सचमुच हम अपेक्षाकृत बदली हुई काव्यरुचि के आधार पर इस पूरे काव्यविकास को समझना चाहते हैं तो सिर्फ़ भाषायी विन्यास को देखना मुख्य समस्या को अधूरा देखना होगा। *भाषायी* विन्यास के साथ ही *भावबोध*, *विचारधारा*, *जीवनमूल्य*, *वर्ग-संस्कार* जैसी चीज़ें जुड़ी हुई हैं। सामाजिक यथार्थ को हम कहाँ से और किस आग्रह से देख रहे हैं, वह समूचा *परिप्रेक्ष्य* महत्त्वपूर्ण होता है। उसके बारे में हमारा दृष्टिकोण साहित्य-दृष्टि को किस हद तक प्रभावित करता है, इसका एक नमूना वह साहित्यिक पाण्डित्य या साहित्यिक आलोचना है जो समकालीन काव्य-परिदृश्य में नागार्जुन, त्रिलोचन को महत्त्वहीन कवि मानती है और केदारनाथ अग्रवाल को अगर स्वीकार कर पाती है तो प्रेमसौन्दर्य-चित्रण के जीवनधर्मी पक्षों को छोड़कर उन रूपों के लिए जिनसे एक समय की सामन्ती रुचि या रसिकता की ही सन्तुष्टि को सकती है। ऐसी आलोचना-दृष्टि *मुक्तिबोध* को *कलाहीन* कवि ठहराती है। *अज्ञेय* से *रामस्वरूप चतुर्वेदी* तक कइयों के मन में काव्य-परिष्कार या *काव्यात्मक निपुणता* की जो सीमित धारणा है वह मुक्तिबोध-जैसे कवि का उचित मूल्यांकन न कर सके तो कुछ आश्चर्य नहीं। जीवन-वैविध्य के अनुरूप *रूपगत वैविध्य* से कविता की ताकत या ऊर्जा का पता चलता है, इस दृष्टि से निराला मुक्तिबोध से बड़े कवि हैं पर मुक्तिबोध की कविता अपने समय के प्रश्नों और चुनौतियों से टकराती हुई इकहरे एकरूपात्मक दिखनेवाले काव्यविधान या छन्द-संगठन में भी जो *महाकाव्योचित फैलाव*

और *नाटकीयता* उपलब्ध करती है, वह आधुनिक कविता के इतिहास की एक विलक्षण घटना है। *सामाजिक यथार्थदर्शन* से अनुप्राणित *बौद्धिक संवेदनात्मक* अनुभवों की इतनी सघन और समृद्ध पूँजी लेकर इधर के काव्येतिहास में अकेले मुक्तिबोध आये हैं जिनकी पैठ आधुनिक समाज की जटिलताओं में जितनी गहरी है, काव्योपकरणों का अपना विवेक भी उतना ही तीखा और *समृद्ध* है। एक अर्थ में देखा जाय तो मुक्तिबोध का काव्यशास्त्र अपनी काव्ययात्रा के भीतर से ही विकसित है। मुक्तिबोध की कविताएँ यदि परिचित मानदण्डों को व्यर्थ सिद्ध करती हैं तो बहुत कुछ इसलिए कि *यथार्थ* के साथ उनके *भावयंत्र* का सम्बन्ध एक अनोखे अर्थ में *जटिल*, *उत्तेजक* और *चुनौती-भरा* है। इस दृष्टि से विचार करते हुए शुक्लजी के ही एक आलोचनात्मक शब्द 'विरुद्धों का सामंजस्य' को चाहे तो एक सार्थक प्रतिमान के रूप में स्वीकार कर सकते हैं, जिसके आधार पर मुक्तिबोध का ही नहीं, *निराला, नागार्जुन, रघुवीर सहाय* का भी नया मूल्यांकन सम्भव है। इससे भिन्न *प्रसाद* और *अज्ञेय* की कविता जिस आदर्श पर टिकी जान पड़ती है, वह *समरसता* या सामंजस्य का ही आदर्श है। प्रसाद 'कामायनी' के सारे द्वन्द्व को समरसता में ही विलीन करके इस काव्यादर्श को प्रमाणित करते हैं। अज्ञेय के यहाँ यदि किसी रोमाण्टिक काल्पनिक द्वन्द्व का आभास भी है तो वह इतना कोमल, परिष्कृत और तापहीन है कि सामंजस्य का ही समकक्ष या समशील जान पड़ता है।

यहाँ *विजयदेव नारायण साही*-जैसे कवि का स्मरण उपयोगी हो सकता है जिन्हें एक अर्थ में *अगाध की खोज का कवि* कहा गया है। साही का झुकाव भी *क्लासिकी संवेदना* की ओर है। अस्तित्व की बुनियादी विफलता, अप्रतिहत जिज्ञासा, सृजन और मृत्यु, अनथक संघर्ष, सौन्दर्य, परम्परा, क्रान्ति, जिजीविषा से जुड़े हुए उनके अनुभव कविताओं में एक विशेष प्रकार की विचार-व्यवस्था प्राप्त करते हैं। साही की कल्पना-क्षमता जितनी अधिक है और *संघर्ष की यथार्थभूमि* का जितना प्रगाढ़ परिचय है, क्या कारण है कि उन सबका अपेक्षित लाभ साही की कविता को नहीं मिल पाता है। लगता है एक विराट अनुभव-लोक की थाह लेनेवाले कवि के रास्ते में खुद उसका विचारक-व्यक्तित्व अवरोध पैदा करता है। साही अनुभव को *तुरन्त* (अमूर्त ही सही) विचार में बदलना चाहते हैं — यह जानते हुए भी कि कविता कविता ही है, विचार नहीं। विचार के बोझ को कम करने के लिए वे कल्पना के 'बेहद्दी' मैदान में प्रवेश करते हैं जबकि आसपास की जीवित सच्चाइयों में उन्हें कविता की बेहतर सम्भावनाएँ दिखायी दे सकती थीं कि वे *अगाध* और *समकालीन* के तनाव को ठीक-ठीक देख पाते। कठिनाई यह है कि वे उस सीमाबद्ध यथार्थ को, ऐतिहासिक यथार्थ को, हर क्षण सतह पर घटित भयानक यथार्थ को उसके जटिल जीवित उलझाव के साथ लगभग अस्वीकार करते हैं और कहीं न कहीं 'शुद्ध कविता' (Pure Poetry) की अवधारणा या आग्रह से ग्रस्त जान पड़ते हैं। कुँवर नारायण तक, जो बहुत कुछ उनके कवि-स्वभाव के निकट कहे जायेंगे, समकालीन यथार्थ की गहरी सम्पृक्ति और स्वीकृति के आधार पर उपर्युक्त रुकावट को लाँघ सके हैं। साही की कविता की विडम्बना यह है कि वह जानबूझकर आज की कविता होने से इनकार करती है। समकालीन यथार्थ

को नज़रअन्दाज़ करके क्या महत्त्वपूर्ण समकालीन कविता सम्भव है, यह प्रश्न अवश्य ही विचारणीय है।

समकालीन कविता के विश्लेषण में यहाँ हमारा ध्यान उन अनेक *विशेषताओं* पर गया है जिनकी *काव्यात्मक मूल्यवत्ता* विचारणीय हो सकती है। इनमें कुछ कविता की *बनावट* के स्तर पर प्रकट हिकमतें-भर हैं, कुछ की स्थिति *काव्य-लक्षण* से भिन्न नहीं है पर इन्हीं में वे शब्द भी हैं जो *जीवनमूल्य* और *काव्यमूल्य* की *संश्लिष्टता* के आधार पर विशेष रूप से विचारणीय हो उठते हैं। इनमें विशेषताओं का सम्बन्ध कविता की अन्तर्वस्तु से है, कुछ का *भाषायी संगठन* से और कुछ का *समग्र काव्यात्मकता* से जिसमें विचार, कल्पना, भाषा, संवेदना का विवेक अन्तर्ग्रथित जान पड़ता है। *सर्जनात्मक प्रखरता* और *तनाव, जीवनपूर्णता, जीवनधर्मिता, परिप्रेक्ष्य-सम्पन्नता, सहजता* या *नयी सरलता, काव्यात्मक यथार्थ, यथार्थ से नया सम्बन्ध, कल्पना का साहस, उद्दाम उत्सुकता या विकलता, स्थानीयता, ऐन्द्रिकता, यथार्थचित्रण की नवीनता* और *पूर्णता, विश्वदृष्टि, कलात्मक संयम, काल्पनिक अमूर्तता, काव्यात्मक विडम्बना, ऐतिहासिक यथार्थ, परिचित-अपरिचित का तनाव, नाटकीयता, अल्पकथन, कहानीपन, वर्णनबिम्ब का सगठन, भाषा में व्याप्त गूँजें या अन्तर्ध्वनियाँ, काव्यपूर्णता*— इन विशेषताओं पर अलग से विचार करने की ज़रूरत इसलिए है कि इनकी पहचान प्रायः सीधे नये काव्यास्वाद के आधार पर बनी है। समकालीन कविता के सीधे उत्तेजक सम्पर्क के क्रम में कुछ ऐसे शब्द भी हैं जो अधिक उदार और अतिव्याप्त जान पड़ते हैं। उन पर विचार किया जाना चाहिए और महज़ अतिव्याप्ति के पूर्वानुमान के आधार पर उन्हें ख़ारिज नहीं किया जाना चाहिए। इन्हीं में एक वह ख़ास शब्द है—*जीवनधर्मिता*—जिसे मैंने साहित्यिक मूल्य के रूप में प्रगतिशीलता की अवधारणा पर विचार करते हुए परिभाषित करना चाहा था। प्रगतिशील लेखक संघ की स्वर्णजयन्ती के अवसर पर प्रस्तुत आलेख 'आधुनिक भारतीय साहित्य में *प्रगतिशीलता* की अवधारणा' में कहा गया था—"साहित्य की *जीवनधर्मिता* उसकी *प्रगतिशीलता* का *बुनियादी आधार* है। ××× प्रगतिशील साहित्य सहज ही *जीवनोन्मुख* होता है पर तब यह ज़रूरी नहीं होता कि वह जीवन की संश्लिष्टता या जटिलता को सरलीकृत करके देखे।" कथ्य या वक्तव्य को निश्चित संगठन के आधार पर ख़ास दृष्टि या *विजन* तक ले जाने की बात इसी विश्लेषण के क्रम में जीवनधर्मिता के गहरे आशय के सन्दर्भ में कही गयी थी। *साहित्यिक मूल्य या काव्यमूल्य के रूप में प्रस्तावित इस शब्द को लेकर कई तरह की प्रतिक्रियाएँ सामने आयीं। हृषिकेश* को लगा कि यह शब्द अधिक-से-अधिक *बूर्जुवा उदारतावाद* के दायरे का शब्द है। आपत्ति के ढंग को देखकर यह भी लगा कि उलझन में डालनेवाला शब्द वस्तुतः धर्म है, जीवन या जीवनोन्मुखता नहीं। 'समानधर्मा'-जैसे शब्द का प्रयोग भवभूति से आज तक प्रचलित है और हमें यह शब्द काम का ही लगा है, आपत्तिजनक नहीं, फिर जीवनधर्मिता से परहेज़ क्यों! ख़ासकर तब जब हम समकालीन कविता-परिदृश्य के बारे में इस बात को लेकर प्रायः सहमत हैं कि वह एक अन्तराल के बाद जड़मूल की कविता जान पड़ती है, जबकि आधुनिकतावादी

काव्यरूढ़ियों के चलते जो चीज़ ग़ायब थी वह यही जीवन का सीधा समग्र मार्मिक साक्षात्कार! कवि-समीक्षक *कुँवर नारायण* का कहना था कि यदि *नागार्जुन* का काव्य *जीवनधर्मी* है तो *अज्ञेय* का *काव्य* क्यों नहीं! मुझे लगता है, उनके प्रश्न में ही उत्तर मौजूद है। और स्पष्टीकरण ज़रूरी हो तो अज्ञेय की कविता की दीक्षागम्यता, कौशलपूर्वक दुहराया गया 'नदी-द्वीप-रेत-सागर' की रूढ़ियोंवाला अवधारणामूलक काव्याभ्यास ही उदाहरण है कि वह किस विशेष अर्थ में जीवनशून्य जान पड़ता है। अज्ञेय हमारे समय के महत्त्वपूर्ण शिल्पी कवि रहे हैं और समकालीन कविता पर सार्थक चिन्तन उनके प्रयत्नों की उपेक्षा करके सम्भव नहीं। पर उनके काव्य-सृजन में निहित अवरोधों पर उनकी स्वीकृति या प्रतिष्ठा परदा नहीं डाल सकती। अद्वितीय वैयक्तिकता का इच्छित पूर्वग्रहयुक्त दर्शन बनाते हुए वे जीवन के मुक्त साक्षात्कार से अलग ही होते गये। उनका काव्य-संसार अकारण ठण्डा और उद्वेगरहित नहीं है। नागार्जुन एक दूसरे छोर पर ऐसे जीवनधर्मी कवि हैं जिनके लिए सारे ज्ञात प्रतिमान छोटे पड़ जाते हैं। कभी सीधी चोट भी उनके सन्दर्भ में काव्यमूल्य बन जाती है, कभी व्यंग्य, कभी जीवन का सहज स्वीकार ही काव्यमूल्य का स्थानापन्न हो उठता है। जीवनानुभवों की यह व्यापक समृद्धि अनुभवलोक के नाम पर कोई संग्रहवाद नहीं है। नागार्जुन *कटहल*, *मादा सुअर* और लालू साहू पर जब कविता लिखने चलते हैं तो एक प्रकार के विशिष्ट जीवनविवेक से भीतर-ही-भीतर स्फूर्ति ग्रहण कर रहे होते हैं। साधारण अटपटा जान पड़नेवाला अनुभव-प्रसंग भी इसीलिए अचानक कहीं तीखी चमक से सम्पन्न हो उठता है। आचार्यों के यहाँ जो काव्य *अधम* काव्य के खाते में चला जायेगा उसे *उत्तम* की श्रेणी में लाने का काम *नागार्जुन* किस *काव्यविवेक* के आधार पर करते हैं, अभी हिन्दी आलोचना ठीक-ठीक उसका स्वरूप-निरूपण भी नहीं कर पायी है। नामवरसिंह के अतिरिक्त विजयदेव नारायण साही, मलयज, अशोक वाजपेयी और विष्णु खरे की आलोचना में ऐसे अनेक शब्द दिख जायेंगे जिनमें प्रतिमान-सरीखी सार्थकता या व्यंजकता मौजूद हो। जब धूमिल साठ के बाद की कविता के केन्द्र में नयी तेज़ी और ऊर्जा के साथ आये थे, उनकी ही कविता के मुहावरे के असर में *सपाटबयानी* जैसा शब्द चल पड़ा था जिसे एक दौर की युवा कविता के सामान्य लक्षण से अधिक की मान्यता मिली। उसे एक अर्थ में काव्यमूल्य ही मान लिया गया। यह सचाई है कि धूमिल एक ऐसे ठेठ देसी, अनगढ़ और प्रखर अनुभवलोक के साथ और भाषा की तद्भवता का इतना जीवंत संस्कार लेकर आये थे कि उनका मुहावरा देखते-देखते पाठकों की ज़बान पर चढ़ गया। पर हुआ यह कि थोड़े ही समय बाद इसी मुहावरे का ऐसा एकरस तथा अनुकरणग्रस्त दुहराव कविता में प्रकट हुआ कि सपाटबयानी की काव्यमूल्य के रूप में पहचान सन्दिग्ध लगने लगी। विनोदकुमार शुक्ल-जैसे कवि इस काव्ययुक्ति का इस्तेमाल अब करते भी हैं तो कविता या *काव्यात्मक विडम्बना की एक नयी समझ* के साथ। ऐसे आलोचनात्मक शब्द नयी काव्य-समीक्षा में कम नहीं हैं जिनमें प्रतिमान या काव्यमूल्य-जैसी अर्थव्यंजकता मौजूद हो। देखना यह है कि वे आलोचनात्मक व्यवहार में कितनी दूर तक चलते हैं और कितनी गहरी और स्थायी अर्थवत्ता उपलब्ध करते हैं।

'विडम्बना' और 'तनाव'-जैसे शब्दों के बारे में कतिपय आचार्यों को भ्रम है कि वे अमरीकी नयी समीक्षा से ज्यों-के-त्यों ले लिये गये हैं और सब प्रकार से विजातीय ही बने हुए हैं। वास्तविकता यह है कि वे समकालीन हिन्दी कविता के गहरे *आस्वाद*, विश्लेषण, *सम्पर्क* और *साक्षात्* के क्रम में आये हैं और उन्होंने ठीक *वही अर्थ नहीं* प्राप्त किया है जो *क्लीन्थ ब्रूक्स*, *रैन्सम* और *एलेन टेट* ने सुनिश्चित किया था। इन शब्दों के नये उपयोग के पीछे आलोचना का रूपवाद ही नहीं है, नये *मार्क्सवादी सौन्दर्यशास्त्र* का आधार भी है। जो एक 'नये हिन्दी कवि का दुख' है वह आलोचना के शास्त्रनिष्ठ आधारों के लिए बड़ी समस्या है, बड़ी चुनौती है –

दुख हूँ मैं एक *नये हिन्दी कवि* का
बाँधो
मुझे बाँधो
पर कहाँ बाँधोगे
किस लय, किस छन्द में ?

ये *छोटे-छोटे* घर
ये *बौने* दरवाज़े
ताले ये इतने *पुराने*
और साँकल इतनी *जर्जर*
आसमान इतना *ज़रा-सा*
और हवा इतनी *कम-कम*
नफ़रत यह इतनी *गुमसुम-सी*
और प्यार यह इतना *अकेला*
और गोल-मोल
बाँधो
मुझे बाँधो
पर कहाँ बाँधोगे
किस लय, किस छन्द में ?

– केदारनाथ सिंह

प्रतिमान-चर्चा सैद्धान्तिक निरूपण तक ही न सीमित रहे और सैद्धान्तिक निरूपण भी अधिक विश्वसनीय जान पड़े, इस दृष्टि से विचार के लिए अलग-अलग रुचियों के अनुकूल कुछ उदाहरण चुने जा सकते हैं। कुछ कविताओं को दृश्य पर समग्र रख-भर देने से हमें पूर्वानुमानों की जाँच का अवसर भी मिल सकता है और कविता-विशेष के स्वतन्त्र पाठ की

सार्थकता भी समझ में आ सकती है। कविता के पाठ पर विचार करने का ज़िम्मा उन भाषाविदों पर ही नहीं छोड़ देना चाहिए जो शैलीतात्विक अध्ययन के लिए कविता से बाहर जाने में अपने अनुशासित शील के लिए ख़तरा महसूस करते हैं। यहाँ हम *तीन कविताओं* की अन्तर्वस्तु और बनावट पर विचार करना चाहेंगे। ये कविताएँ हैं — *मन करता है* (नागार्जुन), *बैंक में लड़कियाँ* (रघुवीर सहाय) और *रास्ता* (केदारनाथ सिंह)। प्रतिनिधि या महत्त्वपूर्ण मानकर यह चुनाव नहीं किया जा रहा है। चुनाव किया जा रहा है काव्यरुचि की भिन्नता और काव्यत्व की सम्भावना के अलग-अलग आधारों की परस्पर भिन्नता की पहचान के ही तर्क से। अल्पचर्चित कविताओं को ऐसे विश्लेषण के लिए आधार बनाना कई दृष्टियों से उपयोगी है। एक तो हम इस बहाने कविता के समग्र पाठ को अपनी दृष्टि से देखने के लिए स्वतन्त्र हो सकते हैं, दूसरे यहाँ कविता ही प्रतिमानों को सुझा सकती है, प्रतिमान पहले से ज्ञात और सुनिश्चित नहीं हैं जैसा अधिक प्रसिद्ध कविताओं के साथ होता है।

(क) *मन करता है*

मन करता है :
नंगा होकर कुछ घण्टों तक सागर-तट पर मैं खड़ा रहूँ
यों भी क्या कपड़ा मिलता है?
धनपतियों की ऐसी लीला!

मन करता है :
नंगा होकर दूँ आग लगा, जो पहन रखा है उसमें भी
फिर बनूँ दिगम्बर बम्भोला
नंगा होकर विषपान करूँ सागर-तट पर —
ओ कालकूट तू कहाँ गया?
ओ हालाहल तू कहाँ गया?
अमृत की बात नहीं पूछो,
विष तक की बूँद नहीं मिलती
देवता हुए निर्लज्ज, सभी को छिपा दिया।
कहते, जाओ, उनसे माँगो
जो क्षीर उदधि में शेषनाग की शैया पर कर रहे शयन।
भण्डार हमारा खाली है :
भगवान सभी के मालिक हैं
लाचारी है कुछ भी हम तुमको दे न सके!

मन करता है :

मैं नंगा होकर चिल्लाऊँ
मैं ज़ोर-ज़ोर से चिल्लाऊँ
यदि मरा न होगा सुन लेगा भगवान विष्णु सागरशायी।

मन करता है :
मैं उस अगस्त्य-सा पी डालूँ सारे समुद्र को अंजलि से
उस अतल-वितल में तब मुझको
मुर्दा भगवान दिखायी दे
उस महामृतक को ले आऊँ फिर इस तट पर
अन्त्येष्टि करूँ; लकड़ी तो बेहद महँगी है
इस बालू में दफ़ना दूँ
नंगा करके
निर्लज्ज देवता-गण, ले लेना तुम उसका वह भी पीताम्बर
अनमोल रेशमी पीताम्बर !
छिप-छिप उसको पहने सुरेश
छिप-छिप उसको पहने कुबेर
छिप-छिप उसको पहनो फिर तुम सब एक-एक कर बार-बार।

मन करता है :
नंगा होकर मैं खड़ा रहूँ सागर-तट पर
कुछ घण्टों तक क्या, जीवन-भर
नंगा होकर –
यों भी क्या कपड़ा मिलता है !

1945 की इस कविता को उस निश्चित समय के यथार्थ में रखकर देखना ज़रूरी है जिसमें यह लिखी गयी। महँगाई के मुश्किल दिनों के बारे में यह कविता केवल विषयवस्तु की दृष्टि से महत्त्वपूर्ण नहीं है – कविता के रूप में इसका *समग्र अर्थ* और *संगठन* विचारणीय है। प्रगतिशील कविता के बारे में यह धारणा रही है कि वह सपाट नारेबाज़ी होती है – यथार्थ की जटिलताओं को वर्गसंघर्ष जैसे सामान्य अवधारणात्मक तर्क में रिड्यूस करती है और इस प्रकार अपनी समस्त आन्तरिक ऊर्जा और सम्भावना नष्ट कर चुकी होती है। कलावादी दृष्टिकोण से विचार करनेवाली आलोचना प्राय: प्रगतिशील कविता के बारे में इसी ढंग के फ़तवे देती आयी है। नागार्जुन की यह कविता *प्रगतिशील कविता* के ढाँचे में *महान कविता* है जो कविता की कलात्मकता के औसत मानदण्डों को चुनौती देती हुई मूल्यांकन के लिए सर्वथा नये दृष्टिकोण या प्रतिमान की माँग करती है। विद्रोही कविता का भी आसान साँचा बना लेनेवाले कवियों की कमी नहीं रही है। प्रतिबद्ध-अप्रतिबद्ध सभी प्रकार के कवियों में एक प्रकार के सिनिसिज़्म या एक प्रकार के अराजक विद्रोह का इस्तेमाल करनेवाले कवियों का नाम लेना ज़रूरी नहीं है जो विद्रोह की छद्म मुद्रा अपनाकर

ही सन्तुष्ट देखे गये हैं और मुख्य समस्या को भी सीधे नाम से सम्बोधित नहीं कर सके हैं, जिसके कारण व्यवस्था के विरोध में खड़ा होना ज़रूरी होता है। नागार्जुन की निश्छल सरलता उनके विक्षोभ और विद्रोह को इस प्रकार उभारकर रखती है कि मुख्य समस्या एक दहकती हुई सच्चाई के रूप में सामने आती है। अपनी समूची आस्तिकता में ईश्वर के विरुद्ध खड़े होने का साहस उस सात्विक पीड़ा के बल पर ही सम्भव है जो कभी-कभार कबीर-जैसे सन्तों या भक्त कवियों में हम देख पाते हैं। 'यों भी क्या कपड़ा मिलता है' के व्यंग्य के सन्दर्भ में सागर-तट पर नंगा होना धनपतियों के विरुद्ध विद्रोह का वास्तविक रूप है, छद्म या मुद्रा नहीं। गुस्से की उत्तेजना चरम पर है जहाँ 'मुर्दा भगवान' को तट पर ले आने और अन्त्येष्टि करने का प्रस्ताव है। 'अनमोल रेशमी पीताम्बर' के व्यंग्य से निर्लज्ज देवतागणों की जो ऐसी-तैसी की गयी है वह जनता के निरन्तर अभाव में रहने की विक्षुब्ध प्रतिक्रिया से प्रेरित है। सबसे पहले यह कविता *काव्यत्व* की *बनी-बनायी धारणा* पर ही *हमला* है। अकेले *क्रोध* से ही महान् कविता नहीं पैदा होती – महान् कविता पैदा होती है *क्रोध* और *करुणा के तनाव* में। महत्त्वपूर्ण है क्रोध का *परिप्रेक्ष्य* और *करुणा* की *दिशा !* 'शिष्ट' और 'सुरूचिपूर्ण' की माँग करनेवालों को यह कविता संकट में डालनेवाली है। काव्य-आभिजात्य के विरुद्ध विस्फोट के अर्थ में यह कविता 'कुकुरमुत्ता' से आगे की ही कविता है। 'बिल्लेसुर बकरिहा' में महावीर की मूर्ति पर जो बिल्लेसुर का प्रहार होता है उसे लक्ष्य कर डॉ. रामविलास शर्मा ने लिखा है– "बिल्लेसुर प्रतीकों का अर्थ निकालनेवाले दार्शनिक नहीं। हर चीज़ को व्यवहार की कसौटी पर परखते हैं। धार्मिक आस्था इस कसौटी पर खरी उतरी तो ठीक नहीं तो ग़लत।" डॉ. शर्मा की व्याख्या के अनुसार, " 'राम की शक्तिपूजा' का विकल्प है 'बिल्लेसुर बकरिहा'। विरोधी संसार में देवी-देवताओं के प्रति भग्न आस्थावाले संघर्षरत प्राणी के प्रतीक हैं बिल्लेसुर।" नागार्जुन के सात्विक विक्षोभ का महत्त्व इसलिए भी अधिक है कि वह अकेले अपने कारणों से उत्पन्न नहीं, व्यापक मानव-समूह के अभावों की कष्टकर अनुभूति से प्रेरित है। *ऐतिहासिक यथार्थ* और *अराजक कल्पना* का यह संयोग 'मन करता है' जैसी कविता को एक महत्त्वपूर्ण कविता का रूप दे सका है। कठोर विक्षोभ और क्रोध की अनुभूति में भी जो ख़ास व्यंग्य-विनोदप्रियता काम कर रही है – '...ले लेना तुम उसका वह भी पीताम्बर / अनमोल रेशमी पीताम्बर...।' – यही नागार्जुन का अपना ढंग है। एक कठिन *त्रासद समय के बयान* में *परिहासवृत्ति* ग़ायब नहीं है और वह त्रासद समय के अपने प्रभाव को क्षीण भी नहीं करती।

(ख) *बैंक में लड़कियाँ*

बैंक में लड़कियाँ
बड़ी होती जाती हैं
और इतनी भीड़ में घिरी हुई एकाकी

वह अपने तीस बरस
औरत और व्यक्ति के बनने के तीस बरस
लिये हुए रोज़ यहाँ आती है वक़्त से
ध्यान से सुनती है नौजवान ग्राहक को
खो नहीं जाती है स्वप्न में
उस लड़के को कहीं जाने नहीं देती है फ़िलहाल
फिर चला जाता है वह अपने काम से
इस लेन-देन के बाद वह बजाती है एक सुहानी घण्टी
दौड़कर भीड़ भर जाती है छोटे-छोटे पुरुषों की एकांत मे
कुटे पिटे चेहरों पर लालच लिये हुए
खिड़की से झाँकते

रघुवीर सहाय की कविता *काव्यात्मक विडम्बना* की दृष्टि से उल्लेखनीय अनुभव बनती है। यह कविता आज की शहरी ज़िन्दगी में कामकाजी स्त्री के युवा मन पर पड़नेवाले बावों की अन्तर्कथा है। दिनचर्या की ऊब के भीतर कुछ *अचानक ऐसा* घट जाता है जिसे सुहानी बजती *घण्टी* ही व्यक्त कर सकती है। यह *अचानक घट जाना* एक तात्कालिक सुकून है जिसके बाद फिर वही अवांछित और अनैतिक का घेरा है जो ऐसी स्त्री की स्वाधीनता और गरिमा को निर्बाध या स्वाभाविक नहीं रहने देता। यथातथ्य स्थिति के बीच *घण्टी* का *बजना* एक *हस्तक्षेप* है—एक *काव्यात्मक हस्तक्षेप*—जो कविता के व्यंग्यार्थ को सघन एकाग्र बनाता है। मुक्ति और बन्धन के विडम्बनापूर्ण द्वन्द्व को भी पाठक यहाँ लक्ष्य कर सकेंगे, जबकि कवि की ओर से कोई अतिरिक्त टिप्पणी नहीं है। एक अकेली मामूली जान पड़नेवाली स्थिति या घटना ही एक पूरे जीवन-यथार्थ पर तीखी टिप्पणी है। शुरू होने की स्थिति में कविता जो एक सीधा-सादा बयान है—'बैंक में लड़कियाँ / बड़ी होती जाती हैं / और इतनी भीड़ में घिरी हुई एकाकी।'—धीरे-धीरे चुपचाप स्थिति में भी एक तरह की नाट्य विडम्बना का सहारा लेती है। 'यहाँ', और 'नहीं'- जैसे शब्दों पर यहाँ जो ज़रूरी बल दिया गया है उससे कविता की *बनावट* का भी सम्बन्ध है और कवि के *अभिप्रेत* का भी।

> खो *नहीं* जाती है स्वप्न में
> उस लड़के को कहीं जाने *नहीं* देती है फिलहाल

एक अकेला शब्द भी कितना कुछ कह सकता है, इसका विवेक रघुवीर सहाय के पास है और वे अपनी नैतिक संवेदना में एकाग्र होकर इतने शिल्प-सजग भी हैं कि इस विवेक का यथेष्ट लाभ उठाते हैं। किसी स्थिति के सीधे-सादे बयान को ही कविता के लिए यथेष्ट मान लेना और कविता की सादगी में भी *अर्थ सघनता* के लिए विभिन्न प्रकार की युक्तियों के ज़रिये जगह बनाना—कविता के दो तरह के काम हैं और कहने की ज़रूरत नहीं कि रघुवीर सहाय की दिलचस्पी दूसरे तरह के काम में है।

(ग) *रास्ता*

बगुले उड़े जा रहे थे
नीचे चल रहे थे
हम तीन जन
तीन जन शहर से आये हुए
क्वार की तँबियाई धूप में
नहाये हुए तीन जन
चले जा रहे थे फैले कछार में
डूबते हुए दिन की पगडण्डी पकड़कर
तीन जन खुश
एक अजब विश्वास से भरे हुए तीन जन
कि हम जा रहे हैं ठीक
कि ज़रूर-ज़रूर
हम पहुँच ही जायेंगे
बगुलों की तरह अपने ठीक मुकाम पर
दिन डूबने से पहले

हम चले जा रहे थे चुप
किन्हीं बातों में खोये हुए
चले जा रहे थे हम
कि अचानक
हमारे पाँव ज़रा ठिठके
कि अचानक हमने पाया
रास्ता ख़त्म !

अब हमारे सामने
दूर तक फ़ैले
पके हुए ज्वार के
सिर्फ़ खेत ही खेत थे
और रास्ता नहीं था
क्या हुआ
किधर गया रास्ता

हम तीन जन सोचते रहे
खड़े
परेशान

कि हमें दूर दिखायी पड़ा
डूबते हुए सूरज के आसपास
एक बूढ़ा किसान
हम तीन जन उसके पास गये
पूछा—'दादा, रास्ता किधर है ?'

बूढ़ा कुछ नहीं बोला
वह कुछ देर हमें यों ही देखता रहा
फिर नीचे से
उसने एक ढेला उठाया
और उस तरफ फेंका
जिधर झुकी हुई चर रही थी
एक काली गाय—
अब गाय चलने लगी
पत्ते बजने लगे
और हमने देखा
जिधर खेत के बीचोबीच
ज्वार की लटकी हुई थैलियों को चीरती
चली जा रही थी गाय
उधर रास्ता था
उधर घास में धँसे हुए खुर-सा
चमक रहा था रास्ता

अब दृश्य बिलकुल साफ था
अब हमारे सामने
गाय थी
किसान था
रास्ता था
सिर्फ़ *हमीं भूल गये थे*
जाना किधर है !

बगुले
अब दूर
बहुत दूर
निकल गये थे ।

जिन्हें विशिष्ट और असाधारण स्थिति में ही कविता दिखायी देती है, वे चौंक सकते हैं कि

'रास्ता' कविता में *रास्ता* तो है पर *कविता* कहाँ है; दिलचस्प सचाई यह है कि जहाँ रास्ता है, कविता वहीं है । जिधर "चली जा रही थी गाय", जिधर "घास में धँसे हुए खुर-सा / चमक रहा था रास्ता"—वहीं कविता है । *मामूली जगहों में* कविता की नयी पहचान निश्चित करनेवाले केदारनाथ सिंह को इस सीधी-सादी कविता के ज़रिये कई *गुत्थियाँ* सुलझानी हैं, कई संकेत देने हैं, कविता में *विचारधारा* का क्या उपयोग होता है, यह सब स्पष्ट करना है पर विनम्र लापरवाह ढंग से ! फिर भी नये आत्मविश्वास के साथ—जो भारतीय किसान के सोचने के ढंग से सीधे स्फूर्त प्रभाव है । हम जो समाज बना रहे हैं उसमें गाँव शहर की मानसिकता का जो भेद है वह कविता में अलक्ष्य नहीं । पहले ही संकेत है कि "तीन जन" जिन्हें रास्ता यकायक ख़त्म लगने लगता है, शहर से आये हैं । रास्ता उन्हें मिलता है गाँव के बूढ़े किसान की हिकमत से—"वह कुछ देर हमें यों ही देखता रहा / फिर नीचे से / उसने एक ढेला उठाया / और उस तरफ फेंका / जिधर झुकी हुई चर रही थी / एक काली गाय ।" यही रास्ते का संकेत था । इसी संकेत को प्रगाढ़ करती कविता अनोखे अर्थ में परिप्रेक्ष्य सम्पन्न जान पड़ती है । कविता में इसी *सरलता* को हम *अर्थमयी सरलता* कहते हैं । काव्यात्मक हिकमत अगर कोई है भी, जैसे कि *छोटे-छोटे अपने में पूर्ण वाक्यों* की एक *निरन्तर लय*—तो कहना कठिन है कि यह दृष्टि में ही अन्तर्भुक्त विशेषता है या कि इस विशेषता को कोई कलात्मक उपकरण मानना भी ज़रूरी है ! जिस *जीवनधर्मी* लगाव या आवेग को हम प्रगतिशील कविता की अनिवार्य शर्त मानते आये हैं वह 'रास्ते' की पहचान में ही प्रकट है ।

आज जबकि अधिकतर कविताएँ मानसिक प्रतिक्रियाओं के स्थिति-चित्रों की जगह तात्कालिक संवेदन जगाकर ही रह जाती हैं और उस काव्यात्मक सार्थकता तक कम ही पहुँच पाती हैं जो कविता में एक पूरे *जीवनबोध* या *जीवनमर्म* से जुड़ी होती है, ये तीनों कविताएँ भिन्न प्रकार का प्रभाव पैदा करती हैं । ये किन्हीं जीवनमूल्यों का एक ही अर्थ में आभास करानेवाली कविताएँ हैं, कहना ग़लत होगा साथ ही ये केवल तात्कालिक संवेदनात्मक प्रतिक्रियाएँ नहीं हैं । सभी कविताएँ एक ही अर्थ में *नैतिक वक्तव्य* भी नहीं कही जा सकतीं । इतना स्पष्ट है कि रस दशा या भाव दशा की शास्त्रनिर्भर कोटियाँ बनाकर हम इनका मूल्यांकन नहीं कर पायेंगे । जिन्हें *दुरूहता* की ही शिकायत करनी होगी वे *रास्ता* के बारे में भी यह अबोध प्रश्न उछाल सकते हैं—आखिर यह कविता *कविता के रूप में* कहती क्या है ! कविता के सीधे आस्वाद या सम्प्रेषण के मार्ग में सबसे बड़ी बाधा काव्यात्मकता की अभ्यस्त अवधारणा है । ज्ञात के साँचे में जो न अँट सके, वह दुरूह है और ख़ारिज करने की चीज़ है ! इस तथाकथित लोकरुचि से कविता को समझौता नहीं करना चाहिए । कविता यथार्थ का सीधा सच्चा जीवन्त साक्षात् करती हुई भी आश्चर्य के लिए जगह थोड़ी खुली रखे, यह कविता के हित में भी है और कविता में व्यक्त होनेवाले यथार्थ के हित में भी ।

पिछले कुछ वर्षों में 'कविता का भविष्य', 'कविता की लोकप्रियता', 'कविता की मृत्यु'-जैसे सवाल भी काव्यचिन्तकों के सामने उभरकर आये हैं। इन्हें ठीक परिप्रेक्ष्य में समझने के लिए हमारे कुछ समसामयिक साहित्यिक पूर्वग्रहों की जाँच ज़रूरी है। एक बड़ा पूर्वग्रह पिछले वर्षों में यह भी बना कि महान साहित्य लोकप्रिय नहीं होता। लोकप्रियता का पर्याय जिस दौर में *औसत सरलता, सतही मनोविनोद* और *स्थूल व्यावसायिकता* हो उसमें ऐसी धारणाओं का बनना कोई अचरज की बात नहीं। महानता और लोकप्रियता के बीच का झगड़ा इस एक ही स्तर पर निपट जानेवाला नहीं है। जहाँ प्रगतिशील यथार्थवादी कवि कविता का एक स्पष्ट सामाजिक प्रयोजन मानकर चलते हैं, आधुनिकतावादी प्रायः कविता को ही अपने आपमें स्वायत्त और पूर्ण घोषित करते हैं और कविता को ही अपने आपमें प्रयोजन मानते हैं। 'कविता के लिए विशिष्ट भावक वर्ग की माँग के पीछे एक विशेष विचारधारा काम करती रही है जो *वैयक्तिक अद्वितीयता* और *गूढ़ कलावाद* की पक्षधरता के लिए जानी गयी। यह विचारधारा लोकप्रियता के विरोध में ही नहीं, लोकोन्मुखता के भी विरोध में सक्रिय रही है। दूसरी ओर महत्त्वपूर्ण प्रगतिशील यथार्थवादी कवि भी यथार्थचित्रण की कठिनाइयाँ जानते हैं और वे लोकप्रियता की माँग के आधार पर यथार्थचित्रण के अपने रूप-प्रकार में इतनी ज़्यादा रद्दोबदल नहीं चाहेंगे कि यथार्थ का रूप ही ख़तरे में पड़ जाय। प्रत्यक्ष है कि लोकप्रियता के अर्थ सबके लिए अलग-अलग हैं। वह कोई निर्विवाद साहित्यिक मूल्य नहीं है।

'कविता का भविष्य' विषय पर विचार करते हुए *आचार्य हजारीप्रसाद द्विवेदी* ने जहाँ यह स्वीकार किया है कि इस शताब्दी के आरम्भ तक लोकप्रिय साहित्य के क्षेत्र में कवि का कोई प्रतिद्वन्द्वी नहीं था, वहीं आगे की कठिनाइयों का संकेत भी दिया है—जैसे 1. छापे की मशीन ने कविता को *मन-ही-मन पढ़ने की चीज़* बना दिया है; 2. उसमें की *आलंकारिकता* का *आकर्षण शिथिल* कर दिया है; 3. सहृदय को *श्रोता* की अपेक्षा *द्रष्टा* बना दिया है। अज्ञेय भी कविता की *वाचिक* स्थिति और *मुद्रित* स्थिति में भेद को ही सम्प्रेषणवाले मुख्य प्रश्न से जोड़कर देखते हैं। *अज्ञेय* के अनुसार, "सम्प्रेषण की प्रणालियों का यह *मौलिक रूपान्तर कवि* और उसके *भावक* के सम्बन्ध का मौलिक रूपान्तर है, जिसके कारण काव्य का स्वरूप बदल जाता है।" सचाई यह है कि इस स्थिति से अज्ञेय के बाद के कवि उदासीन नहीं रहे हैं और उन्होंने मुद्रित वस्तु के रूप में प्राप्त काव्य-ढाँचे में भी बहुत कुछ नया जोड़ने का प्रयत्न किया है और विश्वास दिलाया है कि उनकी कविता नितान्त सरलीकृत अर्थ में ही मुद्रित वस्तु कही जा सकती है। *भवानीप्रसाद मिश्र* के काव्यविन्यास में जो प्रवाह है, *रघुवीर सहाय* के यहाँ पाठ की जो विशिष्ट अपनी लय है, लय की विभिन्नताओं में *केदारनाथ सिंह, मंगलेश डबराल, अरुण कमल* के पाठ में शब्दों का जो ख़ास लयात्मक क्रम और भाषा की सीधी वाचकता का जो अपना वज़न है, वह सब कविता को केवल मुद्रित वस्तु माननेवाले पूर्वग्रह का प्रत्याख्यान है। इन कवियों की लोकप्रियता एक-सी न हो, पर अलोकप्रिय ये किसी सतही या ग़लत अर्थ में ही कहे जा सकते हैं।

सभ्यता के *जटिल* रूपों के साथ कवि-कर्म *कठिन* होता गया है, यह एक ऐतिहासिक

वास्तविकता है। इस *जटिलता* को कम करने के उत्साह में या जटिल वास्तविकता को न समझ पाने के कारण भी सतही लोकप्रियता की गिरफ़्त में आने का ख़तरा है। पर ऐसे मतिमन्द कवियों को लोकप्रिय होने से कौन रोक सकता है! समस्या कविता को एक चुनौती-भरे सार्थक अभिव्यक्ति-माध्यम के रूप में विकसित करनेवाले कवियों की है जो इस वास्तविकता की अनदेखी नहीं कर सकते कि विशिष्टतावाद के इस दौर में *लोकसाधारण* से *सामंजस्य* कठिन होता जा रहा है, दूसरी ओर विशिष्टतावाद के प्रतिरोध के लिए इस सामंजस्य की ज़रूरत पहले से कहीं अधिक है। 'कविता की ज़रूरत' पर इधर जो अतिरिक्त बल दिया जा रहा है उसका परिप्रेक्ष्य यदि यही है तो चिन्ता करने की ज़रूरत नहीं, पर यदि कविता की ज़रूरत का नारा विशिष्टतावाद की सुरक्षा-भर के लिए है तो इसके ख़तरनाक परिणाम हो सकते हैं। आज की महत्त्वपूर्ण सार्थक कविता लोकप्रिय होगी तो लोकप्रियता का औसत अर्थ बदलकर, लोकप्रियता का कठिन मार्ग या आदर्श चुनकर। जनमानस के साथ हृदयसंवाद स्थापित करने की प्रेरणा जिन कवियों में बलवती है, प्रत्यक्ष है वे यथास्थिति के समर्थक नहीं हैं, सामाजिक परिवर्तन के पक्षधर हैं और कविता उसमें सीधी भूमिका चाहे न निभा सके, उसे निभा सकने योग्य बनाने के संकल्प में पीछे नहीं है–

यह जानते हुए कि लिखने से कुछ नहीं होता
मैं लिखना चाहता हूँ

अन्त में नये प्रतिमानों के स्वरूप-निर्धारण के लिए कविता से सीधा सम्पर्क (जिसमें आस्वाद से लेकर अर्थ-विश्लेषण और मूल्यांकन तक की प्रक्रिया निहित है) ज़रूरी है। *काव्यात्मक यथार्थ, जीवनधर्मिता, विरुद्धों का सामंजस्य, काव्यात्मक विडम्बना, सर्जनात्मक तनाव, परिप्रेक्ष्य सम्पन्नता* -जैसे शब्दों का व्यवहार नयी आलोचना में इस प्रकार होता रहे कि वे एक निश्चित अर्थवत्ता और सटीकपन पा सकें, वहीं यह भी ज़रूरी है कि नये काव्यास्वाद के क्रम में *नये शब्दों, प्रतिमानों, काव्यमूल्यों* की पहचान के लिए *उत्सुकता* बनी रहे। आख़िर प्रतिमानों से कविता नहीं बनती, कविता से ही प्रतिमान बनते हैं। प्रतिमानों से हर हालत में बड़ी है कविता और कविता से भी बड़ा है जीवन–दुनिया की तमाम महत्त्वपूर्ण कविताएँ मिलकर जिस जीवन-समग्रता को पाना चाहती हैं और जो निरन्तर कवियों के लिए चुनौती है।

●●●